BIBLIOTHÈQUE
DE PHILOSOPHIE CONTEMPORAINE

PHILOSOPHES
CONTEMPORAINS

PAR

HARALD HÖFFDING

Professeur à l'Université de Copenhague,
Correspondant de l'Institut de France.

TRADUIT DE L'ALLEMAND PAR A. TREMESAYGUES

WUNDT — ARDIGÒ — BRADLEY
TAINE — RENAN — FOUILLÉE — RENOUVIER — BOUTROUX
MAXWELL — MACH — HERTZ — OSWALD — AVENARIUS
GUYAU — NIETZSCHE — EUCKEN — JAMES

PARIS
FÉLIX ALCAN, ÉDITEUR
LIBRAIRIES FÉLIX ALCAN ET GUILLAUMIN RÉUNIES
108, BOULEVARD SAINT-GERMAIN, 108

1907

PHILOSOPHES CONTEMPORAINS

FÉLIX ALCAN, ÉDITEUR

AUTRES OUVRAGES DE M. H. HÖFFDING

BIBLIOTHÈQUE DE PHILOSOPHIE CONTEMPORAINE

Histoire de la philosophie moderne. Traduit par P. Bordier, avec corrections et notes nouvelles de l'auteur. Préface de M. V. Delbos, maître des conférences à la Sorbonne. 2 volumes in-8°. . . 20 fr.

On vend séparément :

Tome I. — *La philosophie de la Renaissance. — La Science nouvelle. — Les grands systèmes. — La Philosophie anglaise de l'expérience. — La Philosophie française du XVIIIe siècle et Jean-Jacques Rousseau.* Préface de M. Delbos. 1 vol. in-8° . . 10 fr.

Tome II. — *La philosophie des lumières en Allemagne et Lessing. — Emmanuel Kant et la philosophie critique. — La philosophie du Romantisme. — Le Positivisme. — La philosophie en Allemagne (1850-1880).* 1 vol. in-8°. . . . . 10 fr.

Esquisse d'une psychologie fondée sur l'expérience. Traduit par Léon Poitevin. Préface de M. Pierre Janet, professeur au Collège de France. 3e édition. 1 vol. in-8°. . . . . 7 fr. 50

Morale. *Essai sur les principes théoriques et leur application aux circonstances particulières de la vie.* Traduit par Léon Poitevin. 2e édition. 1 vol. in-8°. . . . . 10 fr.

PHILOSOPHES
CONTEMPORAINS

PAR

HARALD HÖFFDING
Professeur à l'Université de Copenhague.
Correspondant de l'Institut de France.

TRADUIT DE L'ALLEMAND PAR A. TREMESAYGUES

WUNDT. — ARDIGÒ. — BRADLEY
TAINE. — RENAN. — FOUILLÉE. — RENOUVIER. — BOUTROUX
MAXWELL. — MACH. — HERTZ. — OSWALD. — AVENARIUS
GUYAU. — NIETZSCHE. — EUCKEN. — JAMES

PARIS

FÉLIX ALCAN, ÉDITEUR

LIBRAIRIES FÉLIX ALCAN ET GUILLAUMIN RÉUNIES

108, BOULEVARD SAINT-GERMAIN, 108

1907

Tous droits de reproduction réservés.

PHILOSOPHES CONTEMPORAINS

INTRODUCTION

Mon exposé de l'histoire de la philosophie moderne s'arrête aux environs de 1880. Plusieurs raisons me firent choisir cette année pour limite. D'abord, à cette époque, on était arrivé en quelque sorte à clore provisoirement les débats qu'avaient motivés les deux grands courants de pensée du xix° siècle, le romantisme et le positivisme, et l'influence réciproque qu'ils avaient exercée l'un sur l'autre avait pris fin pour le moment. Ils avaient tous les deux développé leurs conséquences et trouvé partiellement leurs correctifs. Les points de vue caractéristiques de Lotze et de Spencer et la philosophie critique regagnant du terrain avaient fourni des haltes provisoires. Et à côté s'étaient fait jour des tendances incontestablement nouvelles, mais qui n'avaient pas encore revêtu la forme de courants clairs et caractéristiques. En second lieu, pour exposer et pour apprécier des courants de pensée immédiatement contemporains, on est soumis à de tout autres conditions que pour traiter d'œuvres philosophiques qui sont historiquement achevées. On ne peut pas aussi facilement avoir recours à des éclaircissements psychologiques ou biographiques, et cependant, dans les choses philosophiques, à cause de l'intime influence que la pensée et la personnalité exercent l'une sur l'autre, des éclaircissements de ce genre sont bien quelquefois nécessaires. La méthode d'exposition doit par conséquent différer de celle qu'on emploie quand il s'agit de courants appartenant plus décidément au passé. En dernier lieu, mes propres travaux philosophiques plus indépendants commencèrent à peu près vers cette année 1880 ; cela aussi contribue à faire qu'il me semble moins facile de prendre vis-à-vis des travaux des autres, parus depuis lors, une position objective.

Si donc j'essaie de caractériser les tendances philosophiques du dernier quart de siècle qui me paraissent les plus importantes, je me rends parfaitement compte qu'ici le facteur personnel se fera plus sentir que dans l'ouvrage précédent. Il s'affirmera aussi bien dans le choix des auteurs que dans l'exposé et dans l'appréciation des systèmes. C'est pour cette raison que je fais paraître ce livre sous une forme indépendante au lieu de le donner tout simplement comme la troisième partie de l'*Histoire de la philosophie moderne*.

Pour indiquer de prime abord une particularité des essais philosophiques les plus récents, je dois dire qu'ils sont encore plus difficiles à classifier que la philosophie des époques antérieures. Plus on approfondit l'étude de la philosophie et plus on voit à quel point sont insuffisantes les rubriques habituelles, les nombreuses étiquettes en *isme*. La pensée, comme l'existence, a une trop grande complexité de nature et d'effets pour que soit possible une telle classification extérieure. Ce que l'on voit surtout à chaque instant, c'est que tout mouvement philosophique est aussi bien un travail de pensée qu'un signe du temps. La philosophie est tout autant discussion de problème que symptôme, et de nos jours elle présente sous une forme bien marquée ce double caractère. D'une part la vie s'offre à nous sous des aspects toujours plus variés, avec une profondeur et une multiplicité toujours plus grandes, et d'un autre côté on remarque de plus en plus que toute pensée subit l'influence et le retentissement de facteurs subjectifs. Sous ces deux points de vue — qu'on pourrait appeler le côté objectif et le côté subjectif de la philosophie — la pensée philosophique du temps présent prend une attitude plus fortement accentuée que celle des époques antérieures. Avec plus de force qu'auparavant on insiste sur la nécessité de l'observation, de l'analyse, de la critique, de l'enchaînement objectif, et plus fortement qu'autrefois on appuie sur le choix subjectif des points de vue et des points de départ ainsi que des idées terminales. Pourtant (et c'est peut-être là ce qu'il y a de plus caractéristique) on ne croit pas, à proprement parler, qu'on se trouve ici en présence d'une opposition inconciliable ; on est plutôt intimement persuadé que les deux courants de pensée, le courant objectif et le mouvement subjectif, finiront un jour par coïncider.

Ceux qui s'adonnent à la philosophie sont dirigés dans leurs recherches tantôt par des raisons plus objectives, tantôt par des motifs plus subjectifs. Wilhelm Wundt et Ernst Mach sont allés des sciences de la nature à la philosophie, et même des physiciens comme Clerk Maxwell et Heinrich Hertz, qui veulent demeurer dans les limites de leur domaine, sentent cependant le besoin d'analyser les premiers axiomes qu'ils se donnent pour base et entrent par là en contact avec la philosophie. Roberto Ardigò est parti de la théologie catholique pour arriver à la philosophie critique des positivistes, et cela sans rupture aiguë, mais de telle façon qu'un travail intellectuel de longue durée l'a conduit, sans qu'il le remarquât, à une position positiviste qui lui est propre. Friedrich Nietzsche débute comme philosophe et comme historien de la civilisation ; mais le problème de la civilisation, tel qu'il se posait déjà devant lui dans un cadre historique étroit, suscite en lui un travail intellectuel passionné qui le conduit, par une critique et par une polémique violentes, à une construction idéale où l'imagination et le sentiment collaborent avec la pensée. Pour William James, dont les premières études furent tournées du côté de la médecine, c'est l'intérêt psychologique qui forme le point de départ de sa philosophie, notamment l'intérêt pour les phénomènes psychiques qui sont en relation avec la volonté, la foi et l'espérance, et c'est pour cela que la psychologie de la religion devait surtout l'intéresser. Chez des hommes tels que F.-H. Bradley, Richard Avenarius, Jean-Marie Guyau et Rudoph Eucken le penchant à philosopher semble s'être éveillé d'une manière plus directe, bien qu'il revête chez eux des formes individuellement diverses. — À dire vrai, nous philosophons tous, quoiqu'en raison des différentes conditions internes et externes, il n'y en ait qu'un petit nombre chez qui se réalise un travail intellectuel bien enchaîné. « Sur cent rêveurs, un seul devient penseur. »

On peut faire une division des plus importants ouvrages

philosophiques parus dans ces derniers vingt-cinq ans, en distinguant trois groupes ou trois courants.

Le courant systématique est représenté par un groupe de penseurs qui visent surtout à donner une explication du problème de l'existence et qui par conséquent travaillent au développement d'un système bien cohérent de l'univers. Tels sont Wundt, Ardigò, Bradley et Fouillée. — Dans *le courant biologique*, celui qui se fait jour *dans la théorie de la connaissance*, le problème de la connaissance se place au premier rang et tout l'effort vise à trouver les plus simples moyens de satisfaire aux exigences de la vie intellectuelle, cette vie elle-même étant considérée comme un mode de vie particulier qui obéit aux lois générales de la vie. A ce courant appartiennent des hommes comme les physiciens Maxwell, Hertz et Ernst Mach ; cette tendance est réalisée de la façon la plus caractéristique dans l'essai qu'a fait Avenarius pour donner une histoire naturelle des problèmes. — Un troisième courant s'occupe essentiellement du problème des valeurs. Cette *philosophie des valeurs* s'attache aux problèmes fondamentaux éthiques et religieux et cherche à les éclaircir ou à les résoudre en se plaçant à de nouveaux points de vue. Chez Guyau et chez Nietzsche, le facteur subjectif est prédominant. Chez Rudolph Eucken cet intérêt s'allie à une spéculation qui cherche à prouver la nécessité de pouvoirs objectifs pour que la subjectivité ne flotte pas complètement dans l'air. William James traite le problème des valeurs dans une étude de psychologie religieuse, qui cherche à donner par la description des différents types religieux une orientation complète sur la nature de la vie religieuse. — Dans ces trois groupes l'observation et l'analyse jouent un rôle important, de sorte que la quaternité des problèmes, que j'ai trouvée par la voie historique dans l' « Histoire de la philosophie moderne » et que j'ai essayé de déterminer de plus près dans mes « Problèmes philosophiques », trouve encore ici sa confirmation.

En caractérisant ces trois groupes de penseurs contemporains, j'espère pouvoir indiquer le moyen de s'orienter dans le monde de la pensée du temps présent.

PREMIER GROUPE
COURANT OBJECTIVO-SYSTÉMATIQUE

I. — WILHELM WUNDT
1. — Évolution de sa philosophie

Wundt est un grand exemple de la puissance de travail extraordinaire des Allemands. Aucun philosophe actuel ne le surpasse en connaissances de tout genre, aucun ne présente à un plus haut point la faculté de faire rentrer son savoir multiple sous des points de vue généraux, aucun enfin ne s'efforce plus inlassablement d'apporter, aussi bien dans les détails que dans l'ensemble, de la précision et de la clarté. Il n'a ni la finesse, ni la profondeur de Lotze ; il se pose plus largement et plus solidement sur le terrain de la réalité et ne se hasarde pas aussi loin que Lotze dans la métaphysique. Parti du large terrain de l'expérience, il cherche à s'élever jusqu'au sommet de la pensée, que la philosophie du romantisme croyait avoir escaladé, mais qui, pour Wundt, imbu sous ce rapport de l'esprit critique de Kant, n'est qu'un point très élevé de l'horizon, duquel nous nous servons pour nous orienter.

Wundt est né le 16 août 1832 dans les environs de Manheim. Il étudia la médecine et ce furent ses études physiologiques qui le poussèrent à la philosophie. Ses *Beiträge zur Theorie der Sinneswahrnehmung*[1] (1859-62) étudient surtout l'influence des mouvements de l'œil sur la conception de l'espace. Au congrès scientifique de Spire, en 1861, il prononça un discours sur le *temps physiologique*, c'est-à-dire sur le temps nécessaire pour saisir et pour reproduire une impression sensible.

---

1. *Contributions à la théorie de la perception par les sens.*

Dans les *Vorlesungen über die Menschen-und Tierseele*[1] (1863, 3ᵉ éd. 1897), la méthode ethnologique est aussi appliquée à côté de la méthode expérimentale et physiologique. Après avoir été de longues années professeur extraordinaire de physiologie à Heidelberg, il succéda, en 1874, à Albert Lange comme professeur de philosophie inductive à Zürich, mais il prit dès l'année suivante une chaire de philosophie à Leipzig, où il exerce encore maintenant. La vie de Wundt, c'est la marche de ses études. Sa personnalité ne ressort pas beaucoup dans ses ouvrages ; mais ceux que la vie a mis en rapports avec lui en ont éprouvé la douce chaleur, la franche cordialité et le calme enthousiasme intellectuel.

Peu de temps avant son arrivée à Leipzig, Wundt publia (1874) sa *Physiologische Psychologie* (Psychologie physiologique), qui, au même rang que les « Éléments de psychophysique » de Fechner, est un chef-d'œuvre de psychologie expérimentale. Ce livre expose notamment les méthodes et les fondements physiologiques de la psychologie et ne traite en détail que les parties de la psychologie qui peuvent recevoir par ce moyen une explication particulière. La description et l'analyse sont reléguées dans l'ombre par l'expérimentation. — Wundt a donné plus tard un exposé de la psychologie d'un développement plus régulier dans son *Grundriss der Psychologie* (Résumé de psychologie) (1896). — A Leipzig il monta un laboratoire de psychologie expérimentale, qui fut le premier établissement universitaire de ce genre, et commença la publication de la revue *Philosophische Studien* (Études philosophiques) (20 volumes de 1883 à 1903).

Quelle importance ont eue les études de psychologie expérimentale pour faire passer Wundt de la physiologie à la philosophie, il nous le dit lui-même d'une manière intéressante dans un article intitulé : *De la causalité psychique et du principe du parallélisme psychophysique* (Phil. Studien, 1894, p. 122-124). Elles le convainquirent de l'indépendance de la psychologie à l'égard de la physiologie et de la métaphysique, indépendance que l'École anglaise et Kant avaient déjà soutenue. « Si l'on

---

[1] *Leçons sur l'âme des hommes et des animaux.*

me demandait, dit-il, en quoi a consisté et consiste encore pour moi la valeur psychologique de l'observation expérimentale, je répondrais qu'elle a produit en moi et de plus en plus confirmé une vue complètement neuve de la nature et de l'enchaînement des faits psychiques. Quand j'abordai pour la première fois les problèmes psychologiques, je partageais le préjugé commun, particulier aux physiologistes, que la formation des perceptions sensibles était tout simplement une œuvre des propriétés physiologiques de nos organes des sens. Ce fut d'abord sur les indications du sens de la vue (surtout pour ce qui concerne l'intuition spatiale) que j'appris à saisir cet acte de synthèse créatrice qui devint peu à peu mon guide pour acquérir une intelligence psychologique des fonctions supérieures de l'imagination et de l'entendement, ce pour quoi l'ancienne psychologie ne nous avait offert aucun secours. Quand je passai, dans la suite, à l'étude des relations temporelles du cours des représentations, j'eus une vision nouvelle du développement des fonctions de la volonté (et j'y fus amené par l'influence de la préparation et de l'effort sur la diminution du temps physiologique), du développement des fonctions extérieures sortant des fonctions intérieures, des fonctions complexes venant des simples, et en même temps la vision de l'union étroite qui existe entre toutes les fonctions psychiques, que l'on sépare par des abstractions et par des noms artificiels, tels que représentation, sentiment, volonté, en un mot de l'indivisibilité et de l'homogénéité, profonde à tous ses degrés, de la vie mentale. »

Wundt était arrivé par cette voie au concept de la synthèse, que Kant avait trouvé par l'analyse des fonctions de l'entendement et de la manière de concevoir l'espace et le temps. Par « synthèse créatrice » il entend un assemblage et une combinaison dont le produit reçoit des propriétés qu'aucun des éléments ne possédait en soi. Wundt oublie bien souvent que ce concept ne donne aucune explication, quelque apte qu'il soit à décrire ce que les faits psychiques ont de particulier. Il insiste surtout sur le rôle que joue l'activité dans la synthèse, ce qui le pousse peu à peu (dans les éditions ultérieures de sa Psychologie) à faire de la volonté le centre de la vie psychique.

Les études psychologiques ne furent pourtant pas l'unique voie par où Wundt fut conduit des sciences de la nature à la philosophie. En sa qualité de savant, il remarqua que toute science de la nature s'appuie sur certaines suppositions. Et la question, par conséquent, devait se poser d'elle-même : comment ces hypothèses, qui sont pour nous le fondement de tout, sont-elles fondées elles-mêmes ? Cette question est le point de départ de la théorie de la connaissance. Wundt la traita dans son écrit *die physikalischen Axiome und ihre Beziehung zum Causalprinzip*[1], qui est un chapitre d'une philosophie des sciences de la nature (Erlangen, 1866). Il essayait de tirer les principes de la physique de cette loi que tout a sa raison, mais en s'appuyant aussi sur cette autre loi que tout ce qui se produit dans la nature se ramène à des mouvements. Cette seconde loi, il la prouvait, elle aussi, par cette raison que le mouvement est le changement le plus simple, puisqu'une chose qui se meut ne change que sa position par rapport à d'autres choses, sans perdre nécessairement pour ce motif aucune de ses propriétés. — Wundt ne s'est pas rendu compte, ici non plus, des difficultés que présente au point de vue de la théorie de la connaissance cette conception qui, en comparaison de sa théorie de la connaissance ultérieure, offre un caractère un peu dogmatique.

C'est donc par deux voies différentes que Wundt fut amené à la philosophie, et dans ses écrits postérieurs il a encore approfondi et étendu son concept de la philosophie.

Pour élucider le problème de la connaissance, il entreprit la rédaction de son grand ouvrage sur la logique (*Logique*, étude des principes de la connaissance et des méthodes de la recherche scientifique. 1880-83, 2ᵉ édit. en 3 volumes 1893-95). Ce qui fait le grand mérite de cet ouvrage, c'est notamment l'abondance des matériaux tirés de sciences particulières que Wundt y met en œuvre. Il considère la science plutôt comme un fait historiquement donné dans la vie de l'esprit humain que comme une tendance dont il faudrait chercher la possibilité et la justification. Ce trait est caractéristique de toute la philosophie de

---

1. *Les axiomes de la physique et leur rapport avec le principe causal.*

Wundt. C'est pourquoi son œuvre logique revêt bien plus le caractère d'une encyclopédie que celui d'une explication des questions de principe. Au point de vue formel et sous le rapport des principes, les livres de logique de Sigwart, de Schuppe et de Benno-Erdmann sont peut-être préférables ; mais aucun ne contient d'aussi nombreux faits que l'ouvrage de Wundt.

L'*Éthique* de Wundt (1886, 3ᵉ édit. 1902) possède un caractère analogue à celui de sa logique. Tout comme la science, W. considère la moralité comme un grand fait que les individus doivent reconnaître et continuer, et il ne s'arrête pas aux difficultés que contient l'exigence de cette reconnaissance quand on en demande des raisons précises. L'éthique, selon lui, a pour base la psychologie des peuples qui nous montre comment les principes moraux résultent des conditions historiques et sociales dans lesquelles toute vie humaine est placée. — Je parlerai plus loin de la place qu'occupe la morale de Wundt dans l'ensemble de sa philosophie.

Le chef-d'œuvre philosophique de Wundt est le *Système de philosophie* (1889, 2ᵉ édit. 1897). Dans cet ouvrage, sa maîtrise d'exposition s'élève aussi à son point culminant. Il y donne une conception définitive de la philosophie dans son ensemble et de ses problèmes. A cet ouvrage se rattache l'*Einleitung in die Philosophie* (Introduction à la philosophie, 1901) qui toutefois, comparée aux écrits précédents, offre maintes différences de conception. La plus grande place, dans cet écrit, est consacrée à caractériser les tendances diverses dans l'histoire de la philosophie.

Ce qui conduit à la philosophie, c'est d'après Wundt un besoin intellectuel qui se détache toujours plus, en sa diversité, du besoin religieux, sans qu'il doive pourtant supprimer ce dernier. La philosophie est une conception du monde et de la vie qui satisfait aux exigences de l'entendement aussi bien qu'à celles du sentiment. Dans les temps modernes la philosophie ne garde pas seule, comme chez les Grecs, le privilège d'apaiser ce besoin intellectuel. Les sciences particulières se sont développées et se sont partagé l'expérience. Elles se divisent en trois groupes : les mathématiques, qui sont la science des nombres, de l'espace et du mouvement ; les sciences de la nature, qui sont les sciences des faits physiques et des objets de la nature ; les sciences de l'esprit, qui se divisent en psychologie, en philologie et en histoire. La distinction de ces trois groupes ne consiste pas seulement dans la différence de leurs objets, mais aussi et même surtout dans la différence des points de vue auxquels elles se placent. Le développement de toutes ces sciences a puissamment contribué à l'accroissement des intérêts intellectuels. La philosophie ne peut pas, comme le croyait la spéculation romantique, les écarter de son chemin ; mais elle aura pour tâche de relier entre elles, sans laisser prise à aucune objection, les notions acquises par les sciences, et cela de telle manière qu'aucun point de vue spécial n'arrive à dominer tout seul et que l'harmonie s'établisse entre les intérêts intellectuels et les besoins moraux. On peut, d'après Wundt, montrer historiquement la marche évolutive qu'ont suivie nos concepts pour revenir de l'antique philosophie à la philosophie en traversant les sciences spéciales.

Wundt partage la philosophie en théorie de la connaissance et en théorie des principes. La *théorie de la connaissance* comprend la théorie de la pensée (la logique formelle), l'histoire et la théorie de la connaissance (la théorie de la connaissance réelle). La *théorie des principes* a une partie générale, que Wundt appelle la métaphysique, et à propos de laquelle il remarque qu'elle est la conclusion, non le commencement de la philosophie, et une partie spéciale, la philosophie de la nature et la philosophie de l'esprit.

Il n'y aurait d'après cela que deux problèmes philosophiques, le problème de la connaissance et le problème de l'existence. La *morale* a sa place dans la théorie des principes comme une des branches spéciales de la philosophie de l'esprit (au même titre que l'esthétique et la philosophie de la religion), mais elle ne représente aucun problème qui doive être traité à part. Il y a cependant chez Wundt un certain flottement. Dans l'esquisse qu'il fait des courants philosophiques (dans l' « Introduction à la philosophie ») il distingue explicitement trois problèmes, plaçant le problème moral à côté du problème de la connaissance et du problème métaphysique ; le problème de la connaissance a pour objet l'homme en tant que doué de la faculté de connaître, le problème moral, l'homme en tant que doué de volonté ; quant au problème métaphysique, il concerne à la fois ces deux côtés de l'être humain. Ceci s'accorde aussi avec sa conception de la philosophie qui doit mettre d'accord les intérêts intellectuels et les besoins moraux ; cette tâche en effet présuppose l'indépendance du problème moral. — La *psychologie* a sa place parmi les sciences particulières, à côté de la philologie et de l'histoire, et elle ne fait point partie de la philosophie. Et pourtant dans la propre psychologie de Wundt se manifeste clairement une distinction des recherches spéciales, expérimentales, et de ces points de vue psychologiques, qui ont de l'importance pour la « philosophie de l'esprit », surtout pour la partie générale de cette philosophie, qui doit donner une conception fondamentale bien enchaînée de l'être et du devenir moral. Il concède en outre que la psychologie occupe une position exceptionnelle dans les sciences spéciales, du fait qu'elle se trouve en relation plus directe qu'aucune autre science avec la théorie philosophique de la connaissance, tout acte de connaissance étant un fait mental empiriquement donné et rentrant, comme tel, dans la juridiction de la psychologie. Il suit de là qu'on a le droit de parler d'un problème psychologique spécial — et nous pouvons par suite nous servir des quatre problèmes philosophiques mentionnés plus haut pour diviser notre exposé de la philosophie de Wundt.

2. — Le problème psychologique

Il faut laisser à l'histoire de la psychologie le soin de montrer l'importance de Wundt pour la méthodologie et l'organisation de cette science. Wundt apparaît ici comme le chercheur le plus important après Fechner, le vrai créateur de cette partie. Mais, tandis que Fechner (comme Wundt le fait ressortir dans son discours commémoratif sur ce philosophe) n'était pas animé, à proprement parler, d'un intérêt psychologique bien marqué, et ne s'intéressait qu'aux recherches qui touchaient le seuil de la conscience et qui, suivant lui, pouvaient de la sorte jeter quelque lumière sur les rapports de l'esprit et de la matière, l'intérêt psychologique de Wundt, au contraire, est plus étendu et en outre, pour lui, dans toute une série de points variés, la psychologie, comme un tout, garde de l'importance pour la philosophie. Je m'arrêterai quelque peu sur trois de ces points, je veux dire sur le rapport de la psychologie à la physiologie, sur le caractère propre de la vie psychique et sur les éléments de la vie psychique.

a) *Physiologie et psychologie*.

Les rapports de la psychologie à la physiologie ont nécessairement une importance philosophique, puisqu'ils sont décisifs pour la détermination des rapports de l'esprit et de la matière. En dehors de sa Psychologie et de son Système, Wundt a aussi traité cette question dans son article déjà mentionné plus haut « sur la causalité psychique et le principe du parallélisme psychologique ».

A l'encontre de Fechner, Wundt ne regarde pas le parallélisme psychophysique comme une solution complète du problème. La diversité des sciences repose bien plus, pense-t-il, sur la diversité des points de vue que sur la diversité des objets, et un seul objet peut, par suite, se rencontrer en des sciences très diverses. La physiologie et la psychologie considèrent le même objet à des points de vue différents. Mais le fait que des points de vue distincts sont nécessaires ne prouve pas que des objets distincts eux-mêmes aient été donnés. Si nous suivions pas à pas l'évolution de l'esprit depuis ses degrés les plus bas jusqu'à ses degrés les plus élevés, nous nous verrions contraints d'admettre que cette série de degrés a été préparée dans la nature inconsciente, de sorte que la nature apparaît comme un processus autonome de l'évolution de l'esprit. Wundt penche donc, en fin de compte, vers une explication décidément idéaliste. Le « parallélisme » n'est pour lui qu'une hypothèse auxiliaire, non une position définitive. Mais il est nécessaire, en tant qu'hypothèse provisoire, parce que nous ne pouvons pas éviter d'admettre qu'il y a homogénéité entre la cause et l'effet, de sorte que l'action de l'esprit sur la matière, ou l'action inverse, resterait pour nous un miracle. A ce point de vue il insiste sur la loi de la conservation de l'énergie qui pour tout accroissement ou pour toute diminution de l'énergie physique exige des équivalents physiques, ce qui exclurait la théorie ordinaire de l'action réciproque.

A plusieurs reprises Wundt a dû assurer qu'il demeurait constamment attaché à cette manière de voir, même quand il semblait se mettre en contradiction avec elle. Il déclare que lorsqu'il ne s'agit pas de questions de principe, il emploie la manière populaire de s'exprimer avec autant de droit qu'un disciple de Copernik dit que le soleil se lève et se couche. Je crois pourtant que la difficulté qu'on trouve ici chez Wundt ne provient pas uniquement de sa manière de s'exprimer. Il y a deux points, en effet, où il s'écarte explicitement du parallélisme. En premier lieu, il ne veut pas que la synthèse qui a lieu entre les éléments de conscience puisse être envisagée au point de vue physiologique ; seuls les éléments pris à part auraient des corrélatifs physiologiques, et non leurs synthèses. En second lieu, la valeur qui s'attache aux phénomènes psychiques n'aurait pas non plus de corrélatif de ce genre. — La première limitation du parallélisme repose sur une application illégitime de la distinction qui existe entre forme et matière, entre synthèse et élément. Le concept d'élément ne désigne jamais qu'une approximation d'une donnée pure et simple, et ce n'est donc que très grossièrement et d'une façon purement relative que l'on peut distinguer entre la synthèse et les éléments. En outre la synthèse est aussi bien une donnée de fait que les éléments. La seconde limitation repose sur une distinction illégitime entre la valeur et la chose à laquelle elle est attachée. Le fait de sentir qu'une chose a de la valeur est un fait psychique comme tout autre. Ou bien, si l'on veut, la valeur est un élément psychique ou une qualité psychique au même titre qu'une couleur ou un son musical. Il semble donc qu'il est inconséquent de souligner ces exceptions. Si Wundt les soutient si fortement, cela provient certainement du zèle qu'il apporte à conserver à la psychologie son indépendance. Autrefois, pense-t-il, cette indépendance était surtout menacée par des empiétements du côté spiritualiste ; mais de nos jours on a surtout à craindre des empiétements matérialistes.

Ce qui constitue une difficulté spéciale pour bien comprendre la théorie de Wundt, c'est que, tout en admettant que l'énergie physique est constante dans le monde, il parle cependant d'un accroissement de l'énergie dans le domaine mental. Mais en lisant bien les principaux passages où il expose cette partie de sa doctrine, on voit pourtant que par accroissement de l'énergie mentale il entend soit l'apparition de nouvelles qualités psychiques, soit la survenance de valeurs nouvelles[2]. Il me paraît être plus juste de parler ici d'une concentration et d'une organisation que d'un accroissement de l'énergie. Une valeur psychique suppose une concentration, mais non une augmentation de l'énergie en général. D'autre part on ne peut précisément pas se passer du principe de la conservation de l'énergie psychique si l'on veut être à même de comprendre les états maladifs qui proviennent de la concentration partielle ou de la scission de la conscience.

b) *Le caractère spécial de la vie psychique.*

A tous les degrés de la vie psychique et à travers toutes les formes qui l'expriment, se manifestent, d'après Wundt, des propriétés qui la font paraître comme l'antithèse de la vie physique matérielle, bien que cette dernière en soit le côté extérieur et perceptible par les sens. Dans ses divers traités Wundt fait, d'une façon quelque peu différente, l'énumération de ces caractères particuliers. Cependant les traits les plus importants sont toujours les trois dont nous allons parler.

α) Tout contenu psychique est un processus, une opération, en incessante réciprocité d'action avec d'autres processus et déterminé par des processus antérieurs. L'âme n'est pas une « chose », une « substance », mais *Tätigkeit*, activité. A ce concept de l'âme Wundt donne le nom d'actuel par opposition au concept substantiel de l'âme auquel demeurent attachés, chacun à sa manière, le spiritualisme et le matérialisme[3]. L'essence de l'âme se révèle à nous par la synthèse continue de tous les faits psychiques. Cette synthèse enlève toute possibilité de concevoir l'âme par analogie avec un atome matériel, ce à quoi est toujours enclin le spiritualisme. Dans tous les points où nous pouvons observer la vie psychique, nous trouvons toujours la continuité, à mesure que nos observations deviennent plus exactes. Nous avons donc le droit d'admettre que la continuité garde encore de la valeur au delà du domaine où l'observation psychologique est possible, tandis que l'inconscient ne nous sert que de concept auxiliaire.

β) Une autre particularité de la vie psychique est sa faculté de produire, par la synthèse d'éléments donnés, un contenu qualitativement nouveau. Cette particularité est désignée par l'idée de synthèse créatrice. Elle se manifeste dans toute perception sensible, mais avec plus de clarté dans la conception de l'espace, qui résulte de l'action combinée des sensations visuelles, tactiles et motrices, et dans le timbre des sons, qui est produit par l'action combinée des sons inférieurs et des sons supérieurs. On la découvrit tout d'abord dans les faits psychiques d'ordre élevé, dans la naissance des images, des concepts et des pensées. Mais c'est une particularité qui se manifeste aussi bien dans les faits psychiques les plus élémentaires que dans les plus élevés. De ce côté aussi se montre la continuité de la vie psychique.

Dans l'expression « synthèse créatrice » Wundt fait tout particulièrement ressortir le mot « créatrice ». Il n'appuie pas (comme nous l'avons déjà indiqué en passant) sur le problème ni sur la limite de l'intelligence qui y sont contenus. Ce qui survient de qualitativement nouveau — par exemple, lorsque la forme spatiale, conformément à la théorie génétique, est produite par la synthèse des sensations d'espèce différente, ou quand une idée générale se fait jour sur un fondement de motifs qu'elle enchaîne d'une façon tout à fait neuve — ce qualitativement nouveau, dis-je, n'est aucunement expliqué par cela seul qu'on le dit l'œuvre d'une synthèse créatrice. Ce terme peut fort bien servir pour une description, et il se prête bien à marquer ce qu'a de nouveau le produit par rapport aux facteurs ; mais il laisse derrière lui un grand problème et par suite on ne doit pas le faire servir à trancher une fois pour toutes le débat.

γ) A la particularité que nous venons de signaler se relie très étroitement un troisième caractère de la vie psychique. Nulle part, d'après Wundt, l'activité psychique ne se manifeste plus clairement que par la manière dont un phénomène est décomposé, divisé en ses éléments composants par un processus qu'on peut appeler une « analyse relative ». Cette décomposition n'a pas du tout lieu de telle manière que les parties se présentent ensuite comme des unités qui se suffisent en elles-mêmes, mais de telle manière que leur rapport au tout soit conservé et que ce soit même en raison de leur place déterminée dans le tout qu'elles conservent leur valeur. Pour éclairer cela par un exemple, Wundt cite la manière dont nous sommes capables de faire ressortir dans tout le champ de notre vue (champ visuel) un point unique (le point regardé) en faisant tomber l'excitation correspondante à ce point sur la place de la rétine où la vision est la plus distincte. Wundt nomme *aperception* l'attention dissociative qui se manifeste dans l'analyse relative. C'est au moyen de cette aperception que les parties d'un grand tableau nous apparaissent peu à peu sans perdre leur rapport avec l'ensemble. De même l'orateur voit sa pensée dans l'ensemble avant que soient énoncées les parties séparées et l'artiste aperçoit son œuvre comme un tout, avant que les parties différentes soient distinguées et exécutées. De la sorte on obtient une clarté et une netteté toujours plus grandes.

c) *Les éléments de la vie psychique.*

C'est par l'étude de la perception sensible et de la représentation que Wundt porta son attention sur le côté actif de la vie consciente. Cette étude le conduisit au concept de l'aperception, que j'ai déjà mentionné en passant comme un des plus difficiles de la philosophie de Wundt.

L'aperception n'est pas seulement une activité qui se manifeste dans le domaine des représentations; elle se manifeste aussi dans tout sentiment, le plaisir et la douleur étant déterminés par le rapport du contenu de la représentation à l'acte psychique, et elle se manifeste dans ce qu'on nomme au sens strict le vouloir. Quand Wundt emploie comme exemple d'illustration la différence qui existe entre le champ de la vision (champ visuel) et le point que l'on fixe (point de vision), il faut cependant remarquer que, selon sa théorie, l'aperception n'a pas seulement pour fonction de distinguer, lorsque, par exemple, un point spécial est fixé dans tout un ensemble, mais aussi de lier, ce qui a lieu dans toute formation de concept et de jugement. Elle est le contraire des processus qui sont surtout passifs et involontaires, le contraire, par conséquent, de la simple association des représentations. Wundt se prononce contre la théorie psychologique qui veut tout ramener dans la conscience à une association extérieure de représentations autonomes, contre ce qu'on appelle la psychologie associative. Il soutient qu'une « aperception » agit dans toute association, de telle sorte que la distinction (*die Sonderung*) dans l'association et dans l'aperception repose, à proprement parler, sur une abstraction dont peut s'approcher plus ou moins la réalité. Mais il n'est pas facile de faire accorder avec cela toutes les assertions de Wundt. En effet Wundt parle de faits d'association simples, sur lesquels la volonté n'a aucune influence; ils seraient caractérisés par l'influence entièrement nulle de la volonté sur leur mode de production. Quand il admet plus loin qu'il existe dans le cerveau un « centre » spécial « d'aperception », cela semble aussi impliquer que par rapport à l'association et à d'autres faits plus passifs, l'aperception doive être un processus autonome[1]. Où la chose devient encore plus confuse, c'est quand, dans l'aperception, il distingue deux formes : l'aperception passive et l'aperception active. L'aperception active est caractérisée en ce qu'elle est déterminée par une représentation qui la précède et qu'elle connaît plusieurs possibilités, tandis que l'aperception passive est déterminée par une impression sensible et ne suit qu'une seule direction déterminée.

Je n'ai pas réussi à me convaincre de la nécessité qu'il y avait à introduire ce concept dans la psychologie. Le concept de l'attention contient en fait tout ce que présente l'expérience. Comme attention involontaire (ce qui correspond à peu près à l'aperception passive de Wundt), elle collabore à toute perception sensible (par exemple à la fixation d'un seul point dans l'horizon visuel) et aussi à toute association de représentation (puisque, pour la part essentielle, c'est toujours du sentiment et de l'intérêt dominants que dépend le choix de la représentation évoquée). Comme attention volontaire (à peu près analogue à l'aperception active de Wundt), elle se manifeste quand l'acte d'attention est précédé d'un état dans lequel on s'attend ou l'on cherche à concevoir et à se représenter une chose déterminée. Or la tâche de la psychologie est d'examiner avec soin tous les degrés et toutes les formes de l'attention, des plus élémentaires aux plus élevées.

L'essentiel de la théorie de Wundt consiste en ce qu'elle fait ressortir l'importance des conditions internes, centrales de l'activité psychique, par rapport à ses conditions externes et périphériques. Je ne saurais mieux l'exprimer qu'en ces termes : le degré et le sens de l'attention sont déterminés par les besoins et les tendances de la vie au stade de l'évolution donné, et ces besoins et ces tendances sont déterminés à leur tour par l'histoire antérieure de la vie.

Les difficultés que présente la théorie de l'aperception de Wundt sont vraisemblablement liées à cette circonstance qu'il a formé le concept de l'aperception, d'une part par la voie expérimentale, notamment par des expériences qui portaient sur l'attention préparée et consciente, et d'autre part aussi suivant des prototypes historiques (particulièrement Leibniz et Kant), chez qui également des fonctions conscientes d'un caractère bien marqué servent de fondement à la théorie de l'aperception. Par suite de quoi le rapport des fonctions clairement conscientes aux fonctions à demi conscientes de la vie psychique, des fonctions volontaires aux fonctions involontaires, demeura enveloppé d'une certaine obscurité, même après que Wundt, dans la suite, eut tellement élargi le concept de l'aperception qu'elle pût s'appliquer à toute la vie psychique. Le concept ne fut pas soumis aux modifications que rendait nécessaires sa plus grande extension. Wundt tend, comme il ressort très clairement de la suite de ses ouvrages et de leurs éditions, à donner au concept de l'activité, en tant qu'expression d'une action ou d'une tendance déterminée du dedans, une place prépondérante dans la psychologie. Le concept de la volonté lui apparaît de plus en plus comme le concept type et le concept central par analogie avec lequel doit être pensé tout le reste de la vie psychique. Dans la seconde édition de sa « Logique », il désigne sa conception psychologique par le nom de Volontarisme, terme que, nous dit-il lui-même, il a emprunté à

Friedrich Paulsen qui l'oppose à l'intellectualisme de l'ancienne psychologie¹. Cependant la psychologie de Wundt, sous ses formes les plus récentes (dans le *Grundriss*, dans la troisième édition du *Menschen-und Tierseele* et dans la cinquième édition de la *Psychologie physiologique*), n'est jamais exposée comme une psychologie de la volonté qui suivrait pas à pas la volonté dans son évolution et qui regarderait les autres éléments de la conscience dans leur rapport à la volonté. Des tentatives de ce genre, qui offrent un grand intérêt, ont été faites par Friedrich Jodl, Alfred Fouillée et G. F. Stout. Bien plus, Wundt ne range jamais la volonté parmi les éléments de la vie consciente. Il traite les phénomènes de la volonté comme les formes les plus complexes et les plus spéciales de la vie consciente et il ne compte à titre d' « éléments » psychiques que des sensations et des sentiments. Cela ne peut s'expliquer que d'une manière : c'est que Wundt commença ses études psychologiques par la perception sensible et par les fonctions intellectuelles qui s'y rattachent et fit tous ses efforts pour conserver l'importance primordiale de l'activité psychique, sans pourtant réussir à faire de l'activité l'élément capital par qui tout est conditionné. Le rapport entre les phénomènes psychiques élémentaires et les phénomènes complexes demeure toujours entouré chez lui d'une certaine obscurité⁴.

Les difficultés qu'offre ainsi l'étude des œuvres psychologiques de Wundt sont précisément une preuve, selon cette explication, d'un travail inlassable et poursuivi quarante ans durant sans interruption, à partir du moment où, des études de physique, il passa dans le domaine de la philosophie. En procédant de cette sorte, grâce à la multitude et à l'universalité de ses connaissances, il a pu éclairer une foule de phénomènes, ce qui eût été impossible à une exposition plus régulière et plus nettement limitée.

3. — Le problème de la connaissance

Pour ce qui regarde la manière dont Wundt traite le problème de la connaissance, je m'en tiendrai principalement, dans cet exposé, à son *Système de philosophie*, dans lequel je crois que les points de vue les plus décisifs sont très clairement et très nettement mis en lumière.

a) *Réalisme naïf et réalisme critique.*

Déjà dans la connaissance ordinaire, non encore revêtue de la forme scientifique, se montrent clairement les plus importants processus intellectuels. La connaissance est soit descriptive, soit narrative ; elle a pour but soit de faire voir des propriétés, soit d'établir des faits. A la description, dans la pensée logique, correspond la démonstration de l'identité, à la narration, l'exposition d'un rapport logique de dépendance. La première fait ressortir ce qui est constant ou le statique, et la seconde ce qui est changeant ou le dynamique. La relation de dépendance se laisse voir avec une clarté parfaite dans le raisonnement, dans la manière de tirer une proposition d'une autre. Aussi la pensée cherche-t-elle à ramener toutes les relations temporelles et spatiales à des relations de dépendance logique, pour les rendre analogues à la relation qu'il y a dans un raisonnement entre la conclusion et les prémisses. On ne se borne plus alors à la simple constatation de qualités, mais on varie ces qualités afin de trouver leur rapport de dépendance réciproque. C'est là une tendance naturelle, puisque la dépendance logique est la seule espèce de dépendance qui soit d'accord immédiatement avec les lois propres de la pensée ; la dépendance ici n'est pas extérieure ; la liberté et la nécessité de la pensée se trouvent immédiatement unies. C'est pour cette raison qu'on cherche à ramener tous les rapports de dépendance réelle à des rapports de dépendance logique. Cette tendance trouve son expression dans le principe que tout a sa raison d'être (le principe de raison), principe grâce auquel il s'établit entre nos divers actes de pensée, d'une manière très intime, une liaison réciproque.

La connaissance commence toujours par la croyance à la valeur réelle des représentations : c'est un *réalisme naïf.* On ne distingue pas encore entre la connaissance même et ses objets ; une pareille distinction suppose une réflexion ultérieure. Les philosophes perdent trop souvent de vue que la réflexion caractérise toujours un stade postérieur, et jamais le stade primitif. On a besoin de motifs suffisants pour renoncer à la réalité de ce qui est immédiatement donné. Des motifs de ce genre sont fournis notamment par l'opposition qui existe entre le variable et le constant. Seul, peut avoir une valeur, ce qui subsiste en dépit de tout changement, — et l'on n'arrive à découvrir ce fait que par un travail intellectuel, non par une conception immédiate. Quand le travail intellectuel forme des concepts susceptibles de dégager le contenu changeant de la conception immédiate, le réalisme naïf se change peu à peu en un *réalisme critique*. Ce réalisme n'est que la continuation du processus qui commence déjà dans le réalisme naïf, quand ce dernier distingue entre perception, souvenir et imagination. — Sur les rapports du réalisme naïf au réalisme critique, Wundt a écrit un article remarquable qu'on trouvera dans les volumes XII et XIII des « Philosophische Studien ».

Dans la voie qui mène du réalisme naïf au réalisme critique, il faut distinguer trois stades : le stade de la perception, celui de la connaissance intellectuelle et celui de la connaissance rationnelle. Ces trois stades correspondent respectivement au point de vue de la vie pratique, à celui des sciences spéciales et à celui de la philosophie.

b) *Perception, entendement, raison.*

Dans la *perception*, l'espace et le temps se présentent comme deux formes, où vient se ranger le donné (comme une constante opposée aux qualités changeantes), et comme une expression du perpétuel travail de l'esprit. Les lois de l'espace et du temps peuvent être fixées d'une manière abstraite, et pour ce motif la pensée est naturellement portée à s'en tenir à elles et à considérer les qualités comme quelque chose de subjectif par comparaison avec elles.

La *connaissance intellectuelle* commence quand, pour trouver le permanent constant strictement requis, on s'éloigne de l'intuition immédiate et quand on la remplace par des mots et des symboles. Seul ce qui peut être déterminé d'une manière abstraite s'appelle ici objet. Nous tombons alors nécessairement dans le domaine des hypothèses ; mais ce sont des raisons

logiques qui nous y contraignent, puisque la pensée travaille
à trouver entre toutes les parties du contenu empirique un
enchaînement non contradictoire. Tout se ramène ici aux lois
de la pensée. Mais nous n'avons à aucun moment de pensée
pure, pas plus que d'expérience pure. Par là se trouvent repoussés en même temps l'apriorisme et l'empirisme. — La connaissance intellectuelle agit aussi bien dans les mathématiques et
dans les sciences physiques que dans la psychologie. — Le
concept scientifique de la matière ou de la substance matérielle
est un bon exemple. On forme ce concept en ramenant toutes
les propriétés matérielles à des rapports spatiaux, à des mouvements et à des positions, et cette réduction trouve sa justification dans le fait que c'est seulement par elle qu'il est possible de dériver, d'une manière simple, et uniquement en vertu
des lois propres de la pensée, une variation matérielle d'une
autre. Les qualités empiriques ne servent dans les sciences
naturelles que de moyens auxiliaires pour conclure *a posteriori*
à des relations spatiales et temporelles des objets. La tâche
d'une théorie de la matière n'est pas de développer des représentations semblables aux phénomènes des corps empiriques
ni même de former en général des représentations intuitives,
mais au contraire de déterminer des concepts grâce auxquels on puisse dériver des phénomènes empiriques d'autres
phénomènes antérieurement donnés. Ce que je dis du concept
de la matière s'applique aussi à d'autres concepts tels que
ceux d'inertie et d'énergie. C'est toujours l'exigence de la
liaison non contradictoire d'accord avec le principe de raison
qui sert de base à la formation de ces concepts. — Dans le
domaine psychologique il n'y a, d'après Wundt, aucune raison
d'entreprendre une construction de concepts analogue à celles
qui dans les sciences physiques mènent au concept de la matière.
Ici, en effet, l'observation montre clairement que notre vouloir
est ce que nous possédons en nous de plus constant et que
ce vouloir est une activité toujours en action, un continuel
devenir; il n'est donc pas possible, et nous n'avons du reste
aucun motif, de former un concept qui corresponde à ce qu'est
la situation spatiale pour le mode d'action des phénomènes
matériels (cf. plus haut ce qui regarde le concept « actuel » de

l'âme de Wundt). Les constructions et les hypothèses que nous employons dans le domaine psychologique concernent soit le rapport réciproque des éléments psychiques qui agissent ensemble dans les processus internes, soit le rapport du moral au physique. — Bien que la physique ramène tous les changements à des changements de situation et de mouvement, elle ne nie pas, cependant, que les choses du monde aient des propriétés internes non exprimées par leurs relations extérieures; mais elle n'a pas à les étudier. Sans ces qualités internes, il serait impossible de comprendre comment la vie, surtout la vie psychique, a pu commencer dans le monde. Partout où une série d'événements se présente comme une totalité dans laquelle chaque membre occupe une place déterminée pour coopérer à un résultat décisif, on a le droit d'appliquer le concept de fin, même si l'on ne pense pas que la fin doive exister dans une représentation avant le résultat. La manière dont chaque membre pris à part se montre déterminé par son rapport à la totalité et par l'importance qu'il a pour elle autorise la conception biologique, sans cependant exclure en aucun point la conception purement mécanique. Ce n'est que par une conception de ce genre qu'on est en droit, selon Wundt, d'attribuer au concept de l'évolution une valeur qui s'étende au delà du domaine organique.

La *connaissance rationnelle* conduit au delà de l'expérience, car elle cherche un enchaînement sans limites, alors que dans l'expérience tout enchaînement est limité. Wundt prend le mot « raison » au sens étroit, comme la tendance à l'unité qui pousse à former des totalités sur la base du donné fragmentaire. La raison naît quand on commence à prendre conscience que l'activité intellectuelle va toujours plus avant en suivant sa loi propre, toute limitation de ce qui lui sert de soutien devant se laisser dépasser ou du moins concevoir comme dépassée. Alors surgit l'idée d'une totalité de toutes les relations de dépendance. Les idées de la raison sont fournies par la continuation du processus qui a conduit l'entendement à la formation de ses concepts. Mais tandis que l'entendement cherchait seulement à relier le donné d'une manière exempte de contradiction, la raison — en vertu des mêmes lois de la pensée qui dirigeaient l'entendement — cherche à mettre sur pied un système bien enchaîné.

Cette tâche s'impose donc à Wundt avec la force d'une nécessité logique. L'empirisme et le scepticisme nieront en vain l'existence des problèmes qui se présentent ici. Wundt avoue qu'on n'est pas à même de réfuter par la démonstration logique les points de vue empiriques ou sceptiques ; mais il croit que ces points de vue sont réfutés par l'existence même de la pensée, car il serait contradictoire en soi d'appliquer la pensée à la liaison réciproque de choses individuelles et de repousser cependant la tâche de mise en enchaînement réciproque des synthèses ainsi obtenues. Le principe de raison suffisante doit conduire toujours plus loin. L'importance scientifique de l'empirisme et du scepticisme tiendrait à ce qu'ils ont retenu la spéculation en de certaines limites et qu'ils l'ont empêchée de causer aucun trouble en se mêlant à la connaissance intellectuelle.

La connaissance rationnelle peut, selon Wundt, dépasser l'expérience ou devenir « transcendante » de deux manières. Elle peut continuer dans le même sens la formation des séries qui ont commencé dans l'expérience. C'est ce qui se produit dans la série des nombres, dans les dimensions de l'espace, dans la série du temps, dans les deux attributs de Spinoza (esprit et matière). Ici nous concevons comme une continuité indéfiniment prolongée ce qui n'est jamais donné dans l'expérience que d'une façon fragmentaire. Wundt appelle cette manière de dépasser l'expérience la *transcendance réelle*. Mais la connaissance rationnelle peut aussi compléter l'expérience en admettant d'autres séries que celles qu'on rencontre dans l'expérience. Tandis que dans la transcendance réelle il ne s'agit que d'une infinité quantitative, on introduit ici un infini qualitatif en posant encore d'autres côtés et d'autres propriétés de l'être que ceux qui sont donnés. L'histoire de la philosophie nous en offre un exemple dans l'hypothèse de Spinoza que l'être possède un nombre infini d'attributs et non les deux seuls attributs que nous montre l'expérience (esprit et matière). Cette façon de dépasser l'expérience, Wundt la nomme la *transcendance imaginaire*, parce qu'elle admet de nouvelles séries qualitatives de l'être, de même que les nombres imaginaires s'emploient comme expressions de directions nouvelles par rapport à la direction que désignait la série des nombres réels positifs ou négatifs — comme unités latérales, ainsi que les a appelés un mathématicien fameux. On a même le droit de forger une hypothèse de ce genre, à la condition qu'elle satisfasse au besoin d'unité de la raison et qu'elle ne porte aucune atteinte à la science empirique.

Il n'y a que ces deux voies pour arriver, selon Wundt, à une conception philosophique générale. Toute métaphysique qui veut avoir quelque valeur, provient de la connaissance empirique ou prolongée ou complétée. Ces deux voies nous mènent aussi du problème de la connaissance au problème de l'être.

4. — LE PROBLÈME DE L'EXISTENCE

a) *Métaphysique et empirisme.*

La métaphysique commence déjà, à vrai dire, dans les sciences spéciales, en tant en effet que ces sciences établissent des principes définitifs ou des hypothèses définitives dont le contenu ne saurait être empiriquement démontré, mais qui sont cependant indispensables pour la liaison du contenu empirique. Peut-être ne peut-on pas même les construire complètement par analogie avec les objets donnés dans l'expérience. Ces principes ou ces hypothèses rendent l'expérience concevable, mais sont eux-mêmes au delà de cette expérience. Tel est, par exemple, le cas des hypothèses qui, dans les sciences physiques, portent sur la constitution et les propriétés fondamentales de la matière. Wundt tient à conserver pour des hypothèses de ce genre l'expression de « métaphysique », afin qu'on ne les confonde pas avec les faits. Toute hypothèse définitive est métaphysique et toute métaphysique est hypothétique.

Le motif de la métaphysique est le besoin de liaison, par conséquent le besoin de comprendre le contenu empirique — finalement le besoin d'une conception d'ensemble bien enchaînée. Chacun des domaines empiriques, par suite aussi chacune des sciences, a un certain penchant à se considérer lui-même comme absolu, comme étant une clef de l'être total. C'est pour cela qu'une perpétuelle critique est ici nécessaire[1].

L'attitude de Wundt à l'égard du positivisme, du criticisme et de la philosophie romantique ressort ici d'une manière caractéristique. Il se rapproche du positivisme par l'importance qu'il attribue à l'expérience comme mesure. Il montre une grande circonspection et il s'avance pas à pas dans les questions qui sont à la limite de la connaissance, et sa manière de reconnaître les problèmes qui s'y rencontrent, ainsi que leur mode de solution et la difficulté que cette solution présente, nous font voir en lui un disciple ou un continuateur de la philosophie critique. Mais la circonspection n'est de mise chez lui qu'autant qu'il est encore en train de s'approcher de la limite. Une fois qu'il est ou croit y être parvenu, il n'est pas aussi circonspect et n'examine pas toujours à fond les dernières conséquences de ses idées définitives. Il devient alors souvent lourd et dogmatique. Le principe d'unité le domine et la réflexion critique recule. On ne trouve pas trace des vagues qui se forment tout naturellement sur les rives de la pensée. Sur ce point, le philosophe anglais F. H. Bradley, dont nous nous occuperons dans la suite, nous donne de bien meilleurs enseignements. Il complète Wundt à ce point de vue, tandis qu'il n'a pas sa large base empirique et expérimentale. Mais jusqu'à présent nous avons principalement considéré le côté empirique et critique de Wundt ; dans l'exposé de sa position métaphysique se fera jour ce qu'il y a de romantique dans sa manière de voir.

b) *Les idées.*

Comme le montre l'histoire de la pensée métaphysique, il y a trois groupes d'idées, c'est-à-dire de concepts, qui, par le moyen de la transcendance réelle ou imaginaire, conduisent à son terme la spéculation philosophique. Wundt les appelle les idées cosmologiques, les idées psychologiques et les idées ontologiques.

α) L'idée du monde physique comme totalité prend naissance d'autant plus naturellement dans les sciences naturelles que c'est seulement, à vrai dire, en des ensembles fermés que l'on peut montrer des lois fixes. Toute étude suppose une certaine isolation de ce que l'on veut étudier; on doit, autant que possible, le concevoir comme soustrait à toute influence extérieure. Alors peut-être on pourra, pas à pas, étendre son observation. Ceci ne s'applique pas seulement quand il est question du monde physique dans son ensemble, mais encore quand il s'agit des plus petites parties du monde physique. Nous pouvons concevoir l'espace et le temps agrandis par leur simple prolongement au delà de l'expérience; il n'y a en cela qu'une transcendance réelle. Mais toute hypothèse qui porte sur le monde physique comme totalité ou sur la plus petite de ses parties est d'une transcendance imaginaire, puisque à chaque limite atteinte apparaît cette possibilité : au delà de cette limite pourrait être valable quelque chose de qualitativement nouveau. De telles hypothèses sont pourtant, elles aussi, légitimes pourvu qu'elles ne soient pas en contradiction avec la connaissance empirique[8].

Si l'on ne construit sa métaphysique que sur le fondement des idées cosmologiques — par suite, que sur des concepts comme ceux d'espace, de temps, de matière, de mécanique —, cette métaphysique prend la marque du matérialisme.

β) Wundt remarque que presque toutes les discussions dans le domaine métaphysique roulent sur des idées psychologiques. Nous connaissons déjà la position de Wundt vis-à-vis du problème psychologique, dans la mesure où ce problème est placé sur le terrain de l'expérience. L'activité et la tendance à l'unité sont pour lui les caractères de la vie psychique et le concept de la substance psychique contient pour lui, même quand il est établi avec une argumentation spiritualiste, un matérialisme caché. En même temps — pouvons-nous ajouter — ce concept est pour lui trop individualiste parce qu'il isole les êtres psychiques individuels. La distinction entre l'âme et le corps n'existe que dans notre conception. Ce que l'expérience nous montre, c'est une organisation mentale qui en soi et par soi, ne fait qu'un avec une organisation corporelle. Mais l'expérience ne mène pas ici à un concept définitif, et c'est pour cela que finalement tout concept de l'âme, actuel et substantiel, est un concept de transcendance imaginaire. Et, si l'on voulait pousser à l'extrême ces idées sur cette question, on ne devrait pas oublier que la vie psychique individuelle se présente toujours dans notre expérience comme un membre compris dans une société, faisant partie d'une totalité mentale, dans laquelle seule ses motifs, ses tendances et son contenu deviendraient intelligibles. C'est pour cette raison que Wundt attribue une grande importance à la psychologie ethnique. Comme idée psychologique suprême se présente finalement le concept d'un vaste principe d'unité (d'un supramental) qui sert de fondement à tous les êtres psychiques et à leur enchaînement réciproque. Cette idée est imaginairement transcendante, parce que nous ne pouvons appliquer toutes les déterminations psychologiques qu'à des êtres individuels et que par suite nous ne trouvons pas dans notre expérience des expressions capables de traduire ce qui devrait caractériser l'ensemble de toute la représentation et de toute la volonté.

Si l'on ne bâtit sa métaphysique que sur les idées psychologiques, elle revêt la marque de l'idéalisme.

γ) Si nous ne voulons pas nous engager dans le chemin plus ou moins unilatéral du matérialisme et de l'idéalisme, et que nous nous efforcions au contraire de découvrir un concept plus vaste de l'être, nous devons, selon Wundt, lier entre elles les idées cosmologiques et psychologiques. Nous arrivons ainsi à ce qu'il nomme les idées ontologiques.

Cette liaison peut se faire de telle sorte que l'analyse cosmologique soit complétée par l'analyse psychologique. L'information cosmologique nous montre l'être comme un enchaînement d'éléments sur lesquels on ne saurait dire rien de précis touchant leur nature dernière; mais l'information psychologique nous a du moins montré la volonté comme notre véritable essence. Si nous les combinons toutes les deux, nous obtenons l'idée de l'être sous forme de totalité d'essences, douées de tendances et de volonté.

On ne peut pas, selon Wundt, s'en tenir, comme Spinoza, à l'idée d'une essence, sans en déterminer de plus près la nature. Il faut toujours se demander si le principe de l'unité de l'être ne coïncide pas avec quelqu'un des concepts qui nous sont donnés, — s'il ne se rapproche pas davantage de la matière ou de l'esprit. Il faudrait concevoir le monde ou comme une unité matérielle ou comme une unité spirituelle : il n'y aurait pas de milieu ! — Le choix n'est pas douteux pour Wundt. L'unique activité qui nous soit immédiatement donnée est et demeure notre volonté. Une volonté globale infinie sera donc la suprême idée achevée. Cette idée, l'idée de Dieu, est imaginairement transcendante, et le contenu en est indéterminable. Grâce à elle il devient cependant possible de concevoir le mécanisme cosmique comme l'enveloppe extérieure d'opérations et tendances spirituelles, et notre propre être psychophysique nous apparaît comme un monde en petit, comme un microcosme. Ainsi est satisfaite la raison dans son exigence de l'unité, en même temps que nous pouvons considérer nos idéaux humains comme des conséquences qui découlent du principe même du monde. La conception philosophique vide et désespérante, qui, s'appuyant sur la connaissance intellectuelle seule, voit l'essence des choses épuisée par leurs rapports extérieurs et leur ordre, est abandonnée.

c) *Remarques critiques.*

La position définitive que Wundt adopte vis-à-vis des questions qui se posent à la limite donne tout naturellement naissance à quelques remarques critiques, tant sur la méthode que sur les motifs du point de vue auquel il se range finalement.

En ce qui concerne la méthode, il ne croit pas faire autre chose que prolonger et compléter la connaissance empirique, comme l'exige le besoin d'unité de la pensée. En revanche, W. repousse explicitement la possibilité de s'appuyer ici sur une analogie : nulle analogie ne saurait suffire ! — Mais pour motiver la tournure idéaliste qu'il finit par donner à sa philosophie, il s'appuie très nettement sur l'analogie du microcosme au macrocosme. Avec lequel de nos concepts donnés, demande-t-il, *coïncide* avant tout le principe de l'unité de l'être ? Il ne peut y avoir ici que deux possibles : « Il nous faut concevoir le monde comme une unité matérielle, ou il nous faut le concevoir comme une unité spirituelle, si nous voulons en général le concevoir à titre d'unité, — il n'y a pas de milieu. » (*Système*[1], 1re éd., p. 411). Une remarque à ce propos : il est exact que nous ne connaissons par expérience que des phénomènes spirituels et matériels; mais (comme le vit déjà Spinoza) nous n'avons pourtant pas le droit, pour ce motif, d'admettre que l'essence de l'être soit épuisée par là et qu'il n'y ait pas autre chose. Wundt semble oublier sur ce point sa propre théorie de la transcendance imaginaire, qui vise à faire voir que l'essence de l'être pourrait être plus variée que ne le croient les métaphysiciens. En tous cas il est manifeste qu'il s'appuie sur une analogie et même qu'il choisit entre les deux seules analogies qui soient selon lui possibles. Pour décider son choix il regarde quelle est, de ces deux espèces de phénomènes, la plus immédiatement connue de nous (cf. *Système*[1] p. 434 : « analogue à ce que nous éprouvons en nous-mêmes »). La suite de ses idées nous rappelle ici clairement Leibniz et Lotze, avec cette différence que ces derniers, s'ils s'appuyaient sur des analogies, en avaient parfaitement conscience. Mais on regrette que Wundt ne cherche pas d'une manière plus précise à justifier l'analogie dans la pensée, ainsi que les diverses applications de l'analogie que connaît la science[2].

En ce qui concerne les motifs, il est clair que la pensée définitive de Wundt ne provient pas seulement d'un besoin théorique. Il déclare que la conception métaphysique vers laquelle nous serions conduits, si nous ne suivions pas la voie qu'il a frayée, est « vide et désespérante ». A ne considérer les choses que d'une manière empirique, dit-il plus loin, avec nos idéaux éthiques, quelque précieux et indispensables qu'ils soient, nous sommes au bord d'un abîme sur lequel aucun pont n'est jeté.

Nous regrettons de ne pas voir ici toute une série de recherches de nature psychologique et morale qui jetteraient une lumière plus précise sur le besoin en vertu duquel l'idée ontologique d'unité devrait ainsi devenir pratiquement nécessaire et légitime. Dans la première édition du « Système » de Wundt se trouvait cette phrase : que la philosophie, si elle ne peut pas changer la croyance en science, peut cependant montrer la nécessité de la foi. Cette phrase n'existe plus dans la seconde édition, sans doute parce que Wundt s'est aperçu que la nécessité psychologique de la foi ne saurait être démontrée. — Il manque en outre ici une discussion des difficultés que tout monisme doit combattre, surtout un monisme qui est fondé sur des motifs moraux, dans les dissonances présentées par l'expérience [10].

Nous reviendrons sur quelques-uns des points touchés ici à la fin de l'exposé de la manière dont Wundt a traité le problème éthique.

5. — LE PROBLÈME MORAL

J'ai déjà parlé, dans ce qui précède, de la manière assez peu claire dont est posé le *problème moral* dans la philosophie de Wundt. Cela tient en partie au caractère de son éthique, qui est portée soit à ne faire qu'un avec la psychologie ethnique, soit à tomber dans des considérations métaphysiques ou religieuses.

a) *Histoire et morale.*

La psychologie ethnique est, d'après Wundt, le vestibule de l'éthique. Il a entrepris un grand ouvrage, de très large envergure, qui traite des objets les plus importants de la psychologie ethnique : langue, mythes et mœurs ; jusqu'à présent (1902) la première partie seule est parue, et par suite l'on ne peut pas donner un compte rendu cohérent de sa psychologie ethnique à coup sûr. Mais sa pensée maîtresse est que la conscience individuelle, par la langue, la religion, les habitudes communes de vie et les usages, est liée à la vie du peuple et même à la vie de l'humanité tout entière. La volonté individuelle elle-même se reconnaît comme élément d'une volonté globale par laquelle elle est déterminée tant au point de vue des motifs qui la dirigent qu'au point de vue des fins qu'elle poursuit. La civilisation et l'histoire forment une véritable vie collective, et elles ne sont pas uniquement les résultats de la rencontre d'efforts individuels innombrables. C'est à grand tort que l'individualisme, dont souffre toute l'époque moderne, considère la volonté individuelle comme l'unique réalité. Il n'existe pas d'homme individuel originairement isolé. L'individualisation se fait peu à peu, elle part d'un état d'unité sociale et ne se sépare jamais complètement de la volonté globale.

L'existence de la société humaine est le plus frappant de tous les faits historiques. Elle est le support de l'individu, même quand il croit se mouvoir de la manière la plus autonome; par elle sont déterminées la sympathie et la piété, bases du sentiment social. Les esprits qui participent le plus à l'esprit d'ensemble, ce sont les grands esprits, les esprits conducteurs de l'humanité; ils ont le pouvoir de tirer de cet esprit d'ensemble assez d'aliments pour être à même de lui indiquer à leur tour de nouvelles tâches et des cours nouveaux.

Il serait absurde que la valeur de l'histoire de l'humanité dût dépendre de la mesure où est favorisé le bien-être de l'individu ou celui des groupes d'hommes particuliers. L'individu et les peuples sont périssables et ils sont soumis à des passions, à des préjugés et à des faiblesses. Mais l'esprit de l'histoire est impérissable et il a toujours raison. L'évolution historique obéit à des lois que ne peuvent embrasser d'un seul coup d'œil ni l'individu pris dans le courant de l'évolution, ni le peuple particulier. Ici le fait que les effets des actions humaines dépassent toujours plus ou moins les motifs et les fins conscients de l'individu est de la plus haute importance. En cela se manifeste une métamorphose des fins (ce que Wundt nomme l'hétérogonie des fins) qui rend possibles de nouveaux motifs subjectifs, puisque les effets imprévus peuvent donner naissance à des sentiments et à des penchants nouveaux. La formation des motifs nouveaux tirés des effets donnés est la plus importante loi d'évolution qui ait de la valeur pour la conscience morale ". Elle fait que nous ne pouvons avoir conscience des fins suprêmes de l'évolution; nous pouvons, il est vrai, présumer la direction dans laquelle elles se trouvent, mais ce qui nous fait dire que tous les stades sont soumis à une évolution sans cesse progressive ne peut être en définitive qu'une croyance et non un savoir.

Wundt ne fait pas suffisamment ressortir la difficulté qui résulte de ce fait pour une morale scientifique. Il paraît pourtant bien clair que la possibilité de nouvelles formations doit rendre toute morale plus empirique que Wundt ne veut le concéder en se reportant, comme il fait, à l'esprit de l'histoire. Nous voici de nouveau à un point où il rappelle la philosophie du romantisme. Et en effet il avoue très franchement que sa morale est toute voisine de l'idéalisme spéculatif dans certaines pensées fondamentales. Hegel avait déjà admis une force morale réelle de la volonté collective. Hegel eut le tort, selon Wundt, de ne considérer la volonté globale que comme force morale objective, tandis que la volonté individuelle devait être seulement le support et l'exécuteur inconscient. Dans sa théorie du rapport de l'individu à la société Wundt cherche à remédier à cette vue trop unilatérale.

b) *Esprit collectif et bouddhisme.*

L'individu sans doute a pour support la société, mais il influe à son tour sur elle par la direction de sa pensée et de sa volonté propres. La conscience individuelle est créatrice et la conscience collective conservatrice. Le nouveau provient des individus, mais la société le rend utilisable pour une évolution ultérieure, et elle agit ainsi en faveur de la continuité de la vie mentale. Tous ne sont pas ici producteurs dans la même mesure. Il n'y a que les esprits conducteurs qui déterminent avec décision la direction de la volonté collective, et cela s'applique par dessus tout à un de ces génies moraux comme l'esprit de l'histoire n'en produit qu'une fois peut-être dans des centaines ou des milliers d'années, et qui fait avancer la vie morale en rappelant à la vie des penchants jusqu'alors plongés dans le sommeil.

Quand Wundt, à l'encontre de Hegel, transporte ainsi la possibilité dans chacun des individus, il se met en contradiction avec sa forte manière d'accentuer la « volonté globale ». Pour être conséquent, il devrait attribuer à l'individualisme une bien plus grande importance qu'il ne le fait, car le développement d'individualités puissantes doit être une fin morale essentielle. Sous ce rapport il aurait pu beaucoup apprendre de l'École anglaise, qu'il dédaigne parce qu'elle a pour caractère l'empirisme. Il aurait dû, logiquement, placer plus haut qu'il ne l'a fait les individus pris à part, non seulement comme points de départ, mais comme termes d'arrivée, comme fins. « Quelque richement doué et quelque parfait qu'il puisse être, l'être individuel n'est qu'une goutte d'eau dans la mer de la vie. Quel sens peuvent avoir pour l'univers son bonheur comme sa douleur?» Je ne peux pas répondre à cette question. Mais je ne me sens pas capable de lier un sens quelconque à des mots tels que « fin » et « prix » quand ils ne sont pas du tout éclaircis par une relation aux conditions vitales auxquelles sont soumis des êtres doués de la faculté d'éprouver du plaisir ou de la douleur. La morale de Wundt s'achève en un dualisme mystique, puisque les fins résident dans la « volonté générale » et les moyens dans les « volontés individuelles ». Quand aux conflits qui peuvent résulter du choc du vouloir individuel avec une volonté générale historiquement façonnée, il n'y est pas de place pour eux dans la morale [12].

Pour ce point de l'éthique de Wundt, cette proposition que la justice n'est pas une vertu individuelle mais une vertu publique est aussi caractéristique, parce qu'elle suppose la capacité de fonder le droit et de dicter le devoir. W. perd de vue (peut-être sous l'influence du bureaucratisme allemand), que tout individu possède une certaine puissance en raison de sa situation dans la famille, dans la société et dans l'État, et qu'il a l'occasion de pratiquer la justice dans ses opinions, dans ses jugements sur autrui et dans sa manière de se comporter envers les autres hommes. L'esclave même a ce pouvoir dans ses rapports avec son maître. L'idée de la puissance a empêché le philosophe de voir l'importance du grand nombre de points de départ autonomes du jugement et de l'action.

Et cependant plusieurs endroits des écrits de Wundt montrent qu'il a vu les inconvénients de l'ordre social actuel. Il trouve mal qu'on châtie le voleur plus rigoureusement que le prodigue, l'usurier ou le joueur. Il est d'avis que les rapports qui existent actuellement entre le capital et le travail engendrent deux provocations de sens contraire à l'immoralité : la richesse sans profession produit la soif de jouissance, la pauvreté sans profession crée l'envie. Ces maux ne peuvent être supprimés que par un nouvel ordre juridique. L'état présent de notre société souffre de l'opposition qui existe entre une conception vieillie du droit et de nouveaux éléments de civilisation qui ne peuvent s'insérer parmi les vieux concepts.

c) *Morale et métaphysique.*

Wundt défend l'autonomie de la morale à l'égard de la spéculation et de la métaphysique, pour cette raison qu'elle fournit les contributions les plus importantes au fondement d'une philosophie générale. Comme nous l'avons vu, l'éthique aussi se transforme finalement en spéculation ou en croyance. Et même, selon Wundt, l'éthique a plus besoin que les autres domaines d'une métaphysique qui l'achève. Conformément à cette manière de voir (qui est en contradiction avec ce qu'il admet de l'indépendance de la morale à l'égard de la métaphysique), l'éthique chez Wundt se transforme en philosophie religieuse. Quand les idéaux dépassent ce qui est accessible à l'effort humain, ils prennent un caractère religieux. La philosophie ne saurait donner ici que des interprétations imprécises; les religions positives, au contraire, donnent des symboles concrets. L'idée religieuse fondamentale est d'exiger que toutes les créations spirituelles aient une valeur absolue et impérissable. Plus une religion s'élève au-dessus de la position de la religion naturelle et plus elle s'accorde avec la science; un Dieu qui fait des miracles est un Dieu naturel et non le Dieu de la religion morale. L'évolution du christianisme n'a pas évité le retour à la religion naturelle. Mais la tâche finale du christianisme — suivant les dires de son fondateur — est de remporter la victoire sur tous les éléments de la foi religieuse capables d'étouffer le contenu moral des idées religieuses. Le Christ, surtout si on le conçoit non pas comme Dieu, mais comme homme, demeurera toujours le type moral accompli, mais en même temps le témoin du principe et de la fin du monde, principe et fin infinis et impénétrables, identiques pourtant à l'idéal moral.

La philosophie de Wundt, telle que je viens d'essayer de la caractériser, peut être donnée comme type de la pensée de notre époque. Là où elle a besoin de correctifs, elle indique elle-même les points de vue et les méthodes que l'on doit appliquer pour aller plus avant. C'est le cas notamment quand

W. veut « compléter » la science expérimentale au moyen d'éléments métaphysiques et religieux. Quelque énergiquement qu'il cherche à conserver et à développer un point de vue purement objectif, des facteurs subjectifs se font pourtant valoir, qui nécessitent une recherche plus précise. L'objectivisme, qui, en certains points, se transforme en une mystique, n'est pas seulement la force de Wundt, il est aussi sa limitation.

II. — ROBERTO ARDIGO

1. — La philosophie italienne après la Renaissance

Dans mon *Histoire de la philosophie moderne*, seule l'époque de la Renaissance m'a fourni l'occasion de parler de la philosophie italienne. C'est uniquement dans cette période que la pensée italienne se manifeste avec une originalité et une hardiesse qui pouvaient lui donner un sens pour l'évolution générale de la philosophie. L'esprit qui dans l'antiquité avait animé Pythagore et les Eléates et qui inspira à Lucrèce son puissant poème didactique, revécut dans Pomponazzi et dans Telesio, dans Bruno et dans Galilée. Mais le mouvement de la Renaissance italienne fut arrêté après la mort de Bruno sur le bûcher et après les abjurations extorquées à Galilée. Dans le cours des siècles suivants on ne trouve à citer que quelques noms qui aient de l'intérêt pour la philosophie, par exemple Giambattista Vico († 1744) le précurseur de la sociologie moderne. A la fin du xviii° siècle la philosophie française prit une grande influence, et autour de Romagnosi († 1835) se rassembla un groupe d'élèves enthousiastes. Vers le milieu du xix° siècle le mouvement philosophique prit un autre caractère, l'enthousiasme religieux, national et philosophique formant ensemble une étroite alliance. Les tendances libérales et unitaires s'agitèrent avec force dans une armée de jeunes ecclésiastiques que hantait le rêve d'une grande harmonie entre la religion et la pensée, entre l'Église et l'État, et qui croyaient à la possibilité pour l'Église de se mettre à la tête du relèvement national. Comme au temps de la Renaissance, l'enthousiasme pour la liberté de l'Italie formait le fond de la philosophie politique de Machiavel, de même qu'il animait les spéculations de Rosmini († 1855) et de Gioberti († 1852). Leur philosophie était une sorte de platonisme qui avait pour base la foi en une vérité éternelle élevée au-dessus de toute l'expérience. La philosophie était pour eux en partie l'introduction à la religion, une sorte de théorie du logos, en partie un moyen du patriotisme. La différence entre ces deux platoniciens modernes consiste surtout en ce que Gioberti admet une intuition immédiate de la vérité idéale, tandis que Rosmini (de même que Schelling dans sa dernière doctrine) soutient que la pensée ne mène qu'à un système de possibilités et, ce faisant, est plus voisin de la philosophie critique. Mamiani († 1885) développa l'idéalisme italien dans un sens qui garantissait à l'expérience une influence plus grande, et c'est sous cette forme intermédiaire que l'idéalisme régna un certain temps dans les universités italiennes.

Le rythme qui apparait si souvent dans l'évolution des idées philosophiques se manifeste d'une façon caractéristique dans le rôle qu'a joué en Italie au cours de la dernière génération le courant positiviste. Diverses causes ont contribué à ce changement dans les goûts philosophiques. L'Italie avait obtenu son unité et sa liberté, de sorte qu'il y avait place pour des goûts scientifiques spéciaux; l'enthousiasme idéal pouvait être séparé du travail réel. En même temps, grâce aux écrits de Comte et de Mill, la philosophie moderne française et anglaise commençait à faire sentir une grande influence; Villari appliquait à la conception de l'histoire les idées fondamentales du positivisme; Angiulli les mettait surtout en valeur sur le terrain de la psychologie et de la pédagogie. A cela venait s'ajouter encore l'influence de la physique contemporaine. D'autre part l'église catholique prenait une position toujours plus hostile à toute philosophie qui ne se tenait pas strictement dans la voie de la pensée moyenâgeuse. Les disciples de Rosmini et de Gioberti dans le clergé étaient pourchassés. On allait même jusqu'à dire qu'il fallait aujourd'hui ramener la civilisation à la conception catholique dont elle s'est éloignée dans le cours des trois derniers siècles! En 1864 Pie IX faisait paraître un « Syllabus », un catalogue des erreurs du temps, parmi lesquelles étaient comptés la liberté de conscience, le naturalisme et le rationalisme, mais tout particulièrement l'idée que la méthode et les principes de la théologie scolastique ne s'accordent ni avec les exigences du présent ni avec les résultats de la science. En 1879, le pape Léon XIII déclarait dans une encyclique que la philosophie de Thomas d'Aquin est un auxiliaire divin qui doit servir de base à tous les maîtres et qu'il faut l'employer à la réfutation des erreurs contemporaines. Plus tard, dans une circulaire aux évêques français (1899), il condamnait particulièrement la philosophie critique [13] !

Ainsi non seulement les motifs de cette harmonie intellectuelle que les philosophes italiens avaient cru atteindre et s'étaient efforcés de réaliser, vers le milieu du siècle, avaient disparu, mais encore l'opposition entre l'Église et la science s'était fortifiée tant par le développement de la pensée que par la tentative faite par l'Église pour faire retourner le temps en arrière.

C'est au milieu de ces circonstances que Roberto Ardigò, dans la solitude du cloître, se transforma de catholique ingénument croyant et patriotiquement inspiré, en un positiviste énergique. Son évolution et son point de vue offrent non seulement de l'intérêt comme symptômes de l'époque, mais ils sont encore importants pour la discussion des problèmes, en raison de la force de sa pensée et de son talent psychologique, comme en raison du changement particulier que le positivisme a subi entre ses mains.

2. — L'ÉVOLUTION DES IDÉES D'ARDIGÒ

Ardigò naquit en 1828 dans les environs de Crémone. Son père, un campagnard aisé, alla s'installer à Mantoue pour que son fils pût étudier. Sa mère était une catholique pieuse, et Ardigò nous parle d'elle à plusieurs reprises dans ses écrits avec une profonde reconnaissance. C'est grâce à son influence qu'il se fit prêtre. Après la mort de ses parents, l'évêque Martini se l'attacha et le fit chanoine de la cathédrale de Mantoue. Dans sa solitude il étudia avec ardeur la philosophie scolastique et la science contemporaine, intimement persuadé que les « erreurs contemporaines » devaient se laisser réfuter. Mais lentement — plus distinctement saisissable pour son entourage que pour lui-même — s'édifia dans son for intérieur un édifice d'idées tout à fait neuf, et il finit, à un moment donné, par s'apercevoir qu'il ne tenait plus à la doctrine dualiste de l'Église, mais qu'il croyait à une grande continuité de toutes les choses. Un de ses livres (*La morale dei positivisti* II, 3, 2, dans un chapitre où il est traité de la possibilité d'une morale sans religion) nous parle de cette rupture d'une manière intéressante.

« Les enseignements et les exemples de ma mère, qui était une simple et pauvre villageoise, firent naître en mon âme et y développèrent, en même temps que la vie, la foi et la pratique de la religion. Je ne peux pas, aujourd'hui encore, me rappeler la sublime ingénuité du sentiment religieux de ma mère, sans éprouver le plus fort enthousiasme et la plus douce émotion. L'image fidèle de ce sentiment survit aujourd'hui dans une de de mes sœurs qui n'a pas pu recevoir de culture, ni dans les écoles, ni dans la haute société, et je respecte en elle cette image avec autant de dévotion qu'une chose sacrée. Cette religiosité enfantine se fortifia plus tard extrêmement en moi quand je vécus auprès de Mgr Martini, avec qui je passai plus de vingt ans. Il m'avait pris chez lui, après la mort de mes parents : il me donna le pain qui me manquait et me rendit possible la carrière de l'étude... Lui, qui croyait que la science et la sincérité d'esprit étaient les bases et l'âme de la religion, il m'aimait parce qu'il me voyait passionné pour l'étude et de caractère sans feinte. Il espérait que je pourrais être un jour utile à l'Église, contre la religion ignorante, superstitieuse, bigote et hypocrite qu'il détestait... Je me vouai (en dehors des études de sciences naturelles et de philosophie, que je n'ai jamais délaissées) de toute mon âme à la théologie, surtout à la théologie dogmatique et apologétique. Je me fis une bibliothèque de Pères de l'église et de théologiens, et je passai à l'étude de quelques-uns, et spécialement à celle de la Somme théologique de Saint Thomas, les années les plus fraîches et les plus vaillantes de ma jeunesse. Pour finir j'écrivis encore et je publiai un traité sur la confession contre les protestants. Seulement, l'issue de mes études fut tout à fait contraire à ce que je visais, à ce que j'attendais. Peu à peu le doute qui déjà s'était infiltré de toutes parts depuis mes plus jeunes années, et que j'avais toujours combattu par une réflexion et une étude ininterrompues et cru pendant longtemps avoir vaincu par la raison, le doute à un moment donné resta seul sans contraste, et un beau jour il apparut à mon esprit frappé d'étonnement comme une conviction définitive et une certitude inexpugnable. Chose étrange ! Jusqu'à ce jour je m'étais donné tout entier à la volonté de persévérer dans ma vieille foi religieuse, et au lieu de cela, en moi, à mon insu, par dessous le système des idées religieuses, fruit de tant de fatigues et de tant d'années, s'était développé et complété le système positiviste. Et ce système, à mon très grand étonnement, je le trouvais déjà complet et inébranlablement installé dans mon esprit, au moment même où un dernier raisonnement — j'étais assis sur une pierre, derrière un buisson, dans le petit jardin que je m'étais fait près de la maison de chanoine où j'habitais — rompit le dernier fil qui me tenait attaché à la foi. Alors il me sembla soudain que je n'avais jamais cru de toute ma vie et que je n'avais jamais fait autre chose que m'appliquer à cultiver en moi la pure tendance scientifique. Et cela provenait, je crois, du zèle même avec lequel, du commencement à la fin, j'ai toujours cherché à connaître autant que possible toutes les raisons qui militent contre la religion, pour être en état de croire avec une conscience droite et de protéger ma foi contre leurs attaques. » — Ardigò ajoute que le pas qu'il fit après cette découverte fut accompagné de douleur et de mélancolie au souvenir de sa mère et à cause de ses rapports avec son bienfaiteur. Mais sa volonté se trempa dans cette lutte au sortir de laquelle la religion lui apparut comme un souvenir poétique. Et il sentit que l'idéal moral n'avait pas été affaibli ; au contraire, à partir de ce moment il fut encore plus fortement persuadé que les vrais biens sont ceux que l'on acquiert en suivant la loi de la conscience, dans une activité utile, et en se dévouant à la tâche de la pensée.

Alors commencèrent pour Ardigò quelques années pénibles. Il dut gagner sa vie en donnant des leçons, et ce ne fut qu'après plusieurs années qu'un ministre de l'Instruction publique libéral le nomma professeur de philosophie à Padoue (1881). Son courant de doctrine était non seulement en lutte avec la théologie, mais encore avec le courant qui, sous l'influence de Mamiani, régnait dans les universités italiennes. Son enseignement a produit une impression durable et suscité un grand enthousiasme qui a reçu une expression publique dans un livre d'or publié à l'occasion de son soixante-dixième anniversaire (1898).

Le problème essentiel d'Ardigò est étroitement lié à son évolution personnelle. Déjà dans un discours sur Pietro Pomponazzi, en qui il voit un précurseur, discours qu'il prononça en 1869, il dépeint la pensée comme une force qui naît sans qu'on s'en aperçoive et qui, arrivée à maturité, se manifeste irrésistiblement. C'était cela qu'il avait lui-même éprouvé, et cela était pour lui un exemple de la manière dont procède toute évolution. Dans son discours inaugural (Padoue, 1881) il fait allusion à la marche de sa propre évolution qui lui a posé un problème qui reparaît en des circonstances plus grandes, de même que le mouvement d'une molécule peut rappeler à la mémoire la rotation d'un globe terrestre. Toute évolution consiste à passer de l'indéterminé au déterminé, mais cela tellement que la continuité reste intacte : la totalité qui se fait jour d'une façon plus imprécise au premier stade doit subsister toujours comme une base qui supporte les différenciations qui se produisent peu à peu. La première tâche scientifique qu'il s'imposa fut de poursuivre l'évolution naturelle de la pensée humaine (*la formazione naturale del pensiero*). Ce plan n'a pas été complètement exécuté; les matériaux qu'il a recueillis ont trouvé pourtant un peu partout une application dans ses divers écrits. Mais le point de départ eut une importance décisive pour son point de vue.

Ardigò soutient qu'il est arrivé à son résultat sans le secours des positivismes français et anglais, qu'il n'a connus que plus tard. Si sa conception de l'idée de l'évolution rappelle celle de Spencer, il reste pourtant cette différence que Spencer s'appuie essentiellement sur l'analogie de l'évolution biologique, tandis qu'Ardigò s'appuie au contraire sur l'analogie de l'évolution de la pensée, la plus merveilleuse des formations naturelles (*la più mfragliosa delle formazioni naturali*). Ardigò se donne à lui-même le titre de positiviste. Mais pour lui l'essentiel du positivisme est de prendre dans l'expérience le point de départ et non le point d'arrivée. Le positiviste n'est pas pressé d'arriver à la conclusion; il ne veut pas se forger une idée qui pourrait servir d'étendard, il s'avance au contraire pas à pas, peu à peu, suivant que la vérité se montre à lui. Il s'agit de se garder l'horizon ouvert. Cette marche des idées apparaît notamment chez Ardigò en ce qui a trait au problème de l'unité de l'être, par opposition d'une part au matérialisme, d'autre part à la tendance à s'en tenir à une multitude de faits sporadiques. Dans son dernier ouvrage (*L'unità della coscienza*, 1898) il se prononce dans ce sens surtout à l'égard du problème psychologique. Marchesini, un de ses élèves, part de ce point de vue, dans un écrit spécial intitulé la « Crise du positivisme » (*La crisi del positivismo*, Tórino 1898), pour discuter l'attitude de la philosophie d'Ardigò vis-à-vis du positivisme. Il semble que le point de vue d'Ardigò a sur ce point une certaine ressemblance avec le point de vue de Wundt. Déjà du reste Villari et Anguilli s'étaient levés pour critiquer d'une manière semblable les anciennes formes du positivisme.

3. — Théorie de l'évolution et théorie de la connaissance

Les traits essentiels qu'il avait trouvés dans l'évolution de la vie intellectuelle, Ardigò les retrouve dans toute l'évolution naturelle. L'évolution de la pensée est pour lui l'exemple d'une loi du monde. Dans l'ouvrage qui a pour titre *La formazione naturale nel fatto del sistema solare* (1877), il développe plus cette loi par l'analyse de l'hypothèse bien connue de Kant et de Laplace, qu'il regarde comme le modèle d'une explication scientifique. A vrai dire cet ouvrage ne devait être qu'un chapitre particulier de l'œuvre qu'il avait formé le projet d'écrire sur l'évolution des représentations humaines.

Suivant l'hypothèse en question, l'état actuel du système solaire provient d'un processus de dissociation (*distinzione*), des parties plus petites ou des ensembles moindres s'étant formés dans la grande masse indistincte. Mais la totalité première n'a pas été supprimée de ce fait; la totalité — l'indistinct (*l'indistinto*) — continue encore d'exister, et ce n'est que grâce à ce fait que nous pouvons comprendre comment il peut y avoir une influence réciproque entre les parties séparées (les corps célestes) : aujourd'hui, comme avant leur séparation, ils font partie d'un même tout. La persistance de l'indistinction est la raison de la solidarité. — Si l'on demande comment des diversités ont pu sortir de l'indistinct, Ardigò répond qu'elles se trouvaient déjà contenues dans l'état initial en tant que possibilités ou à l'état latent (*forza latente o virtuale*); la forme spéciale n'aurait été atteinte que par un lent développement. Et il avoue que cette explication n'est qu'une conclusion tirée de l'expérience. Nous ne pouvons pas savoir à l'avance quelles formes spéciales ni quelles parties spéciales se développeront ou sortiront de l'état de confusion initiale ; il n'y a que l'observation et les expériences qui puissent le montrer. Ni les mathématiques, ni la métaphysique n'ont le pouvoir de construire la nature. Et la raison en est que la totalité indistincte ne se spécialise pas « d'elle-même », mais a besoin de conditions externes que nous ne pouvons pas prévoir, et *par conséquent* « contingentes », pour recevoir ses formes et ses parties spéciales. Mais ce qui se développe ainsi peu à peu n'est pourtant que l'équivalent de ce qui se trouvait déjà coexister dans l'état indistinct. Le travail accompli par les causes antérieures est mis en réserve dans la substance de l'univers, et c'est là ce qui conditionne la possibilité d'effets futurs[14]. La continuité qu'il y a de cette manière entre l'indistinct et les parties constituées (*distinti*) est ce que nous exprimons par le mot de *nature* (*La natura è la continuità di una cosa con tutti le altre*. Form. nat. p. 205).

Ardigò voit bien cependant qu'il faut se demander en quoi consistent, à proprement parler, ces possibilités ou ces « forces latentes ». Pour lui la possibilité n'est qu'une réalité d'une autre nature que la réalité donnée, et elle consiste en une activité : *L'essere è attività* (*L'unità della coscienza*, p. 479). La continuité est une énergie continue. C'est pour cette raison que toute totalité indistincte, tout Indistinct, renvoie à un tout encore plus vaste duquel elle s'est détachée. La différence entre l'indistinct et le distinct, comme la différence entre la possibilité et la réalité, n'est donc jamais que relative. Il n'est pas possible ici d'arriver à un dernier terme. Nous nous trouvons dans une série infinie. Mais le dernier mot de la science concerne la relation fondamentale du distinct à l'indistinct et dit que toutes les variétés, en quelque endroit qu'elles se présentent, sortent d'un tout et sont embrassées par un tout.

La théorie de l'évolution selon Ardigò se lie étroitement à sa théorie de la connaissance. Toute explication est une dissociation, une analyse. Ce qui reste à dissocier est inexpliqué. La pensée est toujours contrainte d'aller plus loin, malgré le penchant qui la porte à s'arrêter à un distinct fini ; — et ce qui pousse ainsi la pensée en avant, c'est l'infinité même de la nature. Bien plus, la nature infinie est l'énergie même dans la loi propre de la pensée logique [15].

Que la loi de la pensée ou de l'explication soit ainsi identique à la loi de la nature, il n'y a rien d'étonnant à cela, puisque la pensée elle-même est nature ou formation naturelle, au même titre que les autres choses. Mais si la pensée est un fait empirique, comme tout autre, et si elle n'est elle-même qu'un exemple d'une formation naturelle, il devient alors impossible d'expliquer la nature entière en la tirant de la pensée, comme le veulent la métaphysique et la théologie. Car la pensée ne se peut comprendre elle-même que par la loi générale de l'évolution qui fait sortir les distincts de l'indistinct. Nous sommes amenés par là à expliquer un fait par un autre, sans pouvoir arriver à un terme absolu. La nature est un cercle incommensurable dont le centre est partout et dont la circonférence n'est nulle part.

Ardigò a trop laissé absorber la théorie de la connaissance par la théorie de l'évolution. Psychologiquement ou biologiquement considérée, l'évolution de la pensée n'est évidemment qu'un exemple des lois générales de l'évolution. Mais le problème de la connaissance se pose aussitôt qu'on cherche comment nous fondons la valeur des lois générales que nous croyons trouver aussi bien pour la pensée que pour les autres phénomènes. Ce problème ne cesse pas du fait que l'on renvoie à la loi de l'évolution comme point commun à tous les phénomènes. Même ce qui caractérise la pensée, c'est d'être l'instrument au moyen duquel toute évolution et toute loi de la pensée comme des autres choses se conçoit et s'exprime. La question est donc celle-ci : quelle valeur ont cette conception et cette forme qui l'exprime [16] ?

4. — Psychologie

Ardigò prit en mains avec ardeur la cause de l'autonomie de la *psychologie* en tant que science expérimentale, et il fut aidé en cela autant par son talent de description et d'analyse psychologique que par sa connaissance des sciences physiques. Ses goûts et ses aptitudes psychologiques suivent deux directions. D'une part il cherche à trouver une liaison de la vie psychique plus grande que ne semble la montrer une observation provisoire ; il tâche de porter la continuité dans les états conscients aussi bien qu'entre ces états et les états inconscients. D'autre part il cherche à faire voir des nuances et des variétés plus fines que n'en connaît l'observation ordinaire ; c'est ainsi qu'il soutient que les états psychiques qui semblent uniformes se composent en réalité de mouvements rythmiques. Quelques-uns de ses élèves les plus distingués comme le physiologiste Giulio Fano et le criminaliste Enrico Ferri ont surtout insisté, dans le livre d'or dédié au vieux philosophe, sur ces particularités de son enseignement. Ce sont là les deux directions que suit et doit suivre toute recherche ; mais Ardigò — comme le montre sa théorie de l'*Indistinto* et des *Distinti* et de leur rapport réciproque — sut particulièrement les bien voir et chercha à les réunir.

Ses œuvres maîtresses en psychologie sont : *La psicologia come scienza positiva* (1870) et l'ouvrage qu'il désigne lui-même comme son testament philosophique : *L'unità della coscienza* (1898).

La psychologie a pour tâche, selon Ardigò, d'étudier nos états internes, dont la caractéristique commune est exprimée par le concept de l'âme. Le fait duquel part la psychologie est subjectif, mais il faut l'examiner d'une manière objective, physiologique. Ce double aspect nous montre la différence qui existe entre les phénomènes psychiques et tous les autres phénomènes. Or de quelque grande importance que soient pour la psychologie les recherches physiologiques, la physiologie cependant ne peut jamais remplacer la psychologie. Les choses sont de telle sorte que les phénomènes psychiques et les phénomènes physiologiques sont des manifestations d'une seule et même « substance », la substance psychophysique, ou comme Ardigò le dit plus volontiers, la réalité psychophysique (*realtà psicofisica*). Dans ses derniers ouvrages (où il expose sa théorie générale de l'évolution), la réalité psychophysique ne fait qu'un avec l'*Indistinto* [17]. Il existe une totalité naturelle qui précède toutes les diversités que nous désignons comme âme et comme matière et leur sert de base. Le concept de l'*Indistinto* exprime ici comme partout l'unité et la solidarité. Le matérialisme aussi bien que le spiritualisme repose sur de simples abstractions. Considérée physiologiquement, l'opération mentale est liée à des processus physico-chimiques. Considéré psychologiquement, l'élément matériel, tout aussi bien que l'élément psychique, ne nous est donné qu'à titre de sensation et de représentation ; nous ne connaissons le mouvement, comme la pensée, qu'en qualité d'actes psychiques. Au lieu de demander comment la matière peut se convertir en âme, il serait plus exact de demander comment nos représentations plus indistinctes à l'origine arrivent peu à peu à se différencier de telle sorte que les unes nous apparaissent comme des manifestations d'un moi, les autres comme des manifestations d'un non-moi. La conception populaire, matérialiste provient suivant Ardigò de ce qu'on ne s'aperçoit pas que nous devons à des fonctions psychiques des qualités telles que l'étendue et le mouvement, tout aussi bien que la couleur et l'odeur et tout ce qu'on appelle des qualités secondes.

L'idée de la réalité psychophysique ne fournit cependant aucune explication, et là-dessus Ardigò insiste fortement. Elle n'a pas d'autre valeur que d'affirmer une synthèse que nous sommes portés à résoudre dans nos abstractions. Il la compare à l'idée de la gravitation qui, elle non plus, ne donne pas d'explication. C'est l'affaire de l'avenir de trouver une explication réelle. Le positiviste n'est pas pressé d'arriver à la conclusion. Nous ne pouvons pas dépasser un concept provisoire. Quant à la nature intime du rapport, nous sommes incapables

de la déterminer. Mais cette énigme n'est pas, pour Ardigò, le seul problème. Comment une pensée peut-elle être l'équivalent d'un mouvement? ce n'est pas là pour lui une plus grande énigme que celle-ci : comment une bille de billard peut-elle par un choc en mettre une autre en mouvement? Partout dans la nature nous ne connaissons les rapports de simultanéité et de succession qu'au moyen de l'expérience, et non au moyen d'une vision qui plongerait dans l'essence intime des termes.
— En faisant cette remarque Ardigò perd de vue pourtant le fait que la science vise à substituer, partout où cela est possible, une liaison de membres homogènes à la liaison extérieure des divers phénomènes et qu'il atteint ainsi un degré supérieur de continuité. Plus est grande la résistance que rencontre cette tendance et plus il faut qualifier d'énigmatique le phénomène auquel nous nous heurtons.

Dans son testament philosophique, son livre sur *l'Unité de la conscience*, Ardigò manifeste son admiration pour le pressentiment génial dont Kant fait preuve dans sa théorie de l'unité de la conscience. Sans doute Kant a eu le tort d'admettre une trop grande opposition entre la matière et la forme de la connaissance, mais il a saisi l'idée scientifique fondamentale de la psychologie. Il se produit, suivant Ardigò, dans la vie de la conscience, un processus ininterrompu de composition et de synthèse, auquel toutes les dispositions innées et acquises et tous les éléments nouveaux coopèrent en un certain sens. Du commencement à la fin, il y a une solidarité de toutes les fonctions psychologiques, une tendance permanente de ces fonctions à se fondre dans un seul tout. Cette tendance à la « confluence mentale » (*confluenza mentale*) sert entre autres choses de fondement à l'association des représentations. On ne la découvre souvent qu'en portant les regards sur les points de départ ou les intermédiaires inconscients, et c'est surtout pour ce motif que l'aide de la physiologie est indispensable à la psychologie. L'unité, qui est la marque de la vie consciente, ne peut être expliquée comme un simple produit de la collaboration d'éléments multiples, car nous ne découvrons ces éléments que par une distinction qui suppose toujours une totalité antérieure. En général c'est l'observation de la vie consciente qui nous fournit nos concepts de l'unité et de la pluralité. Partout où nous parlons de l'unité et de la diversité du monde, c'est de la vie consciente que nous avons déduit ces concepts et l'idée de leur liaison. Le microcosme et le macrocosme s'éclairent réciproquement.

5. — Morale

La *morale* d'Ardigò a pour base les mêmes idées fondamentales qui caractérisent les autres parties de sa philosophie. L'individu se développe dans la société et, par rapport à elle, il est dans la même situation que l'élément pris à part (*distinto*) par rapport à la totalité (*indistinto*). La société, comme le système solaire et la pensée, se développe par un processus naturel (*formazione naturale*) que la sociologie a pour fonction de décrire et que l'éthique présuppose. L'éthique a pour tâche (à titre de *nomologie*, par opposition à la sociologie qui est *nomographie* et *nomogonie*) de distinguer les éléments de la vie sociale qui ont perdu leur importance de ceux qui peuvent être rendus féconds d'une manière ancienne ou nouvelle. Elle ouvre ainsi la voie à la morale pratique de l'avenir.

En raison de la liaison originaire et permanente de l'individu avec la vie sociale, il se développe en lui un sentiment anti-égoïste. (Ardigò préfère cette expression au mot « altruisme ».) Les représentations humaines tirent leur premier contenu des milieux sociaux. Les jugements et les goûts de ces milieux sont quelque temps valables pour l'individu. Or toutes les représentations ont dès l'origine un caractère impulsif, une inclination à se transformer immédiatement en acte ; et si nous distinguons la pensée et l'action, cela ne vient que d'une différenciation (*distinzione*) ultérieure. Dans le concept de l'idéalité sociale (*idealità sociale*) Ardigò réunit à la fin ces deux faits, le contenu social des représentations, involontairement reçu, et le caractère originairement impulsif des représentations. Par idéalité il entend le pouvoir de se laisser déterminer par des idées dont la portée dépasse le moment présent. L'idéalité sociale se développe déjà dans la famille considérée comme la communauté permanente qui soigne et protège les germes de la race future. Le sentiment de la famille est un foyer qui peut répandre sa chaleur sur de plus grandes sphères. L'idéal social a de nombreux degrés et de nombreuses formes. Il s'apprend par imitation et par répétition. Dans toute cette théorie Ardigò développe une suite d'idées qu'on trouve dans l'antiquité, notamment chez les stoïciens, dans les temps modernes chez Adam Smith et de nos jours chez Tarde, Leslie Stephen et Baldwin. L'idée que se fait Baldwin de l'hérédité sociale conviendrait très bien à la philosophie d'Ardigò.

L'idéal social n'est pas développé dans la même mesure chez tous les hommes, bien qu'on doive affirmer que la capacité d'agir d'une façon non-égoïste soit contenue dans la nature humaine. Nous en avons la preuve dans l'amour familial, ainsi que dans la sympathie involontaire, dans le besoin d'honneur, qui chez un égoïste n'a aucun sens à proprement parler, et dans la colère que causent les passe-droits et les injustices. A son point culminant le sentiment moral devient une espèce de fureur sacrée (*furoe santo*) qui pousse l'homme à faire le sacrifice de lui-même sans penser à un avantage propre, dans l'espoir que des ruines tragiques de l'humain il surgira de l'éternel et du divin (*eterno divin che sorge delle ruine tragiche dell' umano*, expression qu'Ardigò emprunte à un écrivain italien de même tendance que lui). La représentation théologique de la grâce a ceci de vrai qu'il existe un besoin involontaire, un penchant passionné qui porte l'homme à des actes désintéressés.

Un tel mode d'agir héroïque est possible sans religion, de même que l'éthique est tout à fait indépendante de la religion, si l'on entend par ce mot non pas un rapport avec l'infini (suivant la définition de Max Müller), mais un rapport avec le surnaturel. Le concept scientifique de l'infini est en opposition nette avec le concept du surnaturel : il désigne la fonction continue dont la forme délimitée et singulière est le fini. L'infini est la loi par laquelle est conditionnée l'essence propre de l'individu ; et cela fait comprendre l'apaisement profond que l'individu ressent quand ses aspirations vers l'infini sont satisfaites. Le positiviste trouve donc l'infini en lui-même, quand il prend conscience de la loi de son être. Nous rencontrons ici de nouveau le rapport de l'élément à la totalité (du *distinto* à l'in-

distinto). La représentation du surnaturel prend naissance, au contraire, quand la loi des choses est transformée en un fait bien distinct de l'action des choses, et qui ne peut se mettre en relation que d'une manière extérieure avec ce qui se passe dans la nature.

Le concept du surnaturel ne caractérise pourtant qu'un côté de la religion, son côté théorique : il n'en forme pas l'essence totale. L'essentiel est le rapport de dépendance dans lequel le sentiment de l'homme le fait se placer vis-à-vis du surnaturel relativement à tout ce qui peut lui arriver d'heureux ou de malheureux. Primitivement était saint ce qu'on redoutait : la crainte crée les dieux. En tout cas le sentiment du sacré n'est pas, comme on l'a soutenu, un sentiment absolument simple et indécomposable [18]. L'élément de la crainte est précisément éliminé quand on passe de la religion à la conscience scientifique qui, au lieu de la représentation d'un être mystérieux, fait partout de la loi ce qui est décisif pour le destin de l'homme. La religion trouve toujours devant elle un certain idéal social et se l'approprie ; de là vient que la morale est indépendante de la religion. Il y a ici de nombreuses transitions possibles ; mais on finit toujours par arriver à une option nécessaire. De la conservation artificielle de la religion résultera seulement ce fait, que le peuple sera pris au dépourvu quand les temps de la religion seront réellement passés.

La psychologie religieuse qu'Ardigò prend pour fondement est passablement élémentaire ; il n'a pas abordé une discussion complète du problème religieux. Son point de vue est essentiellement déterminé par ses goûts intellectuels, je dirais même par un effet de contraste que devait amener tout naturellement l'opposition très prononcée entre sa conception philosophique antérieure et sa seconde conception. Mais ce dont on ne peut manquer de s'étonner c'est que la religion, après sa volte-face, puisse encore lui apparaître comme un « souvenir poétique », alors qu'il regarde la crainte comme le premier germe de toute religion sous ses formes les plus basses comme sous ses formes les plus élevées. Ce penseur énergique n'a certainement pas ici mis à profit ses propres et réelles expériences.

III. — FRANCIS-HERBERT BRADLEY

1. — L'idéalisme dans la philosophie anglaise contemporaine

Si l'on considère l'esprit et la direction de la philosophie anglaise contemporaine, on ne peut manquer d'arriver à ce résultat que l'école classique anglaise, qui commence avec Locke et dont Spencer est le dernier représentant, a cessé d'exister. On peut dire qu'elle a rempli sa mission consistant à revendiquer les droits de l'expérience, à exiger que l'on pose tous les problèmes sur le terrain de l'expérience et à préparer les voies à l'effort pratique, réformateur. Elle commença chez Locke qui prend pour base l'expérience de l'individu et elle finit chez Spencer qui prend pour base l'expérience du genre humain. Ce qu'elle a établi définitivement s'est transmis à d'autres courants philosophiques et a contribué à les légitimer et à leur donner une forme ; ce n'est donc plus le caractère d'un courant particulier [19]. L'école anglaise avait d'autre part certains défauts qui se sont révélés plus clairement à mesure qu'entre elle et d'autres courants s'établissait une action réciproque. Dans ces défauts rentre la conception atomistique et mécaniste qu'elle emprunta à la physique pour la faire passer dans la science de l'esprit et qui la porta à considérer la vie psychique comme le produit d'éléments psychiques indépendants et la société comme la liaison extérieure d'individus autonomes. Par opposition à cette théorie, de nos jours, aussi bien à titre de réaction que sous l'influence de la pensée allemande, le problème de la totalité s'est plus fortement présenté. On s'est demandé ce que peut bien être l'enchaînement dernier des éléments, qu'il nous faut supposer pour que ces éléments forment une totalité. Sans doute il y avait eu déjà auparavant, au cours du xix° siècle, un mouvement marqué contre la philosophie « insulaire » ; c'est ce dont témoignent des noms comme ceux de Coleridge, de Carlyle et de Hamilton. Mais on ne se mit sérieusement à étudier la pensée allemande que dans le dernier quart du xix° siècle. L'université d'Oxford prit la tête de ce courant. Auparavant déjà la philosophie nationale anglaise (Hobbes, Locke, Hume) avait toujours rencontré à Oxford une certaine résistance qui provenait plutôt sans doute de motifs théologiques que de raisons philosophiques ; c'est en ce moment la première fois qu'on voit entrer en jeu une opposition vraiment philosophique.

Le premier écrivain qui ait excité un mouvement spirituel notable de ce genre est, il faut le dire, Thomas Hill Green (né en 1836, membre du Balliol College en 1860, professeur de philosophie morale en 1878, mort en 1882). Ayant subi fortement l'influence de Woodsworth et de Carlyle, il développa un idéalisme religieux d'un caractère particulier, dont il puisa la base philosophique dans l'étude de Kant et de Hegel. Il exerça sur la jeunesse studieuse d'Oxford une influence extraordinairement grande qu'il faut attribuer surtout à l'idéal et à l'enthousiasme de sa personnalité. Son action ne se fit pas seulement sentir dans le courant scientifique, mais encore dans les courants de réforme sociale et de religion libre. C'est à lui que doit son éveil presque toute la génération actuelle des penseurs sociaux d'Oxford. Ses principales œuvres sont l'*Introduction to Hume*, 1874, critique pénétrante des principes de la vieille école anglaise et les *Prolegomena to Ethics* (1883), combinaison particulière de la théorie de la connaissance et de la morale, au moyen de laquelle il cherche à trouver un fondement non empirique de la moralité.

2. — Bradley et la philosophie

Actuellement le penseur le plus important de l'Angleterre est sans aucun doute Francis-Herbert Bradley, né en 1846, qui est membre du Merton-College à Oxford. Pendant ses études il subit l'influence de Green ainsi que celle des écrits de Hegel et de Lotze. Son penchant pour la solitude et sa réserve augmentèrent de plus en plus à cause de son état maladif. C'est une nature spinozienne ; il ne lui manque que le coup d'œil réaliste de Spinoza pour les phénomènes psychologiques et sociaux. Avec une grande énergie de pensée il se plonge dans une seule idée qui met sa réflexion de plus en plus en mouvement et qui tantôt le rapproche du scepticisme, tantôt le conduit aux bords du mysticisme. Même de pénétrants critiques reconnaissent l'excitation entraînante de la pensée produite notamment par l'étude de son chef-d'œuvre. Cependant par endroits sa finesse souvent devient subtilité et dans ses analyses spéciales on sent presque toujours le manque de matériaux empiriques. Pour ce qui regarde la réflexion énergique et infatigable, il se place peut-être au premier rang parmi les penseurs contemporains, du moins quand il s'agit des problèmes des extrêmes limites. Il est l'antithèse de Wundt. Tandis que ce dernier s'approche avec prudence des limites de la pensée, mais conclut un peu hâtivement et dogmatiquement, quand il est à la limite, Bradley se hâte trop d'arriver à l'extrême limite, mais une fois arrivé, il procède avec une vigilante critique et examine les problèmes sur toutes leurs faces.

Les *Ethical Studies* (1876) sont le premier écrit important de Bradley. Il s'y attaque à l'atomisme de la philosophie anglaise. On ne peut pas, affirme-t-il, décrire la conscience comme une simple collection d'éléments; car il serait impossible de comprendre comment une pareille collection pourrait prendre conscience d'elle-même (*aware of itself*). Stuart Mill lui-même (Bradley ne l'a pas remarqué) avait posé ce problème dans une des dernières éditions de l'« Examen de la philosophie de Sir William Hamilton ». Ce même problème amena Bradley à étudier la philosophie allemande qui accentue surtout l'unité et la synthèse interne de la conscience. Il juge avec sévérité les doctrines anglaises, il en blâme l'étroitesse et le dogmatisme comme le manque de hardiesse, surtout en ce qui concerne le problème religieux. « Nous habitons une île, et notre manière de penser nationale prendra, si nous ne l'élargissons pas, un caractère insulaire. » — Ce jugement pèche lui-même par étroitesse; Bradley oublie que la philosophie critique fut déjà véritablement créée par Locke, et que la philosophie anglaise de l'expérience, en exigeant qu'on fît voir l'origine des représentations, fut une arme puissante contre le dogmatisme.

Le penchant moral porte l'homme, selon Bradley, à réaliser son moi sous la forme d'une totalité, d'un tout harmonieux et fermé. En effet l'essence du moi est d'être une totalité à la fois close et riche. De même, le penchant théorique nous porte à tenir l'existence pour un tout bien lié et clos (*a consistent whole*). Si nous ne pouvons pas nous-mêmes devenir un tout, nous devons faire de nous une partie d'un tout plus vaste, de même que dans le cas où une totalité trop petite présente des contradictions, nous devons concevoir la pensée d'une totalité plus grande. Il y a donc accord entre notre nature pratique et notre nature théorique. Nous possédons dans notre propre nature une mesure pour savoir ce qu'il faut appeler plus haut et plus bas : tout dépend du degré de la réalisation personnelle, par conséquent de l'harmonie et de l'indépendance qui se trouvent dans notre pensée et dans notre vie. L'homme ne pourrait pas éprouver la douleur de la contradiction s'il n'était pas lui-même un tout et s'il ne se doutait pas qu'il l'est. La contradiction provient d'une part du manque d'harmonie interne, d'autre part du manque d'accord avec les rapports extérieurs.

La mesure de la perfection théorique et pratique, que Bradley établit ici, nous donne la pensée fondamentale de toute sa philosophie. Cette pensée contient le germe de toute une conception de la vie et du monde, telle qu'il la développa plus tard (en 1893) dans son chef-d'œuvre « *Appearance and Reality* », après avoir donné dans les « *Principles of Logic* » un exposé des principes de la connaissance [20].

Bradley déclare que son livre « Apparence et Réalité » est un traité métaphysique, et il explique ce qu'il entend par là en indiquant qu'il a voulu faire l'étude des principes qui sont le fond de la reconnaissance de la réalité comme le contraire de l'apparence ; il veut donner la mesure au moyen de laquelle il sera possible de distinguer entre des degrés supérieurs et des degrés inférieurs de la réalité. Ce n'est pas un système qu'il veut donner.

Bradley se soumet à lui-même diverses objections contre

l'essai qu'il entreprend ici. Peut-être croira-t-on que cet essai est sans espoir. Mais on ne peut pas le savoir d'avance, à moins que ce ne soit en vertu même d'une connaissance métaphysique, c'est-à-dire d'une connaissance à laquelle doit être appliquée la mesure pour distinguer la réalité de l'apparence. Ou bien on est d'avis que le résultat serait sans valeur. Mais même si le résultat est imparfait, il aura pourtant sa valeur s'il sert à éclairer ce qu'est la réalité. Bien plus, même si nous aboutissions au complet scepticisme, nous aurions atteint de cette manière un contrepoids utile contre les courants dogmatiques : contre l'orthodoxie théologique d'une part, et d'autre part contre le matérialisme vulgaire, qui sans cela se partageraient les esprits. Après avoir fait ces remarques, Bradley ajoute : « Il y a une autre raison qui, en ce qui me concerne, a peut-être le plus grand poids. Je crois que tous nous nous sentons plus ou moins attirés au delà du domaine des faits ordinaires. Chacun de nous à sa manière croit qu'il est en contact et en relations avec quelque chose qui réside au delà du monde visible. De façon différente nous trouvons tous quelque chose qui nous dépasse, qui à la fois nous élève et nous décourage, qui tour à tour nous punit et nous inspire. Pour certaines natures la tendance intellectuelle à comprendre l'existence est la voie la plus importante qui fasse éprouver la divinité. Ceux qui n'ont pas senti cela, quelle que soit leur manière de l'exprimer, ne sont guère préoccupés de métaphysique. Mais partout où il se présente avec force, ce sentiment est à lui-même sa propre justification ». Pour faire mieux comprendre cette déclaration, qui nous permet de plonger un regard dans sa vie intérieure, et pour éviter les malentendus, Bradley ajoute : « J'ai été obligé de parler de la philosophie comme d'une satisfaction de ce qu'on pourrait appeler le côté mystique de notre nature, satisfaction que quelques individualités ne peuvent pas atteindre d'une autre manière. Il pourrait peut-être sembler qu'à mon avis les métaphysiciens seraient initiés à quelque chose qui serait bien trop haut pour que la grande masse pût le posséder. Une pareille théorie reposerait pourtant sur une regrettable erreur, je veux dire sur la superstition qui fait voir dans l'entendement le côté le plus élevé de notre nature, et sur la fausse conception que le travail intellectuel qui est appliqué à des objets plus élevés est pour ce motif même un travail supérieur... Aucune profession, aucune aspiration n'est un chemin privé qui mène à la divinité, et le chemin qui par la spéculation conduit au delà des vérités dernières n'est pas supérieur aux autres chemins. Il n'est pas de péché que la philosophie puisse moins justifier que l'orgueil de l'esprit, quelque porté que soit le philosophe à cet orgueil ».

Par ces déclarations Bradley nous fournit des données qui peuvent nous servir non seulement à caractériser son propre personnage, mais aussi à comprendre ce qui est l'essence la plus intime de toute tendance philosophique qui travaille dans le grand calme. Le besoin profond de comprendre et l'expérience perpétuelle des limites de la pensée, la tension absolue de l'énergie de la pensée et le sentiment perpétuel que ce n'est pas nous qui pensons, mais qu' « en nous se joue la pensée » (*es in uns denkt*), le dévouement intensif de tout l'être à la vie intellectuelle comme si elle était la seule vie qui eût du prix et l'expérience continuelle qu'en nous se meut aussi une autre tendance vitale qui réclame impérieusement une satisfaction, voilà tout ce qu'on peut déduire des paroles du penseur anglais. Ce sont là des paroles qui doivent être prises en considération en raison du caractère machinal que semble vouloir revêtir le travail scientifique en de nombreux domaines.

Après avoir considéré l'attitude générale de Bradley par rapport à la philosophie, j'arrive maintenant aux idées fondamentales de son chef-d'œuvre que je vais tâcher de mettre en lumière.

3. — Phénomène et réalité

Il s'agit d'une étude critique des représentations au moyen desquelles on a essayé de comprendre l'existence.

Des concepts tels que la « matière », l' « espace », le « temps », l' « énergie », avec lesquels travaille la physique, se prêtent parfaitement bien à la détermination réciproque de phénomènes limités, mais ils conduisent à des contradictions quand ils doivent exprimer l'essence vraie des choses (*des Daseins*). Ce sont des concepts relatifs qui caractérisent les choses par comparaison, par rapport les unes aux autres, mais qui en revanche ne disent rien sur les choses particulières qui sont ainsi en relation. Ils conduisent à des séries infinies, puisqu'on peut toujours demander quelle est la relation des membres par rapport aux relations dans lesquelles ils se trouvent et puisque en étudiant les membres on voit qu'ils peuvent se placer dans chacune de ces relations. Des concepts de ce genre sont des constructions intellectuelles qui peuvent être utiles et nécessaires dans la science particulière, mais qui n'expliquent pas l'essence la plus intime des choses. Ce sont des idées de travail *(working ideas)*, qui n'ont qu'un sens technique, et aucun sens purement théorique. C'est pourquoi la physique ne peut pas être une métaphysique, mais c'est aussi pourquoi il ne peut pas y avoir de combat entre la physique et la métaphysique. Si l'on fonde exclusivement une métaphysique sur des concepts fondamentaux physiques, cette métaphysique reçoit l'empreinte du matérialisme.

Si l'on recourt au concept fondamental de la science de l'esprit, au concept de l'âme, on y trouve cet avantage que sur ce terrain on rencontre une liaison plus intime de l'unité et de la variété que dans le domaine où sont appliqués les concepts physiques fondamentaux. La relation qui, dans la vie psychique, existe entre l'unité et la variété n'est pas aussi extérieure que dans la nature physique. C'est pour cette raison que l'expérience psychologique est la plus haute expérience que nous possédions. Mais elle ne se prête pas non plus à exprimer la réalité absolue. Dans notre propre moi l'expérience et l'analyse nous montrent des oppositions, des diversités et des relations et le moi comme ensemble subit des variations. Et par suite il est impossible de saisir l'essence du moi dans une seule intuition, de s'en faire un concept définitif fermé. Aussi ne pouvons-nous pas plus fonder une métaphysique sur la seule psychologie que sur la physique seule. L'idéalisme est tout aussi peu en état que le matérialisme d'exprimer la vérité complète. La psychologie est une science particulière et toute science particulière ne trouve que des demi-vérités et opère avec des fictions appropriées à son but. Le concept de l'âme est une abstraction aussi bien que le concept du corps. La réalité ne peut être ni « âme » ni « corps ». Il ne nous est jamais donné que des événements qui offrent deux côtés à l'observation.

Toute cette suite d'idées qui aboutit au rejet de l'idéalisme aussi bien que du matérialisme suppose cependant que nous avons une mesure (*standard*) de ce qui est réalité et vérité. Une mesure de ce genre se trouve dans le *concept de l'expérience*. Dans ce concept il est deux choses qui sont étroitement, intimement unies : une extension et une harmonie. L'expérience suppose une diversité donnée et un accord intime, une relation conséquente et harmonieuse des éléments divers entre eux. L'expérience parfaite consisterait en un contenu très vaste réuni, avec une conséquence et une harmonie complètes, de manière à former un tout. Chacune des expériences que nous avons réellement contient une approximation de cet idéal.

La mesure de la réalité et de la valeur est la même. Dans notre idéal pratique il faut que chaque côté de notre nature soit satisfait en harmonie avec les autres. Tout penchant non satisfait est une idée non achevée; toute douleur exprime un désaccord et il y a en elle un aiguillon qui pousse à écarter ce désaccord.

Cette mesure nous montre dans quelle étroite union nous sommes avec la réalité. Nous ne sommes pas capables de nous former une représentation de quelque chose qui satisfasse pleinement la mesure. « *We can not construe the one absorbing experience to ourselves* ». Le suprême doit tout comprendre en soi et être absolument harmonieux. Mais pour nous il y a une opposition continuelle entre l'extension, l'harmonie ou l'accord avec soi-même (*self-consistency*), parce que notre extension est trop peu de chose et notre harmonie trop incomplète. Nos désaccords viennent de la limitation, et ils ne peuvent être écartés que par un contenu plus vaste qui supprime la dépendance de rapports extérieurs et rend ainsi possible l'arrivée à un accord interne. Ce sont les troubles extérieurs qui causent le désordre interne. C'est pourquoi un être infini peut seul être complètement harmonieux. Les deux éléments de notre mesure de la réalité (et de la valeur) sont par conséquent étroitement liés entre eux. Dans le domaine théorique cela se constate par ce que c'est seulement par l'extension de notre expérience que nous pouvons supprimer les contradictions qui s'offrent dans l'expérience. Le rapport de temps notamment nous empêche d'atteindre la totalité harmonieuse. Ce rapport est par suite en lutte avec le criterium de la réalité et ne peut donc avoir qu'un sens absolument phénoménal. Il ne peut être question de progrès et de recul, qu'en des réalités bornées et imparfaites; l'absolu ne peut pas avoir d'histoire, bien qu'il contienne des processus historiques innombrables : il n'y a pas de saisons pour lui. Rien de parfait, rien de vraiment réel ne change.

C'est pour cela que notre idée tend constamment vers quelque chose qui est plus que l'idée, notre personnalité vers quelque chose qui est plus que la personnalité, notre moralité vers quelque chose qui est supérieur à toute morale. Il n'y a pas de contradiction pour un être à considérer une perfection dans laquelle il se perd lui-même. Le fleuve se jette dans la mer, et le moi se perd lui-même dans l'amour. Ce qui est supérieur doit toujours être plus vaste que ce qui est inférieur, mais le plus grand doit contenir le plus petit ou être ce dernier et davantage encore.

La philosophie mène, suivant Bradley, à un scepticisme de bon aloi pour lequel la science est peu de chose en comparaison de la richesse de l'existence. Même la plus haute vérité que nous sommes capables de trouver est conditionnée par un quelque chose inconnu de nous. Nous ne savons pas quelles autres sortes d'expériences peuvent exister en dehors de notre expérience propre. Nous sommes seulement capables d'arriver à fonder notre droit de caractériser une chose comme plus haute ou plus basse qu'une autre.

Il en est des énigmes de la religion comme de la philosophie. La religion elle aussi est forcée d'exprimer le suprême par des représentations que nous empruntons à l'expérience, et elle n'essaie même pas de faire, comme la philosophie, une étude précise de l'essence et de la valeur de ces représentations. A considérer les choses sous cet aspect, en tant que connaissance, la philosophie est placée plus haut que la religion. Sous un autre rapport, — considérée comme l'effort tendant à faire admettre la réalité du bien par chaque côté de notre être (*the attempt to express the complete reality of goodness through every aspect of our being*), la religion occupe une place plus élevée.

Mais ce résultat n'est-il pas maintenant un résultat peu satisfaisant ? A cette question Bradley répond par celle-ci : Qui dit que nous devons trouver la complète satisfaction de tous nos besoins ? Imperfection, inquiétude et idéal inassouvi sont toujours le lot du fini ! Et il ajoute que toute tentative ayant pour but de représenter une satisfaction complète fait toujours un choix parmi nos besoins, — un choix qu'on ne peut pas justifier.

4. — Appréciation et critique

La philosophie de Bradley est un approfondissement du problème dont se sont approchés Wundt et Ardigò, mais qu'ils n'ont pas entrepris de traiter expressément, problème que Kant avait soulevé par sa théorie des « idées » comme concept de la totalité, et qui a sa source dans l'essence de la pensée comme activité qui relie (synthèse). Bradley lui-même croit qu'il doit beaucoup à Hegel et, comme plusieurs philosophes anglais contemporains, il est plein d'admiration pour la hardie dialectique de cet auteur. En certains points il rappelle William Hamilton. D'une main ferme il tire, à la limite de la pensée, la conséquence de ses lois propres. Il prend son appui surtout sur deux lois : la loi de relation (*the relational way of thought*) et le criterium de la réalité (*complete experience as standard of reality*). Toutes les deux le mènent au même résultat : l'impossibilité de s'arrêter en aucun point, bien que nous puissions nous approcher pas à pas d'une détermination plus précise de la réalité.

Un certain scepticisme caractérise Bradley, puisqu'il insiste davantage sur l'impossibilité d'arriver à un terme que sur les déterminations plus précises possibles de la réalité. C'est pour cela qu'il attribue aux sciences spéciales et empiriques une valeur positive trop faible pour la conception philosophique. Les points de vue dont on se sert pour travailler dans les domaines empiriques spéciaux, sont écartés par Bradley comme des « fictions inutiles », de « simples compromis pratiques », sans qu'il remarque qu'ils ne rendraient aucun « service », si en un certain sens ils ne nous rapprochaient de la réalité. Il oublie ce mot de Gœthe que la nature n'a ni noyau ni écorce.

Il est également sceptique en ce sens qu'il déclare insolubles plusieurs problèmes spéciaux. Nous ne pouvons pas dériver d'un principe unique la diversité de l'être, les multiples centres finis d'où nous partons pour faire des expériences, tout le fragmentaire auquel nous devons nous heurter, même si le fait de la diversité ne s'oppose pas à ce qu'il y ait une vaste unité. Pourquoi devrait-il y avoir des « phénomènes » (*appearences*) et non pas seulement de la « réalité » ? Nous ne pouvons pas le dire, mais cela ne nous empêche pas de rester attachés au concept de la réalité. L'organique satisfait d'une manière très approchante notre concept de la vraie réalité comme harmonie et perfection, bien que dans le règne organique nous rencontrions aussi divisibilité et désaccord ; quant à l'inorganique il est beaucoup plus éloigné de ce concept de la réalité. Bradley est disposé à croire que c'est uniquement par ignorance que nous admettons de l'absolument inorganique dans la nature. Il concède que la science spéciale doit distinguer, pour des motifs pratiques, entre l'organique et l'inorganique, mais il n'ose pas attribuer à cette distinction un sens absolu. On peut voir ici clairement combien il s'écarte de Hegel ; en effet la philosophie romantique de la nature travaillait hardiment avec l'idée que la nature entière est un grand organisme. Il regarde même comme insoluble le problème des rapports de l'âme et du corps. Il est impossible de se faire une idée de la manière dont ces deux formes de l'existence se comportent entre elles. Mais il trouve en cela une confirmation de sa théorie générale de la réalité ; car la difficulté provient de ce que nous réalisons des abstractions en posant le corps et l'âme comme deux objets qui s'opposent, et qu'ainsi nous traitons des « phénomènes » comme des réalités.

Mais scepticisme ne serait pas le terme juste pour caractériser le point de vue de Bradley. Il ne s'arrête pas devant un abîme qui se trouverait entre le travail et le but, entre le phénomène et la réalité. Le suprême est présent à tous les échelons et chaque échelon a sa vérité ; il y a beaucoup de degrés et de stades, mais ils ne sont pas tous indispensables. Nous ne pouvons pas trouver une province du monde qui soit trop peu de chose pour que l'absolu n'y habite pas. — Il faut de préférence le qualifier de mystique ; cela, il l'est nettement lorsque sa pensée se repose et qu'il lutte contre le concept de temps et contre la valeur de l'activité. Il passe ici à une intuition immobile, à un regard tranquille, à une considération *sub specie æterni*. Il lui arrive ce qui est arrivé à Spinoza. Car la « substance » de Spinoza, c'est à proprement parler la mesure, considérée comme un être parfait, de la réalité, c'est le critérium de la réalité en tant qu'idéal existant.

Il ne m'est pas possible d'assurer que nous puissions aller au delà de la possibilité continuelle de processus nouveaux, d'une nouvelle activité. Pourquoi donc le suprême ne serait-il pas de se développer dans la durée, notamment quand on voit toujours l'impossibilité où l'on se trouve d'éliminer le concept de temps de notre connaissance de la réalité. De l'opposition constante de la pensée et de la réalité et de la constante nécessité d'un nouveau travail de pensée — pour les individus comme pour le genre — on pourrait peut-être à bon droit tirer cette conséquence « métaphysique » que l'être lui-même n'est pas parfait, n'est pas fini. Fini, il ne *peut* pas l'être en effet, si la pensée qui forme à coup sûr une part de l'être n'est pas finie. Cette conception nous conduit à une plus intime relation entre la pensée et la réalité que celle où Bradley s'est arrêté. Car si le temps et l'activité ne sont pas des formes qui appartiennent seulement aux phénomènes, à l' « apparence », la pensée doit pouvoir, en raison même de sa tendance et de son travail, se sentir identique avec ce qu'il y a de plus profond dans l'être [21]. Mais je ne veux pas ici traiter davantage de ce que j'ai développé dans la partie de ma « Philosophie de la religion » relative à la théorie de la connaissance et dans mes « Problèmes philosophiques ».

En Angleterre même, Bradley a été critiqué tant à un point de vue empirique et critique (comme le fait James Ward dans le *Mind*, 1894), qu'à un point de vue qui appuie sur le caractère économique et technique de nos concepts fondamentaux et qui fait reposer sur le besoin personnel une façon idéaliste de concevoir le monde (c'est ce que fait le *Personal Idealism*, ouvrage publié par huit universitaires d'Oxford, Londres, 1902). Ce dernier courant croit être un prolongement du courant de pensée qui règne depuis trente ans à Oxford. La critique qu'il fait est extrêmement juste quand il combat la position négative de Bradley vis-à-vis de vérités qui ne sont valables que dans certaines conditions déterminées, et quand il affirme que nous pouvons avoir une connaissance valable, même si nous ne pouvons pas atteindre une intelligence complète de l'être. En revanche, il me semble que la critique anglaise n'a pas suffisamment reconnu la profondeur réelle et l'énergie de pensée des ouvrages de Bradley.

IV. — ALFRED FOUILLÉE ET LA PHILOSOPHIE FRANÇAISE CONTEMPORAINE

1. — Introduction (Taine, Renan)

Dans la philosophie française, Auguste Comte († 1857) s'offre comme la plus grande figure du xix° siècle. L'influence qu'il a exercée sur un vaste rayon s'est manifestée au grand jour lors de l'inauguration de son buste, en mai 1902. Le positivisme est le courant de pensée le plus caractéristique et le plus important que la France ait produit au cours du dernier siècle. Pendant la plus grande partie de cette période, il eut pour adversaire un spiritualisme populaire qui fut représenté par Victor Cousin et par ses élèves et que favorisèrent les pouvoirs publics. Cependant, à partir du milieu du siècle environ, Taine et Renan eurent une grande influence sur la génération nouvelle, non seulement au point de vue philosophique, mais aussi et surtout au point de vue littéraire. A côté d'eux, mais comme figure plus solitaire, se place Charles Renouvier, le représentant d'une philosophie strictement critique. — Il y a sur ce point une lacune dans mon exposé de l'histoire de la philosophie moderne, puisque, pour ce qui regarde la France, je me suis arrêté après Auguste Comte. Cette lacune, actuellement même, je ne me sens pas en mesure de la combler. Je ne peux que donner une brève caractéristique de Taine et de Renan en guise d'introduction à la forme française de la philosophie de l'évolution dont Fouillée est le représentant, et après cela une caractéristique analogue de Renouvier en relation avec le rôle joué par le principe de la discontinuité dans la pensée française la plus récente. Des monographies sur ces trois hommes, en tant que philosophes, seraient d'un très grand intérêt pour éclairer le cours de l'évolution mentale depuis le milieu du xix° siècle. L'académie royale des sciences de

Danemark a mis au concours la rédaction d'une monographie de Renouvier dont la vaste production littéraire offre de particulières difficultés à être vue d'ensemble et caractérisée ; mais il n'est point paru de solutions du problème posé.

Hippolyte Taine (1828-1893) est surtout connu comme critique de littérature et d'art et comme critique de l'esprit « réaliste ». La littérature danoise possède une étude précieuse sur Taine considéré de ce point de vue dans la dissertation doctorale de George Brandes sur l'esthétique française contemporaine (1870). Taine, comme critique, s'efforçait avant tout de comprendre les œuvres d'art et leurs créateurs, en recherchant dans quelles conditions extérieures ils se développèrent (le milieu), dans quelle situation ils travaillèrent (le moment), de quelle race ils descendaient et quelle faculté prépondérante se manifestait dans leurs œuvres. Ce dernier élément était essentiellement conditionné par les trois premiers.

Dès sa jeunesse, Taine travailla sous l'oppression et la résistance, mais avec une constante énergie et un enthousiasme soutenu. Ses lettres de jeunesse, parues depuis peu, nous montrent de lui un gracieux portrait de ce temps. Plus tard, en qualité de professeur de l'histoire de l'art à l'école des Beaux-Arts, il eut l'occasion d'agir sur de plus grands milieux, et il travailla à ce moment-là, en des conditions plus favorables, avec l'application infatigable qui fut sa marque toute sa vie. Le trait caractéristique de Taine comme orateur, écrivain et penseur, c'était surtout sa faculté de créer un portrait d'ensemble par l'accumulation de traits particuliers. Dans ses leçons on pouvait au début — j'en fis l'expérience personnelle — se sentir rebuté par la description objective, aride, qui va de partie en partie, de qualité en qualité. Mais la matière dont il disposait était si abondante et sa façon de peindre avait tant d'énergie qu'avant la fin du cours on voyait le portrait d'ensemble se détacher clair et vivant dans l'imagination. J'ai encore présente à la mémoire une leçon sur la sculpture grecque. Elle n'était pas accompagnée de reproductions, mais pendant la longue description que Taine donna, il dessinait dans l'air, si bien qu'à la fin il sembla qu'il y eût devant lui, sur la table, une statue dressée. Son art de peindre était tout à fait l'opposé de celui de Julius Lange, dont la force consiste à analyser un portrait d'ensemble, après l'avoir placé devant ses auditeurs, soit au moyen d'une reproduction, soit par l'excitation immédiate de leur imagination. Taine allait des parties au tout, Lange va du tout aux parties.

Taine a écrit une œuvre de pure philosophie avec son livre *De l'intelligence* (1870), qui est une psychologie dans l'esprit de l'École anglaise. Cette œuvre trahit la forte influence qu'ont eue sur lui Stuart Mill, Bain et Spencer. Ce qui présente un intérêt particulier, dans ce livre de style admirable, c'est tout d'abord l'explication du développement de la connaissance par une lutte pour la vie que se livrent entre eux les éléments psychiques. Il se forme continuellement, dit Taine, des éléments portant le sceau de la réalité, une façon d'hallucinations normales; ces hallucinations entrent en lutte et celle qui en sort victorieuse est une sensation, une perception sensible, qu'on peut par suite définir comme une « hallucination vraie ». Pendant ce combat sont, en outre, actives aussi les tendances motrices originaires des éléments de la connaissance. Toute sensation ou représentation est primitivement liée à une propension au mouvement. Petit à petit cette tendance motrice faiblit et s'use, et ce n'est qu'alors que paraissent la perception et la représentation sensibles théorétiques. Enfin, c'est encore une caractéristique de la psychologie de Taine qu'il ait si grandement recours aux états maladifs, pour expliquer la nature de la vie consciente. — Ce dernier trait est demeuré depuis particulier à la psychologie française, peut-être parce que la pathologie nerveuse française, surtout avec Charcot et ses élèves, lui procurait de si imposants matériaux. Ribot, dont le premier écrit, *La psychologie anglaise contemporaine*, paru en 1870, a surtout suivi cette voie dans ses autres travaux, de même qu'Alfred Binet et Pierre Janet. La psychologie française contemporaine tire de là son cachet spécial, de même que la psychologie anglaise (chez Ward, James et Stout) tire le sien de l'analyse, et la psychologie allemande (chez les disciples de Fechner et de Wundt) de l'expérimentation.

Antérieurement à ce livre (notamment dans *Les philosophes français du XIXe siècle*), Taine avait critiqué fortement le spiritualisme dominant (l'école de Cousin) et recommandé Comte. Mais il n'était positiviste que dans le sens large du mot. Le positivisme, pour lui, comme pour Ardigó, était le point de départ, non le terme. D'une part il voulait que l'on poussât les analyses des concepts et des états plus loin que ne l'estimaient nécessaire les disciples du strict positivisme, d'autre part il restait fermement attaché au problème d'une conception définitive du monde et croyait, dans cette mesure, à la métaphysique. C'est en regardant ce problème qu'il termine son livre « De l'intelligence » par ces mots : Je vois les limites de mon esprit, mais je ne vois pas les limites de l'esprit humain. Dans les ouvrages universellement connus de Taine sur l'histoire de la littérature et de l'art, la psychologie joue un grand rôle, souvent même un rôle trop grand, puisqu'il est porté à procéder déductivement et à tirer exclusivement un phénomène artistique d'un élément singulier (faculté maîtresse ou milieu). Cela l'empêche, entre autres choses, dans son étude sur Shakespeare, par exemple, de découvrir les nuances plus fines et les manifestations psychiques plus intimes qui ne se révèlent bien qu'à l'observation longtemps poursuivie et à l'analyse patiente. Les ouvrages dont nous parlons parurent tous avant 1870. Il avait eu alors l'intention de continuer son travail purement psychologique et de compléter son livre sur la connaissance par un livre sur la volonté. Mais les terribles catastrophes qui s'abattirent sur son pays le conduisirent à des études historiques. Il voulut comprendre le malheur de la France par son passé et puiser dans cette étude une nouvelle espérance. De là sortit son grand ouvrage *Les origines de la France contemporaine* (1876-1894). Le premier volume (L'ancien régime), où il prend Tocqueville pour modèle sur des points essentiels, présente notamment de l'intérêt philosophique, mais les deux derniers volumes aussi (Le régime moderne) sont également curieux et quand on veut connaître le XIXe siècle, on ne devrait pas les poser sans les avoir lus. Ils fournissent d'importantes contributions à la sociologie. On a eu raison d'affirmer que l'exposé qu'il fait de la révolution française (dans les autres volumes) fonde la manière scientifique d'envisager cet événement, par opposition aux manières déclamatoires et révolutionnaires. En revanche, on lui a reproché de trop s'occuper des causes générales et de ne pas apprécier suffisamment l'influence de la situation politique spéciale et momentanée. Sa haine contre la phrase le pousse aussi à méconnaître l'enthousiasme suscité par les grands espoirs. Sa manière de présenter les choses ne peut pas nous faire comprendre comment la *Marseillaise* a pu alors prendre naissance.

La conception philosophique de Taine fut déterminée par son tempérament. Lui-même nous dit qu'il était « un homme naturellement triste ». Le coup d'Etat de 1851 et la défaite de 1870 durent augmenter sa mauvaise humeur contre les choses extérieures. Il vécut la plus grande partie de sa vie dans le travail et dans le monde de la pensée. Il sentait le besoin de se plonger dans le grand enchaînement nécessaire de l'être. Marc-Aurèle et Spinoza étaient ses auteurs préférés. Au point de vue de la religion, il sympathisait avec le protestantisme, et après sa visite en Angleterre il espérait voir se produire un mouvement religieux libre. Mais il demeura stoïcien jusqu'à sa mort et durant ses derniers jours il lisait encore Marc-Aurèle « comme une espèce de liturgie »[12].

Ernest Renan (1823-1892) présente, dans la voie qu'a suivie son évolution, une série extraordinairement longue de stades, et l'art biographique capable de trouver entre eux l'enchaînement interne ne s'est pas encore appliqué à cette tâche. Il a dépeint lui-même son enfance et sa jeunesse dans celui de ses ouvrages qui s'élève au-dessus des autres par l'intimité et la profondeur de l'émotion (*Souvenirs d'enfance et de jeunesse*). Suivant sa propre assertion, ce fut la critique historique qui le poussa à quitter le grand séminaire et à se détourner de la croyance catholique. Il se développa pourtant bientôt en lui une foi enthousiaste en la science et en l'importance qu'en auraient les résultats pour la grande masse. Cet optimisme philosophique et démocratique, il le manifesta dans un écrit sur *l'Avenir de la science*, qu'il composa en 1848 et 1849, mais qu'il ne fit paraître que beaucoup plus tard, après avoir perdu la foi qu'il y exprimait. Le coup d'État et la réaction lui inspirèrent un pessimisme dont il ne s'est plus dégagé. Plus tard vinrent la défaite et l'insurrection de la Commune. Comme homme de science il fut surtout célèbre par ses ouvrages de linguistique et d'histoire religieuse, dont ce n'est pas ici le lieu de parler avec détails. Sous la troisième République il se vit conférer une haute situation scientifique comme directeur du Collège de France, et tandis qu'il mettait la dernière main à ses travaux, sa réflexion se porta d'une manière légère et plaisante sur les grands problèmes qui l'avaient si fort préoccupé dans sa jeunesse. Dans tous les milieux on prêtait l'oreille au causeur sceptique, dont on savait — au moins de troisième ou quatrième main — qu'il était un homme éminent. Dans ses propos et dans ses écrits de cette époque, il se montrait tantôt plein d'émotion, tantôt impertinent, tantôt sublime, tantôt blasé; cette perpétuelle oscillation, dont le point central était peu facile à découvrir, si toutefois il y en avait un, semblait à beaucoup de gens être l'expression de la vraie liberté d'esprit et de l'abondance d'idées. Le travail de la pensée n'était avant tout en ce moment, pour lui, qu'un jeu, qui lui procurait de la distraction après des études plus sévères. Toute position bien tranchée vis-à-vis des questions limites lui était devenue impossible parce qu'il avait pris lui-même trop de positions variées. C'est pour cela qu'il se priva lui-même et les autres du précieux résultat de ses efforts et de ses recherches prolongées. L'on a pu dire avec raison de lui : « Il fut dupe de la peur d'être dupe ».

L'importance de Renan comme penseur, pendant les dernières années de sa vie, est due plutôt à ce qu'il apparaît comme un symptôme d'un certain courant de l'époque, qu'à un travail réel qu'il aurait consacré au service des problèmes. Il faut peut-être en chercher la raison cachée dans ce fait que son cœur demeurait attaché à la religion de son enfance, avec laquelle il s'était familiarisé pendant qu'il était « élevé par des femmes et par des prêtres » (éducation où il faut chercher, à son avis, l'explication de ses qualités et de ses défauts). Ce qui l'anima dans la suite n'en était que le simple écho — un écho semblable au son de la cloche engloutie dans la mer et que, par un temps calme, on peut entendre, encore de nos jours, sur les côtes de la Bretagne. Une foi générale idéalisée est sans doute possible ; mais elle ne suffit qu'aussi longtemps que nous vivons sous la domination des vieilles habitudes. Mais cela ne durera pas. Nous vivons — dit Renan en plusieurs endroits — de l'ombre d'une ombre ; de quoi vivra-t-on après nous ? Renan n'arriva pas à prendre vis-à-vis de cette question une position ferme et virile ; il n'en sentit l'aiguillon que dans certains états d'âme.

Il y a notamment deux ouvrages de Renan qui ont de l'intérêt pour caractériser sa position philosophique pendant ses dernières années.

C'est au printemps de 1871, pendant le séjour qu'il fit à Versailles durant l'insurrection de la Commune, que Renan écrivit les *Dialogues et fragments philosophiques*, mais ils ne parurent qu'en 1876. Ils contiennent des entretiens entre « trois philosophes de l'école qui a pour principes fondamentaux le culte de l'idéal, la négation du surnaturel et la recherche de la réalité ». On y discute la question de savoir ce qu'est le but idéal de l'évolution du monde. Car il doit y avoir un but : l'univers ne peut être une simple suite de vagues, qui aboutissent à un néant. Il ne faut pas chercher le but de l'évolution dans la grande masse d'êtres qui ont un minimum de jouissance et de culture, [mais en revanche un maximum de travail. Le but, dit Renan, doit être le gouvernement de la raison et seul un petit cercle peut y avoir part. La grande masse n'a pas d'autre importance que d'être le terrain sur lequel poussent les génies. Les hommes de génie — et les hommes intelligents qui savent les apprécier — sont le but final de l'histoire. Il est regrettable que l'ignorance de la grande foule soit la condition nécessaire pour arriver à cette fin, mais la nature ne se préoccupe pas de pareilles choses. On serait amené à la dégénérescence, à l'abaissement du niveau, si l'on voulait s'engager dans les voies de la démocratie ; dans ces voies-là aucun dieu n'est créé. Démocratie et science sont des antipodes. L'évolution est caractérisée par ce fait que l'instinct se sépare de la réflexion, la religion et l'art de la science.

Renan voit ici quelque chose que le moyen âge avait déjà vu à sa manière. Il trouvait une vérité dans cet ordre moyen-âgeux d'après lequel il y avait des hommes qui priaient pour ceux qui n'avaient pas le temps de prier. Les hommes de science doivent être les prêtres des temps nouveaux. Manifestement se fait jour ici chez Renan un écho du prêtre, et cet écho — du moins pour un instant — lui fait trouver la paix dans cette solution du problème de la civilisation, qui, du reste, comme nous le verrons plus tard, fut enseignée presque à la même époque, avec une tout autre force, bien qu'avec plus d'inconséquence, par un écrivain allemand. Renan était d'avis que les savants, qui seraient le but de l'évolution, pouvaient fort bien aimer le peuple, de manière à lui faire agréer leur domination. C'est là ce que Nietzsche cherche à nier.

Quelques années avant sa mort, Renan publia une sorte de testament philosophique dans son *Examen de conscience philosophique* (1888) (Paru dans les « Feuilles détachées »). Nous trouvons au début de cet article quelques phrases qui sont caractéristiques pour Renan. « Le premier devoir de l'homme sincère, dit-il, est de ne pas influer sur ses propres opinions, de laisser la réalité se refléter en lui comme en la chambre noire du photographe et d'assister en spectateur aux batailles intérieures que se livrent les idées au fond de sa conscience... Devant ces modifications internes de notre rétine intellectuelle, nous devons rester passifs ». — Naturellement il est vrai que si nous voulons établir notre compte intellectuel, nous ne devons pas escompter, mais rechercher ce qui est réellement pensé en nous. Mais une tendance vers des fins déterminées contribue à la création de chacun des articles du compte, une tendance involontaire comme l'est aussi la direction qu'à chaque instant nous donnons à notre œil pour que ce qui attire l'attention puisse être saisi par la partie centrale de la rétine. C'est donc une illusion de croire que l'on est un spectateur purement passif devant ce qui se passe sur la rétine de l'esprit. Toute hypothèse scientifique, de même que toute conception de la vie, a le caractère d'un risque. Nous n'assistons aucunement en spectateurs désintéressés au combat des idées fondamentales et des valeurs fondamentales. Si nous essayons de le faire, ce ne sera pas en tout cas avantageux pour la pensée.

Deux idées constituent le fond du testament philosophique de Renan. La première c'est qu'aussitôt que nous nous mouvons, soit beaucoup soit très peu, toutes les fois que nous bougeons nous rencontrons l'infini. Quelque nettement attachés que nous devions être à l'expérience à l'intérieur de notre monde (ou dans notre partie du monde), nous n'avons pourtant pas le droit de croire que les résultats de l'expérience aient une valeur absolue. Au point de vue de l'infini, rien n'est impossible, et l'infinité de l'avenir noiera bien des difficultés. Ne nions donc rien, n'affirmons donc rien, mais espérons ! — La seconde idée complète la première. Au milieu de tout le mystère et de toute l'incertitude qui nous environnent surgissent les quatre autorités sublimes : l'amour, la religion, la poésie et la vertu, que l'égoïste nie, mais qui, bien malgré lui, mènent le monde. Nous percevons par elles la voix de l'univers ou, si l'on veut, la voix de Dieu : l'harmonie des sphères célestes, la musique de l'infini. En elles se manifeste le *nisus* profond, qui s'exerce par l'évolution du monde au milieu de la résistance de la matière réfractaire (et cette matière dans notre partie du monde est peut-être particulièrement récalcitrante).

Le Testament philosophique est moins ironique et moins sceptique que les précédents écrits. La théorie des grands hommes, fins de l'univers, ne s'y trouve pas. Mais on ignore si Renan l'a retirée. Pas plus qu'on ne voit s'il maintient encore ce qu'il disait quelques années avant, à la fin de son article sur Amiel (qu'on trouvera également dans les « Feuilles détachées »). Amiel avait blâmé sa manière légère et ironique de traiter les choses sérieuses. Renan répond que l'ironie doit être le dernier mot de la philosophie. Quant au but de l'évolution du monde, nous ne savons même pas s'il y en a un. Peut-être tout n'est-il qu'une « mauvaise farce »! Et nous ne voudrions à aucun prix être pipés ! En hésitant entre ces deux possibles — que la vie est chose sérieuse ou bien qu'elle est une pure plaisanterie — on évite d'être trompé *entièrement*, tandis que par le choix définitif d'une de ces deux hypothèses on s'expose au danger de supporter au contraire une illusion complète. C'est surtout à cause des autres hommes qu'il faut être prudent. Pour soi-même on peut se lancer en de grands risques; mais on n'a pas le droit d'engager les autres hommes à s'exposer à un complet naufrage. Il importe par conséquent d'être *ad utrumque paratus*, et c'est à cela qu'on arrive en hésitant entre la croyance et le doute, entre l'optimisme et l'ironie.

Charles Renouvier remarque avec raison, sur ce point, que par des hésitations de ce genre, on perd facilement ses prétentions dans les deux sens, et il montre qu'il se peut bien que *le choix* soit *précisément* la chose essentielle[23]. Il est parfaitement possible que l'énergie personnelle, qui choisit sa place et l'affirme en en revendiquant toutes les conséquences, se rapproche bien plus de la véritable réalité du monde que les deux possibilités décrites par Renan.

On peut trouver peut-être une explication psychologique du point de vue où Renan se plaça pendant ses dernières années, dans son passé et dans sa race. Le contraste entre la plénitude de sa foi d'enfant et le vide apparent de la critique avait fait dans sa vie une marque profonde, et l'on dirait que la seule chose positive en lui n'était qu'un écho qu'il ne pouvait pas empêcher de résonner avant de mourir. Ardigò, dans sa vieillesse, considérait également la religion comme un rêve poétique; mais, avec toute l'énergie de la pensée et du vouloir, il se bâtit une nouvelle citadelle. Il est vrai, sans doute, que le catholicisme de Renan était d'une autre espèce que celui d'Ardigò. Jeune séminariste, il s'était habitué à recevoir passivement et du dehors ses expériences vitales, au lieu de les demander à un travail intérieur énergique, à une participation active à la vie. Aussi trouva-t-il plus aisé de continuer plus tard à n'assister qu'en spectateur au combat des idées ainsi qu'au combat de la vie. Il laissa ses états d'esprit se succéder comme les vues d'un kaléidoscope; nul processus interne de cristallisation ne s'opéra en lui. Son tempérament de Celte n'était pas capable de réunir les opinions contradictoires pour en former un tout d'une tonalité déterminée.

2. — LA PHILOSOPHIE ÉVOLUTIONNISTE DE FOUILLÉE

Si l'on devait citer un penseur de qui l'on pût dire qu'il a continué dans le domaine philosophique les travaux de Taine, il faudrait avant tout nommer Alfred Fouillée (né en 1838). L'enchaînement par des lois, si fortement accentué par Taine, se retrouve dans Fouillée qui se pose en même temps comme l'adversaire décidé du dilettantisme philosophique qui fut celui de Renan vieillissant. Mais les écrits philosophiques de Fouillée témoignent en outre de la direction idéaliste que la pensée philosophique s'est mise à suivre vers la fin du siècle dernier.

Fouillée a professé la philosophie à Bordeaux et à Paris, mais il s'est retiré plus tard à Menton pour des raisons de santé.

Ses premiers écrits se rapportent à l'histoire de la philosophie grecque. C'est par l'étude de Platon qu'il arriva à se donner sa conception philosophique (*La philosophie de Platon* 1869). Platon considérait le monde des idées et le monde des expériences comme des antithèses bien marquées, de sorte que le premier seul serait la réalité vraie. Le naturalisme moderne affirme, au contraire, que le monde des expériences, c'est-à-dire l'enchaînement de la nature tel qu'il est donné dans l'expérience, est l'unique réalité. Quand, de l'étude de Platon, Fouillée revint aux problèmes du temps présent, sa tâche devait être de « ramener les idées de Platon du ciel sur la terre et de réconcilier ainsi l'idéalisme avec le matérialisme ». C'est ainsi que lui-même caractérise son effort. (*Le mouvement idéaliste et la réaction contre la science positive* 1896. p. xxi). Il fonde la possibilité de cette réconciliation sur ce fait que l'idée peut conduire à l'acte. Il insiste particulièrement sur ceci que l'idée de la liberté est capable d'éveiller un effort et de dégager une force, que nous soyons ou non « libres » au sens indéterministe (*La liberté et le déterminisme*. 1872). Nous avons déjà ici l'idée fondamentale de la psychologie de Fouillée, et c'est aussi l'idée maîtresse de toute sa philosophie. A cette idée il donne lui-même le nom d'*idée-force*. Suivant sa manière de voir, ce concept nous permet d'établir un rapprochement entre les différents courants philosophiques. Il employa pour la première fois cette expression dans la « Revue philosophique » en 1879. Aux idées dans la conscience sont immédiatement liées des tendances motrices dans le cerveau. Nous avons ici devant nous en même temps un fait physiologique et un fait psychologique, de sorte qu'ici se révèle un idéal qui s'exprime par le déterminisme de la nature même. Avant l'idée consciente, cet idéal agit déjà dans la tendance organique au développement et à l'accroissement, de même que dans la sympathie instinctive. Il y a une volonté dans toute la nature, et nous la sentons aussi bien dans le mouvement extérieur que dans la sensation interne. Le moral et le physique, la conscience et la vie, l'individuel et le social, la liberté et la solidarité, agissent ici comme une chose unique (*La science sociale contemporaine*. 1880).

Dans la *Psychologie des idées-forces* (1893), le plus important de ses livres, Fouillée a développé son idée maîtresse du côté purement psychologique. Ce livre contient le meilleur exposé de la psychologie du volontarisme. Fouillée définit nettement la psychologie : l'étude de la volonté. Il voit fort bien que notre volonté n'est pas objet d'observation immédiate ; mais au lieu d'en conclure, comme d'autres le font, qu'alors la volonté n'est rien, il aime mieux — et à mon sens[1] il a parfaitement raison — tirer cette conclusion contraire, que notre vouloir ne fait qu'un avec nous-mêmes. La psychologie a jusqu'ici, selon Fouillée, trop souffert de l'intellectualisme. On n'a pas assez remarqué que les phénomènes psychologiques sont toujours des manifestations d'une impulsion ou d'une appétition qui sont accompagnées de plaisir ou de douleur, suivant qu'elles sont favorisées ou entravées. Peu importe que nous considérions les phénomènes du côté physiologique ou du côté psychologique. Quand nous posons ces deux côtés comme opposés, nous devons réfléchir que nous n'avons en eux, à proprement parler, que deux abstractions (« deux traits d'une réalité unique et totale »). Tout discernement, même le plus élémentaire, suppose déjà un choix, une préférence (« préférence, choix pratique rudimentaire »). Le discernement et la préférence reviennent au même dans les cas les plus simples ; tel est le cas où l'animal distingue le plaisir qu'il éprouve à manger et le sentiment douloureux de la faim. Seul est perçu sensiblement ce qui est important dans le combat pour l'existence, et c'est la volonté (au sens le plus large du mot) qui stimule la perception sensible et en conditionne les formes les plus différenciées. Ce qui est vrai de la perception sensible s'applique aussi à la reconnaissance et au souvenir. Nous reconnaissons et nous conservons dans notre mémoire avant toutes choses ce qui offre de l'intérêt pratique. Pas à pas l'intérêt s'accroît — concurremment avec l'expérience — et dépasse le momentané et l'immédiat. C'est ainsi que se sont formés même les principes logiques abstraits. Toute pensée ou toute idée caractérise une direction plus ou moins consciente de notre vie, qui est effort ou perception sensible. Ici se manifeste une grande continuité entre tous les processus psychiques. Tout état de conscience peut s'appeler idée, en tant que consistant dans un discernement, et force, en tant que consistant en une préférence.

L'éthique de Fouillée est étroitement liée à sa psychologie. Il fait ressortir notamment qu'il ne m'est pas possible de prendre conscience de moi-même sans avoir conscience des autres êtres : je conçois ces êtres par analogie avec moi-même, et moi-même par rapport à eux. Par cette relativité de notre conception, une solidarité et une tendance altruiste sont déjà données. Il m'est déjà impossible, du point de vue purement intellectuel, de faire de moi-même l'être unique. Les limites tracées à l'orgueil individuel fixent aussi des bornes à l'égoïsme pratique. Ici encore, nous avons une idée qui est à la fois une force, puisqu'elle ne fait qu'un avec une tendance involontaire qui — une fois devenue consciente — se présente à titre d'impératif. L'idéal consiste à s'éloigner du courant où se meut involontairement notre penchant, et (en raison de la liaison qui existe entre la relativité et la solidarité) il prend la forme de l'idée d'un règne de la liberté, de l'égalité et de la justice. — Fouillée n'a pas encore jusqu'ici développé cette façon de concevoir l'éthique, dans un traité bien enchaîné, encore qu'il l'ait posée en différents endroits de ses écrits. Elle sert de base à un travail surtout critique qui présente un grand intérêt pour l'histoire de la morale contemporaine (*Critique des systèmes de morale contemporains*, 1893).

Dans sa philosophie générale, Fouillée insiste surtout sur ceci : qu'il n'y a aucune raison d'expliquer l'existence uniquement d'après les phénomènes les plus élémentaires, ou suivant les points de vue les plus abstraits. C'est ce dont le matérialisme se rend coupable quand il ramène tout au mouvement. Le mouvement n'est que le point de vue sur la réalité, qui s'appuie sur les sensations visuelles et tactiles. L'idéalisme commet la même faute, quand il ramène tout à l'idée ; l'idée n'est pas moins une abstraction que le mouvement. Les sciences particulières sont généralement portées à faire de leurs points de vue l'unique expression de la réalité. Mais tout point de vue spécial n'a qu'un côté. Une philosophie doit concevoir la réalité comme un tout dans lequel les points de vue particuliers ont, chacun pour soi, leur justification et leur importance. Or comme l'existence psychique est la seule réalité immédiatement donnée que nous connaissions, on est fondé à interpréter l'existence, dans son ensemble, par analogie avec elle. Depuis Kant on a trop souvent conçu la pensée comme nous séparant de la réalité, au lieu de la concevoir comme une chose qui nous relie à la réalité et qui est elle-même une sorte de réalité. Mais la métaphysique a dû apprendre à se fonder sur la seule expérience immédiate que nous ayons. Cette expérience : on craint la douleur, est plus immédiate que celle-ci : un choc donne naissance au mouvement. — Fouillée a surtout développé ses idées métaphysiques dans *L'avenir de la métaphysique* (1889).

Toute métaphysique est hypothétique et se base sur l'analogie. Elle est une expansion très haute qui sort du besoin propre à la vie personnelle de se trouver en unité avec la vie universelle. Cette vie universelle, on la conçoit comme un grand tout, comme un ensemble de forces agissant en commun. Il n'y a donc pas que des analogies psychologiques, mais aussi des analogies sociologiques avec le fondement des idées métaphysiques. Le mot « Dieu » — qui est toujours plus ou moins l'expression d'une représentation empruntée aux rapports humains — désigne la raison la plus intime et le penchant le plus intime de l'universelle société des choses (*des Daseins*). Mais ici nous ne pouvons pas aller au delà d'un schéma hypothétique. La synthèse dernière que tente notre pensée ne peut nullement être conçue par nous d'une manière aussi positive qu'une liaison spéciale entre des phénomènes dont nous avons une connaissance précise et définitive. Nous n'avons pas besoin d'introduire, avec les Kantiens, de nouveaux dogmes au nom de la morale ; inversement les idées arrêtées ne sont pas des objets d'ironie ou de raillerie comme dans le dilettantisme de Renan. Dans le besoin même que nous avons d'agir suivant notre idéal, bien que la victoire en soit incertaine, il se cache un postulat idéaliste : « c'est une spéculation en pensée et en acte sur le sens du monde et de la vie ! » La formule de ce postulat en des propositions déterminées reste toujours hypothétique. Les systèmes métaphysiques se livrent entre eux un combat sans fin pour l'existence. Il s'agit de savoir quel est celui d'entre eux que favorisera le plus l'atmosphère scientifique dominante. Les possibilités d'une conception métaphysique deviendront toujours plus restreintes, à mesure que la connaissance progressera. La victoire restera à la conception qui fera voir son droit à l'analyse aussi bien qu'à la synthèse de la façon la plus complète. Mais le voile d'Isis ne sera jamais écarté, et il restera toujours une place ouverte à l'imagination et au symbolisme religieux. Ces dernières idées visent non seulement Renan, mais encore Albert Lange et un penseur, qui tient du reste à Fouillée d'assez près et dont nous aurons à parler plus tard, je veux dire Guyau.

3. — La philosophie de la discontinuité

Taine et Fouillée, de même que Wundt et Ardigò, sont nettement des philosophes de la continuité. Leurs efforts tendent à trouver la plus grande synthèse possible de l'expérience et à compléter l'expérience de telle sorte que le principe de continuité soit maintenu aussi loin que possible. A l'opposé des essais de ce genre se trouvent une série d'efforts, qui s'appuient d'une part sur des raisons empiriques, et d'autre part sur des raisons morales, pour revendiquer l'importance de la discontinuité. Les aspirations de ce genre sont caractéristiques du courant idéaliste qui s'est manifesté au début du xx° siècle, alors que l'idéalisme régnant au début du xix° siècle était essentiellement une philosophie de la continuité. Dans la littérature philosophique française, la philosophie du discontinu se manifeste d'une manière particulièrement intéressante et énergique. On peut distinguer trois motifs différents qui sont déterminants pour la philosophie de la discontinuité. L'expérience présente des diversités qualitatives que la spéculation et la théorie de l'évolution n'étaient pas parvenues à réduire. Le positivisme de Comte avait expressément reconnu l'abîme qui sépare les uns des autres les divers domaines de la nature. Pour Comte toute science nouvelle caractérisait un groupe spécial, irréductible de phénomènes. — De plus, même dans chaque groupe particulier de phénomènes, la loi de causalité ne peut trouver qu'une confirmation incomplète. C'est pour cette raison que l'on revient à Hume et que l'on oppose son empirisme aux essais faits par Kant et par l'évolutionisme pour en venir à bout. — Enfin on se reporte à la conscience de l'initiative, du pouvoir que l'on a d'introduire par la pensée et par les actes quelque chose de nouveau dans le monde, et l'on accentue avec force l'importance morale de ce pouvoir. — Chez les deux penseurs que nous allons étudier comme représentants de la philosophie du discontinu, ces trois motifs agissent l'ensemble d'une manière différente.

4. — Charles Renouvier

Charles Renouvier est le Nestor de la philosophie contemporaine. Il est né en 1818 et il est encore actuellement (1891) un écrivain actif[a]. Élève de l'École polytechnique, il y reçut sa culture scientifique, et il fut dans sa jeunesse un zélé Saint-Simonien et un ardent républicain. Il a toujours vécu dans la vie privée et il a pourtant exercé, par ses œuvres et par la revue qu'il publia pendant un certain temps, une influence assez considérable. Tous ses écrits nous montrent un penseur énergique et riche en connaissances, et d'un caractère sérieux; pourtant, comme bien d'autres philosophes français, c'est comme critique qu'il a sa force la plus grande. Au nom de la logique comme au nom de la morale, il part en guerre contre toute espèce de théorie de la continuité, qu'elle repose sur une mystique théologique, sur une spéculation métaphysique ou sur des hypothèses scientifiques. Son activité de critique et de penseur commença bien avant l'époque qui fait l'objet du présent livre. Mon histoire de la philosophie moderne, comme je l'ai déjà fait remarquer, contient ici une lacune pour ce qui regarde la France contemporaine, lacune que je ne me vois pas encore en état de combler. Je passe ici sur ses ouvrages antérieurs (dont les plus importants sont les *Essais de critique générale*, 1854-1869), et je m'arrête seulement à ses écrits du dernier quart de siècle. Pour s'orienter sur son point de vue, il est important d'étudier les ouvrages suivants : *Classification systématique des doctrines philosophiques* (1885), *La nouvelle Monadologie* (1901) et *Les dilemmes de la métaphysique* (1901)[26]; outre ces livres il y a plusieurs articles importants dans *L'année philosophique*, éditée par Pillon, collaborateur et ami de Renouvier.

Renouvier a lui-même exposé la marche de son évolution, en insistant beaucoup sur ce fait, que tout système — en tant qu'œuvre d'un homme qui vit et pense dans des conditions intérieures et extérieures déterminées — est conditionné par des facteurs personnels qui ont de l'influence sur le point de vue qu'on choisit (voir l'article : *Comment je suis arrivé à cette conclusion* dans la seconde partie de son grand ouvrage sur la classification des systèmes philosophiques).

Dans sa jeunesse, ainsi que je l'ai déjà dit, il y eut une période où il était ardent socialiste de l'école de Saint-Simon, et en même temps ses études mathématiques le conduisirent à s'occuper du concept de l'infini. Ces deux voies le menèrent à une philosophie de la continuité : comme socialiste il insistait sur la solidarité aux dépens de l'individualité, et comme penseur il faisait disparaître toutes les diversités finies par des transitions infinies et par des processus incessamment continués. Mais sur ces deux points s'élevèrent en lui des doutes que vint nourrir l'étude passionnée de Descartes et de Kant. Il s'aperçut alors que tout essai pour construire un système susceptible de s'appliquer à l'ensemble de l'existence finit en des contradictions. En particulier la théorie des antinomies de Kant agit fortement sur lui, bien qu'il lui fût impossible de partager l'opinion de Kant, que ni les antithèses ni les thèses ne peuvent être réfutées ; suivant lui les thèses qui affirment le caractère fini du monde auraient raison contre les antithèses qui en affirment l'infinité. Les contradictions, dans lesquelles la spéculation finit par se prendre, s'attachent non seulement aux tentatives purement philosophiques, mais encore à toute tentative théologique de concilier l'immuabilité de Dieu avec son activité créatrice, son infinité et sa prescience avec la liberté de l'homme. La pensée de Renouvier s'appuie non seulement sur un intérêt théorique, mais encore sur l'ambition de frayer le chemin à une réforme rationnelle des représentations religieuses. Petit à petit Renouvier fut conduit à une forme particulière de philosophie critique à laquelle en France on a donné le nom de néocriticisme et que je vais maintenant caractériser dans ses traits essentiels.

Les premiers principes de notre conception philosophique sont déterminés, selon Renouvier, par un choix entre les contradictions, devant lesquelles la pensée nous place. — Il faut donc choisir entre l'infini et le fini. Le concept de l'infini contient une contradiction, quand on comprend sous ce concept plus et autre chose que la possibilité où est la pensée d'aller toujours plus loin (par exemple, en ajoutant continuellement de nouvelles parties à l'image qu'a de l'espace mon imagination). En tant que réellement donné, le monde doit être fini, quoique notre expérience ne soit pas capable de l'embrasser. Les thèses de Kant ont raison contre ses antithèses. Ce choix introduit déjà une interruption dans la continuité ; car avec le concept de l'infini s'écroule aussi la possibilité de transitions infiniment nombreuses entre les phénomènes. Il suit de là encore que la loi de causalité ne peut avoir qu'une valeur restreinte. Renouvier se rattache ici à Hume et il affirme comme lui le caractère indémontrable de la loi de causalité. Il y a des commencements nouveaux susceptibles d'entrer en scène, des causes qui ne sont pas des effets. Et ceci est très important pour la morale, puisque ainsi est rendue possible la liberté de la volonté. La philosophie ne peut donc pas être une construction ; elle peut seulement nous enseigner ce qui se produit avant et après les commencements purs et quelle est la manière d'employer comme il faut la liberté. La liberté elle-même est une vérité première dans le monde de la connaissance ; elle est un postulat dont le déterministe même fait usage à proprement parler, quand, en vertu d'un choix, il prend la nécessité pour premier principe, — il y a seulement cette différence entre lui et le philosophe de la liberté qu'en agissant ainsi il s'embarrasse dans une contradiction, tandis que le second l'évite [27]. — Renouvier incline ainsi vers une théorie de la connaissance nettement volontariste (ou « arbitraire »), — non seulement parce qu'il laisse libre le choix des principes, mais encore parce que le principe choisi par lui est celui de la liberté, de la discontinuité. Les contradictions et les difficultés auxquelles Renouvier se heurte ou qu'il rencontre dans l'histoire de la pensée ne sont pas pour lui un motif de renoncer à la pensée, non plus que de jouer avec les idées, mais elles le portent au contraire à rester fermement attaché par un acte de volonté à l'opinion qui lui paraît vraie, aussi bien logiquement que pratiquement. Il est nettement l'antipode de Renan. Sa guerre à la continuité, Renouvier ne la fait pas seulement par rapport à l'évolution de l'individu, mais aussi relativement à l'évolution du genre. Il n'y a pas, soutient-il, de loi historique absolument générale, mais de nombreuses lois qui s'appliquent chacune à une phase de l'histoire, chaque phase particulière étant inaugurée par un commencement nouveau, par un acte de liberté qui aurait pu avoir une tournure autre que celle qu'il a eue. Renouvier voit dans l'apparition des grands hommes des commencements nouveaux de ce genre et il combat la manière de voir qui regarde la formation de telles personnalités comme le produit d'une lente évolution de longue durée, car de cette manière leur pouvoir créateur deviendrait incompréhensible. Il aperçoit un grand danger dans la méthode historique qui regarde tout ce qui arrive en fait comme étant l'unique possible ; il faudrait alors considérer tout comme portant en soi sa justification. Il combat le romantisme qui a surtout contribué à introduire cette conception historique laquelle, sans avoir égard aux possibilités d'une évolution de sens tout à fait différent que nous trouvons à chaque point, réhabiliterait tout le passé. Dans son écrit intitulé *Uchronie*, L'Utopie dans l'histoire (1901), il cherchait à montrer que la civilisation antique n'aurait nullement eu besoin d'être ruinée de fond en comble pour être dégagée de la superstition et de la barbarie, et il esquissait le tableau d'une réformation de l'empire romain et de la religion antique, qui serait dans les bornes du possible et qui nous aurait épargné le moyen âge. Par cette « histoire de la civilisation européenne, telle qu'elle n'a pas été, mais telle qu'elle aurait pu être », Renouvier veut fortifier la conscience de la liberté et la responsabilité, et s'opposer aux tendances réactionnaires qui s'appuient sur le culte de l'histoire.

Par sa critique du concept de l'infini et du principe de la continuité, Renouvier remarqua l'importance de la loi de la relation ou du principe de la relativité. Le concept de la relation devint alors pour lui le fondement de notre connaissance, le concept primordial qui se fait jour dans toutes les catégories, avec lesquelles travaille la connaissance. Ici il est d'accord avec William Hamilton qui le premier avait montré ce fait. Nous n'arrivons à toute connaissance que par l'intermédiaire des relations où sont les choses, et tout objet que nous connaissons nous apparaît aussi, par suite, comme un système de rapports. Le principe de la relativité est une méthode (la méthode des relations) qui résulte de la nature même de notre conscience. La conscience même est une relation, mais elle se distingue de toutes les autres relations en ce qu'elle est une relation entre mon moi sujet et mon moi objet (relation de soi à soi), par suite une relation entre des membres identiques. Elle est ainsi le fondement de toutes les autres relations, qui ne deviennent claires qu'à la condition d'être ramenées à cette relation fondamentale. De la loi de la relation il suit que toute connaissance ne porte que sur des phénomènes, tout ce que nous pouvons connaître devant être représenté à la conscience et déterminé par ses lois. Nous connaissons les choses seulement à titre d'objets de la représentation. Si l'on veut dépasser les phénomènes, ce ne peut être qu'au moyen de postulats religieux. Mais les postulats, eux non plus, ne peuvent pas être mis au-dessus de la loi de la relation ; Dieu ne peut pas plus être infini que le monde. Mais au moyen du postulat nous dépassons pourtant le monde de l'expérience. — Dans sa jeunesse, Renouvier était porté à faire passer son républicanisme dans la théologie, et il pensait alors que le pluralisme (sous la forme religieuse du polythéisme) est une conséquence du relativisme. Plus tard il trouva cependant tant de cohésion dans le monde, que le monothéisme lui parut nécessaire, bien qu'il ne pût pas tenir Dieu pour un être infini. Il suit naturellement de la loi de la relation — tel était alors son avis — que l'on doit aboutir à une cause première, par suite, à une création, qui est le point où la pensée s'arrête (le point d'arrêt de la pensée). Sans quoi nous tomberions dans un processus sans fin qui ne nous donnerait aucune solution des énigmes. Renouvier est d'avis que beaucoup de penseurs confondent « le reculement indéfini des problèmes » avec leur solution réelle. Mais bien que de cette manière on aboutisse à une représentation d'une cause du monde qui est elle-même finie, — puisqu'on n'a atteint que le point où la pensée s'arrête définitivement — les recherches les plus subtiles sur l'origine de cette cause du monde demeureront sans résultat.

Le dernier choix, qui détermine les résultats de notre connaissance, a lieu entre les concepts de « chose » et de « personne », entre une conception du monde qui subordonne le personnel et le subjectif à l'impersonnel et à l'objectif, et une conception du monde qui conçoit tout par analogie avec le personnel. Il a fallu à la pensée humaine un long et grand travail pour arriver à cette manière de voir objective mise à la place des personnifications chaotiques des mythologies. Il a fallu mener à bonne fin l'idée de l'enchaînement régulier, objectif, qui constitue le postulat et l'objet du travail de l'être personnel. Mais le concept de l'objet (de la chose, de la nature, de la substance, de l' « idée ») arrive alors facilement à dominer tellement la pensée qu'elle en oublie que ce qui est réel n'est donné comme phénomène qu'en qualité de *son* objet, et qu'elle ne s'aperçoit pas que l'on n'arrive à concevoir intelligiblement le monde qu'en faisant reposer sur nos expériences immédiates l'interprétation de l'enchaînement objectif. Par ces deux voies — la démonstration par la théorie de la connaissance de la priorité logique du sujet et l'interprétation métaphysique de la nature appuyée sur l'analogie — Renouvier arrive à une théorie des monades qu'il expose pour la première fois dans son ouvrage intitulé : *La Nouvelle Monadologie* (1901)[1]. Sa conviction est que, après s'être assuré, par une science sévère et méthodique, l'intelligence scientifique de l'enchaînement qu'il y a dans la nature, le temps est venu d'appliquer d'une façon nouvelle le concept de la personnalité à la conception du monde et que cette application peut se faire actuellement avec une plus grande critique et une conscience plus claire que dans les fantaisies mythologiques et les spéculations théologiques. Il s'appuie ici principalement sur le concept de la volonté. D'accord avec Hume sur ce point que la valeur objective du rapport de causalité ne saurait être démontrée, de sorte qu'il nous faut nous contenter d'indiquer sur le plus grand nombre de points possibles dans la nature une série invariable, il se sépare de lui par cette affirmation que le concept causal est inséparablement lié à la nature de notre conscience comme une des catégo... avec lesquelles cette conscience doit travailler conf..iné... en... s.. essence. Il se sépare encore plus de Hume par ... theorie qui donne en définitive notre vouloir pour fond... dans no... conscience au concept de causalité. Nulle rela...... entre cause et effet n'est pour nous pénétrable, si nous ne ... ns pas l'interpréter comme quelque chose d'analogu... ... tivité volontaire. Le concept de la volonté nous rend compréhensible le concept de la force, mais ne peut pas se ramener lui-même, pour être défini, à quelque chose de plus primitif encore. C'est à ce concept que doit s'arrêter la pensée — en vertu de la loi de relativité.

Partant de là, il semble aisé à Renouvier de concevoir comment prend naissance la vie psychique et comment le mo.. de se développe. Les germes de la vie psychique — d'après la Monadologie — doivent avoir été présents dès le début, de sorte qu'il n'ait pas fallu autre chose que des conditions favorables à leur développement. Pour expliquer l'origine du mal, il croit à une désharmonie survenue de très bonne heure, à une espèce de péché originel dans le monde des monades, auquel la divinité, qui est elle-même limitée et s'est limitée, n'aurait pas pu mettre obstacle. Dans ses représentations théologiques, il insiste surtout sur la nécessité de concevoir la divinité par analogie avec l'homme, par conséquent comme finie et limitée. C'est la seule manière qui permette de s'attacher à une conception morale du monde, tandis que la théorie de l'infinité confond tous les contraires, même les contraires moraux.

Alors que plusieurs penseurs (Bruno, Bœhme, Spinoza), se réfugièrent dans l'idée de l'infini et l'embrassèrent avec enthousiasme, devant l'accroissement de la conception du monde que provoqua la théorie copernicienne, Renouvier recommande expressément, si l'on veut rester attaché au sens inconditionné des idées morales, de prendre l'homme comme centre de l'univers, ainsi que l'ont fait Aristote et la Bible : « l'anthropocentrisme est le point de vue moral de l'univers ». Le monde extérieur est placé bien au-dessus de nous en grandeur et en force physique. Mais peut-être notre terre posséderait-elle pourtant, au point de vue spirituel, par rapport au reste du monde, quelque chose de bien plus important, et, s'il s'agissait de puissance spirituelle, ce serait nous qui, par notre « supériorité d'agents intelligents », pourrions écraser l'univers, plutôt que l'inverse. La perfection consiste toujours en une limitation, et ce n'est donc jamais qu'une chimère que de s'éloigner de la vraie grandeur pour se perdre dans l'illimité du monde matériel. — Cette allusion à un passage bien connu de Pascal est caractéristique du point de vue de Renouvier et apparaît chez lui indéniablement liée à plus d'esprit de suite que la phrase correspondante chez Pascal. C'est en général un trait caractéristique de Renouvier que, même là où il procède plus en mythologiste ou en théologien qu'en philosophe, il établit ses intuitions avec une logique rigoureuse et ne s'embarque dans aucune comparaison. En même temps, il a clairement conscience qu'il se meut dans le domaine des suppositions et des hypothèses hardies. « Je ne dogmatise pas, » dit-il, « je cherche au contraire à comprendre. Ce à quoi je vise réellement avec mes suppositions hardies, c'est à éclairer les possibilités sublimes... Quand il s'agit de découvrir des vérités qui dépassent l'expérience, ou mieux, qui doivent expliquer l'expérience même, l'hypothèse est, sans autre contrôle que celui de la logique et de la morale, l'unique issue du philosophe. S'il reste d'accord avec les lois de la raison pure, il a le droit de soutenir la vraisemblance des principes portant sur l'origine et sur la nature de notre monde, qui s'accordent avec la loi de son entendement et avec son sentiment de la vie. »

Il ne me reste plus à faire qu'une remarque critique particulière, mais sans aucun doute très forte, avant de quitter le patriarche de la philosophie actuelle. Il fait reposer l'hypothèse d'une cause première, et par conséquent toute sa philosophie religieuse particulière, sur la « loi de la relativité ». Cette loi, d'après lui, exige que nous mettions une limite à la régression continuelle de l'effet à la cause. Mais le membre auquel nous nous arrêtons devra marquer alors une limite de la loi de la relativité. Ce membre doit, sans doute, être en relation avec celui qui en est dérivé, mais il ne doit pas d'autre part être dérivé d'un autre, ce qui est cependant le cas de tous les membres antérieurs de la série. La loi de la relativité est donc supprimée quand nous sommes remontés jusqu'au premier membre. Ceci renferme une contradiction manifeste pour qui conçoit, comme le fait Renouvier, la loi de la relativité comme une loi nécessaire à notre pensée, profondément ancrée dans la nature même de notre conscience. La loi de la relativité exige qu'en chaque point nous disposions en série membre à membre, et, quand nous cessons de le faire, nous cessons aussi de comprendre. A ce titre, la loi de la relativité nous conduit à une théorie de l'infini, puisque nous ne pouvons juger en aucun point quelconque que nous ayons atteint un point de départ absolu. Renouvier a raison de dire que renvoyer à un processus infini ne nous fournit aucune explication. Mais la chose est telle que nous trouvant en présence d'une série qui peut se continuer indéfiniment en vertu de sa loi, nous ne pouvons arriver à comprendre que ce qui est compris dans la loi même [29]. On trouve ici chez Renouvier une tendance mystique qui prend la haute main sur son criticisme. Au lieu de se plonger dans la liaison interne des phénomènes, il faut se reposer dans un commencement premier, et le seul choix qu'il nous propose alors est celui-ci : Voulez-vous voir en ce premier commencement une « chose » ou une « personne » ? En vertu même de la loi de la relativité, la philosophie critique doit rejeter loin d'elle ce dilemme. La philosophie de la continuité, surtout quand on accentue le besoin de compréhension, conservera toujours un avantage sur la philosophie de la discontinuité.

5. — Émile Boutroux

Tandis que Renouvier travaille avec des postulats bien acérés, et proclame avec énergie les grandes interruptions de la continuité, Émile Boutroux (né en 1845, professeur à la Sorbonne) cherche plutôt une manière purement théorique de fonder la philosophie du discontinu, et fait porter son attention particulièrement sur les petites différences. Dans la façon de philosopher de Boutroux on sent la continuation d'un courant qui, pendant une période antérieure de la philosophie française, eut Maine de Biran pour représentant (j'en ai parlé dans le second volume de mon Histoire de la Philosophie moderne).

Dans deux petits livres importants (*De la contingence des lois de la nature*, 1875, et *De l'idée de la loi naturelle dans la science et dans la philosophie contemporaine*, 1895), Boutroux examine la loi de causalité sous les diverses formes où les sciences différentes sont capables de l'appliquer. Il excelle surtout à faire voir combien nous sommes encore loin de sa parfaite exécution, quand elle est conçue sous la forme rigoureuse où l'applique la conception mécanique de la nature. Nous nous trouvons en face de rapports de discontinuité surtout au passage d'un domaine empirique dans un autre, par exemple au passage de la logique et de la mathématique à la mécanique, de la mécanique à la physique, et ainsi de suite en passant par la chimie, la physiologie, la psychologie et la sociologie. Les lois fondamentales des sciences les plus concrètes ne peuvent pas se ramener aux lois fondamentales des sciences les plus abstraites ; tout nouveau domaine empirique réclame de nouveaux principes et des principes spéciaux, que ne contiennent pas ceux du domaine précédent. Boutroux se trouve ainsi étonnamment d'accord avec Comte qui accentuait fortement la discontinuité des principes au passage d'une science dans une autre, et qui mettait très nettement en garde contre la tentation de dériver de ceux d'une science plus abstraite les principes d'une science plus concrète. Boutroux lui-même a remarqué plus tard combien il est ici d'accord en un certain sens avec le fondateur du positivisme. Dans une étude pleine de finesse sur Comte, qui servit d'introduction à une discussion de la Société française de philosophie, il fit en outre principalement ressortir les éléments de la philosophie de Comte qui semblent dépasser le point de vue strictement empirique que ce philosophe s'efforçait de soutenir (*Bulletin de la Société française de philosophie*. 27 novembre 1902).

Une chose est particulière, selon Boutroux, aux sciences concrètes c'est de se rapporter à des totalités que l'on conçoit comme composées d'éléments, sans que pourtant, entre une totalité de ce genre et les éléments qu'on regarde comme ses parties composantes, on puisse indiquer un rapport d'équivalence. Il n'y a, par exemple, aucun rapport d'équivalence entre un homme considéré comme totalité et les éléments que l'on peut montrer dans son organisme. C'est pour cela que nous sommes toujours renvoyés ici à l'expérience ; seule elle est capable de nous apprendre quelles totalités prennent naissance sous l'action et la réaction des éléments. Il est donc ainsi manifeste que la loi de causalité est une loi abstraite qui n'épuise pas toute la réalité concrète. Au cours de l'évolution effective entrent en jeu des variations qu'on ne saurait prévoir et qui, à ce titre, sont contingentes (« variations contingentes »). L'histoire des choses contient pour nous la clef de leur essence, mais elle ne se laisse pas tirer de leur nature. A mesure que nous allons des sciences abstraites aux sciences concrètes, le point de vue dynamique l'emporte sur le statique et les qualités règnent à la place des quantités. Les lois naturelles ne nous fournissent que des relations constantes, sous lesquelles se placent les variations, les habitudes, peut-on dire, que les choses révèlent. La variation est le principe, la permanence n'est qu'un résultat. La constante de la nature, ce qu'on nomme lois naturelles, c'est le lit où se déroule le torrent des événements, lit que ce torrent lui-même a creusé, bien que ce soit lui qui en ce moment, en détermine le cours. Si des variations plus profondes se produisaient dans les choses elles-mêmes, ce lit pourrait changer de forme et de direction ; même les relations objectives et logiques subiraient alors des variations.

Quand les variations par lesquelles passe l'évolution pour aller des formes élémentaires aux formes supérieures d'existence ne se laissent pas ramener à un rapport d'équivalence relativement aux états précédents, alors et dans cette mesure s'ouvre le règne du hasard. Mais le hasard peut être interprété comme l'indice extérieur, empirique de la liberté. La liberté elle-même ne se laisse pas éprouver d'une manière immédiate, mais elle se manifeste dans la conduite humaine toutes les fois qu'une habitude est surmontée. Dans le domaine psychologique, les lois ne se rapportent qu'à ce que l'âme laisse à l'habitude le soin d'exécuter. Comme partout dans la nature, l'habitude a ici cette importance qu'en rendant mécaniques les fonctions les plus nécessaires, elle peut rendre disponible de la force pour un nouveau travail.

Boutroux regarde donc le libre développement par des formations nouvelles comme ce qu'il y a de vraiment agissant et efficace dans l'existence, comme l'existence proprement dite. Les formes et les lois constantes ne sont que ce qu'on appelle des résultats. S'il avait connu, quand il composa ses petits ouvrages pleins de finesse, la « Théorie des mutations » de Hugo de Vries, il aurait pu l'employer au profit de sa façon de voir, car cette théorie admet des variations sous forme de bonds et l'apparition de types nouveaux. Il sympathise manifestement avec la théorie de Lamarck qui, lui aussi, croit à une tendance et à un penchant interne des êtres vivants, qui les pousse à s'accommoder aux circonstances et à développer ainsi des formes fixes.

Mais dans son écrit « de l'Idée de loi naturelle dans la science contemporaine », Boutroux fait ressortir encore un autre point de vue pour la constante de la nature. Du point de vue de la théorie de la connaissance, ce que nous appelons les lois de la nature, c'est l'ensemble des méthodes que nous avons trouvées pour assimiler les choses à notre intelligence et les plier à l'accomplissement de nos volontés. Et ce qui est vrai de cette manière de l'idée de loi naturelle est vrai aussi de toutes les idées que nous formons pour comprendre les choses, et spécialement des distinctions que nous faisons pour arriver à voir plus clairement. Quand, par suite, nous distinguons si rigoureusement entre la pensée et le mouvement, et quand nous croyons peut-être que ces deux domaines sont séparés par un abîme, nous n'avons pas le droit d'attribuer à cette distinction une valeur absolue. Nos idées et nos distinctions d'idées expriment notre manière de considérer les choses plutôt que la manière d'être des choses mêmes. — Boutroux se rapproche par ces remarques de la théorie économique de la connaissance que nous rencontrerons dans la section suivante. S'il était allé jusqu'au bout de la méthode théorétique à laquelle je viens de faire allusion, il serait peut-être arrivé à cette conviction que le « hasard », qu'il interprète comme l'expression de la « liberté », ne désigne à vrai dire qu'une limitation négative de la recherche, limitation qui n'est peut-être pas définitive, mais qui impose de nouvelles tâches. La philosophie du discontinu devient dogmatique quand elle regarde comme absolus les divergences ou les écarts brusques devant lesquels nous nous arrêtons provisoirement. La manière dont se produisent les nouvelles variations doit toujours rester un problème. Si elles paraissent à notre perception se produire soudainement, elles ont cela de commun avec beaucoup d'événements, — en y regardant de plus près, peut-être même avec tous les événements du monde.

DEUXIÈME GROUPE

COURANT BIOLOGIQUE DANS LA THÉORIE DE LA CONNAISSANCE

Des réflexions rentrant dans l'ordre de la théorie de la connaissance n'étaient nullement étrangères au groupe de penseurs dont nous venons de nous occuper. Ce dont il s'agissait chez eux en définitive, c'était bien de savoir jusqu'à quel point l'un quelconque des points de vue spéciaux que les sciences particulières appliquent chacune dans son domaine est apte à fournir le principe d'une conception du monde cohérente et provisoirement bien arrêtée. Mais les difficultés que rencontre la réponse à cette question devaient tout naturellement susciter le besoin d'examiner de nouveau les points de vue et les principes scientifiques, leur origine et les conditions de leur validité. Le caractère de la contribution que les sciences naturelles peuvent fournir pour une conception générale du monde, fut soumis — principalement dans le cercle des savants même — à une discussion nouvelle ; on avait été disposé à regarder comme une vérité suprême plutôt que comme une hypothèse, la conception dite mécanique de la nature, fondée par Galilée et par Descartes, qui ramenait tout à la pesanteur, au choc et à l'attraction. Voici qu'à présent se montraient de nouveaux phénomènes (notamment dans le champ de la théorie électromagnétique de la lumière), dont l'explication était liée à des difficultés dans la conception mécanique de la nature, et l'on s'était du reste aperçu que, du fait qu'elle est confirmée par l'expérience, une théorie ne doit pourtant pas se considérer comme absolument exacte, tant que n'est pas exclue la possibilité d'une autre théorie dont les conséquences peuvent également recevoir la confirmation de l'expérience.

C'est dans ce sens qu'agit l'importance attribuée à l'évolution, à l'extension continuelle des limites de l'expérience et à une modification possible de la structure interne de notre esprit. Le dynamique prend ainsi la haute main sur le statique et notre théorie de la connaissance ne pourra plus avoir de valeur que pour un certain stade de l'évolution.

Quand enfin l'élément volontaire est si fortement accentué, surtout dans la position même des principes, on est porté à examiner la question de savoir quel est le but que nous nous proposons, à proprement parler, dans notre connaissance, et quels sont les moyens dont nous disposons pour nous en approcher.

Par ces voies différentes, nous sommes conduits à un groupe de penseurs, que nous désignons sous le nom de groupe biologique dans la théorie de la connaissance. Dans ce groupe je fais entrer d'abord quelques savants célèbres qui, d'une part, par leurs recherches spéciales et, d'autre part, par l'étude de l'histoire de leur science, ont été amenés à réfléchir sur les postulats de la connaissance, et ensuite un philosophe qui a fait une étude plus développée de la naissance et de la disparition des problèmes dans le cours de la vie et de l'évolution.

I. — LES SAVANTS PHILOSOPHES

1. — James Clerk Maxwell

Le physicien distingué James Clerk Maxwell (né en 1831, à Édimbourg, mort en 1879, professeur de physique à Cambridge), célèbre surtout pour avoir développé sous une forme mathématique la théorie électro-magnétique de la lumière, est important pour l'histoire de la philosophie à cause de l'intérêt qu'il apporta à bien se rendre compte des premiers principes de sa science. William Hamilton, dont il suivit les cours, étant étudiant à Édimbourg, fit naître en lui le goût de la philosophie ; Maxwell reçut ici (au dire de ses biographes), une impulsion qui ne cessa jamais d'agir sur lui. Hamilton se sentit également de son côté attiré par le jeune étudiant à l'esprit pénétrant et très avide de science. La conception que se fit Maxwell de l'essence et de l'importance de la pensée, même quand plus tard il eut pu la fonder sur une recherche personnelle et très pénétrante, rappelle encore par des points décisifs la philosophie d'Hamilton. — Les travaux de Maxwell que nous prendrons surtout en considération, se trouvent dans le tome II de ses *Scientific Papers* (Papiers scientifiques), que l'on a rassemblés et publiés après sa mort.

On a soutenu, dit Maxwell, que la spéculation métaphysique n'appartient qu'au passé et que la physique l'a démolie. Il ne faut pas craindre pourtant que la discussion des idées fondamentales de l'existence n'ait plus de place à notre époque. L'exercice du pouvoir spéculatif reste pour tout esprit hardi aussi attrayant qu'il l'était au temps de Thalès ! — Mais il s'agit de développer des idées avec lesquelles nous puissions travailler. Les progrès des sciences exactes reposent sur la découverte et le développement de représentations appropriées (*appropriate*) et précises, qui nous mettent en état de donner une *représentation* (*representation*) mentale des faits, — représentation qui est d'une part assez générale pour être à même de représenter chaque cas en particulier, et d'autre part assez précise pour servir de base à des raisonnements mathématiques. C'est la voie que l'on a suivie d'Euclide à Faraday.

Si l'on demande comment nous vient dès le début l'idée de poser un principe et de l'appliquer dans un domaine déterminé, Maxwell renvoie à l'importance de l'analogie pour la science. Par *analogie physique* on entend la ressemblance partielle des lois de deux domaines de l'expérience, analogie qui nous permet d'éclairer un domaine au moyen d'un autre. C'est ainsi que toute l'application des mathématiques à la science repose sur l'analogie des grandeurs physiques aux lois des nombres, et que les sciences exactes tendent tous leurs efforts à ramener les problèmes de la nature à une détermination de grandeurs par des opérations numériques[30]. Ce qu'on appelle la conception mécanique de la nature est du même genre. Elle s'appuie sur une analogie des lois concernant les variations qualitatives qui surviennent dans la nature avec les lois du mouvement. Il lui devient ainsi possible de décrire les variations des corps, comme si elles ne consistaient qu'en des mouvements de parties très petites. Une description d'un phénomène qui permet de considérer ce phénomène comme l'exemple d'un principe qui se laisse encore appliquer à d'autres phénomènes, est une explication, et l'expérience nous montre que toute explication de ce genre est accompagnée d'une satisfaction particulière de l'esprit. Pourvu que l'analogie soit valable, on n'a pas besoin de se faire des représentations déterminées de la nature de ces très petites parties; il n'est même pas nécessaire de leur attribuer de l'étendue, une forme, de la dureté ou de la mollesse. Ce qu'il faut demander aux parties ultimes de la matière, c'est la constance et la régularité seules de leurs mouvements. La constance et la continuité du mouvement, tels sont les fondements de l'idée de matière.

Sur ce dernier point, Maxwell donne son adhésion à des idées qu'avaient déjà mises en valeur Faraday et W. Thomson (Lord Kelvin)[31]. *Ce n'est que par le mouvement*, affirme-t-il *qu'on comprend le repos et l'équilibre;* c'est pour cela que la cinématique (la théorie du mouvement, abstraction faite de ce qui se meut) doit venir avant la statique (la théorie des rapports d'équilibre). La cinématique se distingue de la géométrie par cela seulement que le temps y est introduit expressément comme quantité mesurable. Cependant la géométrie, dans son rapport à la théorie du mouvement, est vraiment dérivée ou encore est une partie de cette théorie; car la géométrie n'étudie vraiment que le processus au moyen duquel des figures sont créées dans l'espace. Une ligne n'est pas dès l'abord un trait sur le tableau qui puisse être appelé aussi bien B A que A B, elle est au contraire la voie d'un mouvement de A vers B. La représentation du mouvement sert de base à la représentation de la forme. Qu'il en est ainsi, c'est ce que nous montre également la théorie psychologique de l'attention : à chaque moment l'attention est limitée à une représentation singulière, indivise, mais elle s'avance à travers une série continuelle de représentations. On s'attache trop d'ordinaire aux signes et aux figures toutes faites et on néglige le processus génétique de la perception sensible et de la pensée.

Les principes de la connaissance sortent donc de l'analogie et sont appliqués à un changement avant de l'être à un repos. Un troisième point a déjà été indiqué : la vérité des principes consiste en leur validité, leur validité repose à son tour sur leur *utilité pratique*, leur faculté de mettre la recherche en mouvement. L'importance d'un principe consiste en ce qu'il nous pousse à poser des questions tout à fait précises. Ainsi l'importance du principe de l'énergie consiste en ce que tous les phénomènes physiques peuvent être considérés comme des exemples de la transformation de l'énergie, de sorte que l'on peut, à propos de tout nouveau phénomène, se demander : quelle transformation de l'énergie s'opère ici ? D'où vient-elle et à quoi tend-elle ? A quelles conditions est soumis cet échange ? Ainsi l'hypothèse de l'action à distance, quand même elle serait inexacte — comme le croit Maxwell lui-même —, a eu la grande importance scientifique, de faire étudier avec soin, pour répondre à cette question : « comment les corps peuvent-ils agir de loin les uns sur les autres ? » les propriétés du milieu qui s'interpose entre eux. — Il faut penser ici à une loi de William

Hamilton : qu'une erreur vivante vaut mieux qu'une vérité morte. — Maxwell applique cette vue même à la théorie atomique, postulat de la conception mécanique de la nature. Après avoir démontré qu'aucune des causes, que nous appelons naturelles, n'est en mesure d'expliquer l'existence des atomes, ou spécialement leur homogénéité, il s'exprime ainsi : « Serait-il donc vrai que nos spéculations scientifiques soient parvenues dès maintenant à pénétrer au-dessous de la scène apparente des choses, où se jouent les fluctuations de la naissance et de la mort, et que nous soyons à l'entrée du monde de l'ordre et de la perfection, qui est tel aujourd'hui qu'il a été créé, parfait en nombre, en mesure et en poids ? Nous nous trompons peut-être. Nul n'a encore ni vu, ni senti un atome, et notre hypothèse atomique sera peut-être remplacée par une théorie nouvelle de la constitution de la matière. Pourtant la représentation d'innombrables choses particulières, qui sont homogènes et invariables, n'est pas née dans la conscience humaine sans porter un fruit. » Donc, même si la théorie des atomes n'est pas « exacte », elle peut néanmoins avoir fort bien été utile très longtemps. C'est d'une façon analogue que Maxwell parle du raisonnement qui consiste à dire : puisqu'il y a continuellement une dispersion de l'énergie physique, il faut qu'il y ait eu un état primitif qui ne p... av.. pris naissance d'une manière naturelle. Je ne dis pas, remarque-t-il, que cette hypothèse est le dernier mot de la science ; — du reste, énergie éparse ne signifie pas autre chose que de l'énergie pour laquelle nous ne pouvons pas concevoir une application. Il en est ici, ajoute-t-il, comme quand nous parlons de perturbations (*disturbations*) qui empêchent une loi de la nature de se faire jour clairement : ce sont là en réalité des circonstances que nous ne connaissons pas, ou que nous avons négligées, ou que nous devons réserver jusqu'à plus ample observation ; « perturbation » signifie imagination, et non un fait naturel ; dans les actions de la nature, il n'y a aucune perturbation. — On croirait entendre parler Spinoza.

Il y a pourtant d'autres endroits où Maxwell n'est ni aussi méthodique, ni aussi conséquent. Comme chez un grand nombre de savants, les représentations théologiques se tiennent aussi chez lui parfois aux aguets, de manière à se faire voir quand il croit être à une limite absolue, ou plutôt peut-être à l'induire à croire qu'il se trouve à une limite de ce genre. De même que Descartes dérivait de la volonté de Dieu les lois suprêmes de la nature, — de même que Newton déclarait que l'enchaînement du système solaire ne peut avoir une origine naturelle, — et de même qu'une affirmation identique était portée par Linné et Cuvier en ce qui concerne les types organiques, et dans ces derniers temps par Lord Kelvin pour ce qui regarde la naissance de la vie[31], de même Maxwell professe en quelques endroits (qui ne peuvent pas s'accorder avec le passage cité plus haut) que les atomes homogènes et invariables, ayant toutes les marques d'un objet fabriqué, devraient être créés; nous sommes donc ici ajoute-t-il, à la limite de toute la science, car la science ne peut pas discuter la création *ex nihilo*. La naissance d'un atome est un événement qui ne peut trouver place dans l'ordre naturel où nous vivons en ce moment. Mais il faut qu'ait eu lieu un événement de ce genre, car il serait absurde de tenir pour existants de toute éternité des éléments homogènes. En quoi consisterait exactement l'absurdité, Maxwell ne le dit pas, et sa théorie atomique a manifestement ici un caractère plus dogmatique qu'en d'autres passages qui s'accordent mieux avec l'énergie intellectuelle de ce fin penseur.

Il y a un autre point où Maxwell trouve aussi une limite à la science.

Bien que pendant longtemps, dit-il, on ait tenu l'âme pour immatérielle, on se basait pourtant jusqu'en ces derniers temps sur ce postulat que sans doute il n'est pas possible, d'une manière atomique ou chimique (par dissection ou par pesée), de découvrir l'âme dans une étude du cerveau, mais qu'on trouverait cependant, si l'on remontait assez loin, un mouvement matériel qui n'aurait pas de cause matérielle, et qui serait effectué directement par l'âme. Cette façon de voir est, selon Maxwell, en contradiction avec la loi de la conservation de l'énergie, et il soutient qu'on ne devrait pas se fier à une expérimentation qui montrerait une différence importante entre le travail accompli par un être vivant et l'énergie reçue et employée. Mais comment la conscience a-t-elle pu naître ? Il ne sert à rien d'attribuer des qualités psychiques aux atomes, car on ne saurait expliquer la conscience comme un produit d'atomes psychiques. Si nous allons au fond de la personnalité, nous nous trouvons de l'autre côté de la limite de la science. Les faits objectifs cessent d'être. Le premier de tous les principes qui dépende du sujet : « Je suis ! » ne peut être employé par deux personnes tout à fait dans le même sens, et par conséquent il ne peut pas être objet de science.

A propos de cette dernière déclaration, il faut remarquer que, s'il est possible de découvrir de quelle façon différente deux personnes se servent de la même idée, on doit être aussi en état d'observer et de comparer leurs idées, et déjà, de cette manière, est amenée la psychologie empirique. Ici encore Maxwell s'arrête trop tôt, ce qui est d'autant plus étrange qu'il s'appuie lui-même sur l'observation psychologique dans un passage auquel il est fait allusion plus haut.

2. — Ernst Mach

Quant à Ernst Mach (né en 1838), un goût philosophique très précoce, joint à des recherches physiques et surtout à l'étude de l'histoire de la physique, eut pour effet de lui faire aborder d'une façon nouvelle, et qui lui est propre, le problème de la connaissance. Cette voie qu'a suivie son développement se manifeste à l'extérieur dans son activité professorale, car il a été tout d'abord de longues années professeur de physique (à Prague) et il est devenu ensuite professeur de philosophie (à Vienne). Ses œuvres portent principalement sur l'histoire de la physique (*L'histoire et la racine du principe de la conservation du travail*, 1872. — *La mécanique et son évolution*. 2ᵉ éd. 1889. — *Les principes de la théorie de la chaleur*. Explication historique et critique. 1896). Seule l'*Analyse des sensations* (1886, 4ᵉ éd., 1903) est un ouvrage purement philosophique.

Mach n'avait que quinze ans lorsque, dans la bibliothèque de son père, les « Prolégomènes » de Kant lui tombèrent sous les mains. Ce livre fit sur lui, comme il l'a dit plus tard, une puissante impression, et il considéra comme un bonheur d'avoir pu si tôt lier connaissance avec les idées qu'exprime l'ouvrage.

Pourtant il ne demeura pas toujours un pur Kantien ; il trouva superflue la « chose en soi ». En outre, l'étude de Spinoza, de Herbart et de Fechner influa sur lui dans la suite. Il mit tous ses soins, ainsi qu'il l'a dit, à *adopter un point de vue qu'il n'eût pas à quitter quand il passait de la physique à la psychologie.* Toutes les sciences à vrai dire devraient en définitive former un tout. Mach voyait clairement que la théorie atomique, telle qu'on la conçoit ordinairement, ne permet pas de conserver son point de vue quand on passe de la physique à la psychologie. On est en meilleure posture quand on conçoit dès le début tous les corps comme des symboles idéaux de complexus de sensations. Le monde alors ne se compose pas d'êtres énigmatiques en réciprocité d'action avec un moi énigmatique ; couleurs, sons, rapports spatiaux et temporels, etc., ne seraient que les éléments derniers dont il s'agirait de chercher l'enchaînement, et que nous composerions et limiterions, d'une manière appropriée à nos besoins pratiques et théoriques. Il n'y aurait qu'une grande masse bien ordonnée de sensations, très fortement liée à ce que nous nommerions notre moi, lequel serait ainsi ce qui s'oppose à ce que nous nommons le monde. Mais le moi, le monde, l'esprit, la matière, et les concepts de même espèce, ne seraient plus que des symboles idéaux qui désigneraient des limites et des différences dont la conservation nous aurait paru plus ou moins appropriée à nos besoins.

Cette façon de voir, Mach l'exprimait déjà en 1863 dans ses leçons sur la psychophysique. Les études sur la physiologie des sens prirent en général une grande influence dans la suite de ses idées. Elles le convainquirent, par exemple, que l'intuition spatiale est liée aux sens, et qu'elle ne s'applique, par conséquent, qu'à ce qui peut être perçu sensiblement, de sorte qu'on n'a pas le droit d'attribuer des propriétés spatiales aux atomes qui ne sont pas perceptibles au moyen des sens.

La tâche de la science est d'exposer les faits *d'une manière économique*, c'est-à-dire de telle sorte qu'elle n'emploie que les représentations rigoureusement nécessaires et appropriées. Dans cette conception de la tâche de la science, Mach reconnaît Maxwell comme son précurseur, mais il estime avoir la priorité sur Kirchhoff, qui a penché vers une conception analogue[33].

Cette façon d'envisager la nature de la science s'a...orde fort bien avec l'hypothèse évolutionniste. Mach fait ensuite remarquer qu'avant Darwin, Spencer considérait déjà les faits physiques comme des *adaptations* au donné. Lui-même, s'appuyant sur l'histoire des sciences, développa ce point de vue biologique pour la connaissance, dans son discours *sur la transformation et l'adaptation dans la pensée scientifique* (1884). L'adaptation consiste en partie en une synthèse, et en partie en une réduction : d'un côté dans la réunion du divers sous un seul point de vue, et d'un autre dans l'exclusion de ce qui n'est pas nécessaire pour la compréhension. Quels sont les faits qu'on prend pour fondement, cela dépend de la commodité, de la tradition ou de l'habitude. Mais les faits mêmes qui servent à nous orienter, ne peuvent pas « être compris ». Si, par exemple, des rapports mécaniques nous paraissent plus évidents que d'autres, cela tient uniquement à ce que nous sommes plus habitués à ces rapports. Notre compréhension consiste toujours à ramener à des énigmes accoutumées des impossibilités de comprendre dont nous n'avons pas l'habitude. Il est évident que dans la science, toutes les fois que nous attribuons à un jugement accoutumé une valeur applicable à un autre domaine qu'à celui dans lequel nous l'avons formé primitivement, il nous faut examiner si ce jugement convient à ce cas nouveau; autrement ce serait un préjugé. Notre connaissance progresse constamment par la lutte des jugements contre les préjugés. De même que les êtres vivants ne se forment pas tout de suite un nouvel organe pour une nouvelle fonction devenue nécessaire (quand, par exemple, un vertébré doit voler ou nager), mais cherchent à utiliser les organes qu'ils ont déjà, — ainsi la science utilise une transformation des anciennes idées pour l'exposition des expériences nouvelles. Dans l' « attraction » newtonienne se cache encore quelque chose de la vieille représentation de la recherche du lieu naturel. Ce qu'il importe, c'est de penser le nouveau de la manière la plus simple et conformément au principe de l'économie.

L'arithmétique épargne la numération directe, puisque précisément le nombre exprime que deux espèces d'ordonnance peuvent être identiques, même quand ce qui est à ordonner est différent. — La géométrie étudie le rapport réciproque qui existe entre des mesures différentes et nous épargne ainsi la mesure directe. L'espace visuel et l'espace tactile sont différents; mais à tout déplacement dans l'un d'eux correspond un déplacement dans l'autre. — Des ordonnances quantitatives sont plus simples et plus vastes que des ordonnances qualitatives et permettent plus aisément d'embrasser d'un coup d'œil et de manier de grands groupes d'expériences. De telles ordonnances sont rendues possibles dans la physique par des concepts tels que ceux de « force », de « masse » et d' « atome ». Ces concepts ne sont que des instruments de la pensée, et leur importance consiste uniquement en ce qu'ils rappellent à la mémoire les expériences économiquement ordonnées, encore que la plupart des physiciens leur attribuent une réalité à l'extérieur de la pensée. — La relation causale désigne seulement la liaison la plus étroite que puisse exprimer une description. Elle n'a qu'une valeur logique et non physique. On peut en dire autant du principe de la continuité : nous déclarons qu'il y a continuité là où nous voyons croître la diversité en même temps que la distance entre les membres d'une série, tandis qu'elle décroît au fur et à mesure que les membres se rapprochent les uns des autres, et finit par disparaître pour nous. L'avantage qu'on trouve à appliquer le principe de la continuité partout où c'est possible consiste en ce que nous pouvons, même dans les plus petites parties discernables du système qui nous occupe, instituer les mêmes observations que dans les plus grandes parties. Il n'y a que l'expérience qui puisse décider jusqu'où cela peut se poursuivre.

L'économie de la pensée durant l'adaptation à l'expérience, comme il est aisé de le voir d'après ce qui précède, conditionne l'emploi continuel d'*analogies*. Dans son article intitulé « *La ressemblance et l'analogie comme leitmotiv de la recherche* » (paru dans le tome premier des « Annales de philosophie naturelle » d'Ostwald), Mach s'occupe de ce concept. L'analogie désigne entre deux systèmes d'idées un rapport tel que se manifeste très clairement aussi bien la différence qu'il y a entre deux idées correspondantes des deux systèmes que l'accord existant entre leur rapport réciproque. Elle permet de ramener à une conception unique des faits hétérogènes, et c'est pourquoi elle est de très grande importance au point de vue biologique et par rapport à la théorie de la connaissance, ce que toute l'histoire de la physique atteste. Mais l'analogie ne se confond pas avec l'identité, et les moyens de la recherche doivent être bien distingués des résultats.

La conception mécanique de la nature se base sur une ample analogie entre le mouvement des masses dans l'espace et les variations qualitatives des choses (au point de vue de la température, des conditions électriques, etc.). De ce que cette analogie peut se développer dans une aussi grande étendue, nous n'avons pas le droit d'admettre que tous les processus physiques soient « à proprement parler » mécaniques. Les lois mécaniques peuvent servir de modèles formels et d'indications. Les mouvements des corps dans l'espace sont les processus les plus simples et les plus faciles à voir que nous puissions poursuivre de la façon la plus aisée dans notre imagination. De plus tout processus physique, chaleur, électricité, son, etc., présente un côté mécanique qui se révèle sous la forme d'une dilatation, d'une vibration et d'une attraction, etc... Aussi peut-on exposer clairement les processus physiques au moyen d'analogies mécaniques et les faire comprendre ainsi, bien qu'on n'ait pas le droit de dire (comme Wundt, par exemple) que toutes les causes physiques sont des causes de mouvement. De processus purement mécaniques, il n'en existe pas du tout, puisque outre le simple mouvement se font valoir toujours des effets magnétiques et électriques et des processus caloriques. Tout processus appartient, à vrai dire, à tous les domaines de la physique.

Cette conception de notre connaissance n'est pas une dissolution de la science. Elle ne nous prive d'aucun des points de vue réellement précieux, mais seulement des superflus. Mais elle chasse le dogmatisme qui s'est insinué chez beaucoup de penseurs.

La philosophie qui devient possible sur la base d'une pareille théorie de la connaissance, ne peut pas être un matérialisme.

La diversité qualitative des sensations ne saurait être dérivée de rapports et de liaisons purement quantitatifs : on ne peut pas tirer le psychique du physique. Physique et psychologie concernent en réalité la même chose, à savoir des complexus de sensations, seulement elles les traitent à des points de vue différents.

Mais le monde n'est pas une simple somme de sensations. Il y a entre elles certaines fonctions, et la connaissance de ces rapports fonctionnels est une connaissance de la réalité. La distinction entre l'idéalisme et le réalisme est indifférente, considérée du point de vue théorique. Nous appelons sensations les éléments de l'existence, quand nous les regardons comme éléments d'un monde psychique. La tâche de la science consiste seulement à trouver l'enchaînement régulier de ce qui arrive ; forcément, pour cette raison, elle penche vers un *monisme*.

Peut-être Mach passe-t-il ici trop facilement sur de grosses difficultés. Les « éléments » communs de la physique et de la psychologie sont là d'une manière un peu indéterminée et mystique, comme une masse de nuages qui n'a encore ni forme ni articulation. Il est incontestable que la distinction entre la physique et la psychologie provient d'une division du travail qui s'est montrée avantageuse. Mais cette division du travail ne saurait plus se supprimer facilement ; elle prend le caractère d'un « préjugé » qui offre de la résistance tant que des expériences absolument précises ne rendent pas nécessaire une nouvelle adaptation intellectuelle. Le fait même que la division du travail s'est montrée nécessaire et appropriée indique des conditions cosmologiques. Il est bien difficile que l'existence soit aussi simple que Mach le suppose, si divers points de vue sont nécessaires pour la comprendre. Il faut conquérir le monisme par un combat contre de plus grands adversaires que ceux que Mach reconnaît comme tels.

Ajoutez à cela que le rapport entre les éléments et leurs relations fonctionnelles paraît obscur. Il est bien difficile de penser qu'il soit indifférent aux éléments de se trouver d'emblée dans ces rapports déterminés, et inversement il faut bien pourtant que les relations soient conditionnées par les éléments pour lesquels elles sont valables. Mais en quoi consiste alors la réalité? Elle ne peut pas consister uniquement dans les seuls rapports fonctionnels. Et voici que surgit alors toute une série de questions sur le rapport du particulier à l'ensemble, questions dont la solution est très importante pour toute la conception de l'univers.

Mach n'a pas poursuivi les problèmes aussi loin, mais cela ne diminue pas le mérite de son travail, qui s'est montré essentiellement actif et fécond et qui paraît jouir d'une attention croissante.

3. — Heinrich Hertz

Dans les idées qu'il a sur la théorie de la connaissance, Heinrich Hertz se rattache à Mach. (Il est né à Hambourg, en 1857, et mort en 1894, professeur de physique à Bonn). Ce chercheur génial, qui nous a quittés si prématurément, s'est spécialement rendu célèbre par sa démonstration expérimentale de l'identité de la lumière et de l'électricité, découverte qui confirmait les pressentiments de Œrsted, les idées de Faraday et les calculs de Maxwell. Dans un discours qu'il prononça au congrès scientifique allemand, en 1889, il a exposé ses découvertes sous une forme claire et aisée *Ueber die Beziehungen zwischen Licht und Elektricität*[1]. Helmholtz, son maître, dans l'introduction au tome III des écrits de Hertz, a esquissé les traits de ce chercheur éminent et la marche de son développement scientifique. Nous n'avons à nous occuper ici que de la manière dont Hertz conçut les premiers principes de sa science, en indiquant aussi les caractères qu'il donne au travail de la connaissance. Il s'est exprimé là-dessus dans un article clair et plein d'idées qui sert d'introduction à ses « Principes de la mécanique » (Werke, III).

La science a pour tâche de dériver l'avenir du passé. Pour pouvoir le faire, nous fabriquons à notre usage des semblants d'images ou symboles de telle nature que leurs conséquences *intellectuellement nécessaires* soient toujours des reproductions

---

1. Sur les relations qui existent entre la lumière et l'électricité.

des conséquences *physiquement nécessaires* des objets représentés. L'expérience montre que cela est possible, ce qui indique une harmonie entre la nature et notre esprit. Mais il ne faut pas oublier que nos images n'ont besoin de coïncider avec le réel que sous ce rapport seulement, c'est-à-dire dans l'harmonie entre la nécessité intellectuelle et la nécessité physique. Qu'elles coïncident autrement, c'est ce qu'on ne peut jamais vérifier expérimentalement.

Si maintenant il est possible de façonner plusieurs images également logiques et utilement applicables, nous donnons la préférence à la plus simple. Évidemment — puisque la nature de notre esprit se révèle toujours dans la formation des images — il ne sera pas possible d'exclure des éléments superflus et inapplicables. La simplicité peut toujours devenir plus grande, et l'utilité pratique doit constamment être examinée de nouveau. Quant à savoir si la nature devrait suivre elle-même les voies les plus simples, c'est là une question qui ne peut pas être traitée.

Dans son exposé de la mécanique, Hertz ne croit pas avoir besoin d'autres symboles que du temps, de l'espace et de la masse, et il estime superflus des concepts tels que « force » (énergie) et « atome ». Nous ne pouvons pas observer des forces ni des atomes. Ce que nous voyons, ce ne sont jamais que des masses en mouvement. Or ce que nous voyons ne présente ni une régularité complète, ni un complet enchaînement. Nous devons donc admettre que la diversité du monde réel est plus grande que la diversité du monde qui se révèle à nos sens. Si nous voulons avoir une image du monde de contours nets et régulière, nous devons supposer, derrière les choses que nous voyons, d'autres choses invisibles. Le plus simple est alors de nous représenter ce quelque chose de caché comme des masses en mouvement qui ne se distinguent des masses visibles qu'en ce qu'elles sont inaccessibles à nos sens et à nos moyens de perception ordinaires. Nous ne parlons de « force » (d'énergie) que lorsqu'il s'agit de déterminer la relation réciproque de deux mouvements ; nous entendons par « force » ou la cause, ou l'effet d'un mouvement ; la force est donc un concept dérivé. Le concept d' « atome » est aussi une pure abstraction ; la seule chose qui nous soit toujours donnée, c'est un système matériel, jamais le point de masse singulier.

Il va de soi que c'est à la mécanique qu'il appartient de nous dire si elle peut se contenter des postulats auxquels Hertz s'arrête. Ce qui nous intéresse ici, c'est de voir comment un physicien éminent a cherché à se rendre compte de son travail. Que la manière dont il l'analyse soit déterminée par son propre champ de travail, c'est là quelque chose d'inévitable. La grande découverte de Hertz est que les oscillations électriques offrent exactement les mêmes caractères que la lumière et les rayons caloriques, de telle sorte qu'il doit s'accomplir dans l'espace beaucoup plus de mouvements que ceux que nos sens nous montrent directement. Les masses et les mouvements invisibles devaient tout naturellement, par suite, jouer un rôle fondamental dans l'imagination scientifique de Hertz ; sur ce point il a un grand devancier en Faraday, qui s'était déjà efforcé d'éliminer tout ce qui ne saurait être perçu, et qui, pour ce motif, mettait en doute la réalité de l'espace vide et de l'action à distance. Est-il possible d'éliminer totalement le concept de force (l'idée d'énergie), cela pourrait être douteux ; à vrai dire aussi Hertz veut seulement le rabaisser au rang de concept subalterne, dérivé. Il serait parvenu peut-être à une autre façon d'envisager les choses, s'il avait abordé de plus près le problème causal. Il ne pose la loi causale qu'à titre de postulat nécessaire, sous la forme de cette hypothèse fondamentale, qu'il existe des relations fixes et régulières entre les diverses positions qu'occupent des systèmes matériels les uns par rapport aux autres. Mais le problème causal n'est posé strictement et ponctuellement que lorsque nous nous attachons au seul moment où l'état antérieur va disparaître, alors que le suivant n'est pas encore paru. Ici le concept de « force » désigne l'attente de ce qui se passera, et la croyance que l'avenir doit avoir avec le passé une relation régulière. Hertz nous dit aussi en effet lui-même que nous parlons de force *pendant* qu'a lieu le processus au moyen duquel nous dérivons les expériences futures des expériences passées (Introduction, p. 14). Mais en un certain sens nous vivons toujours en de tels moments — et par conséquent nous avons continuellement besoin du concept auxiliaire — et cela d'autant plus qu'est plus intensif le travail intellectuel [31].

Hertz se différencie de Mach en ce qu'il accentue plus fortement le côté symbolique de nos concepts que leur côté économique. — C'est le besoin impérieux d'images intuitives qui ressort principalement chez lui, et s'il aimait tant se passer des concepts de « force » et d' « atome », c'était pour la raison peut-être que ces concepts ne rendent pas possible une intuition claire. De deux choses l'une : ou bien Hertz était nettement visuel, ou bien il était pour lui déterminant, que les symboles visuels ont sur les symboles moteurs (musculaires) l'avantage de permettre la mesure directe. La force est un symbole qui renvoie à l'expérience de la tension musculaire ; mais celle-ci ne peut précisément se mesurer que par le mouvement produit [34].

Il me paraît extrêmement intéressant que la définition donnée par Hertz de la vérité des symboles scientifiques s'accorde étroitement avec la seule définition qui se puisse donner de la vérité de nos qualités sensibles, et que son maître Helmholtz a clairement posée en ces termes, dans l' « Optique physiologique » (§ 26) : « Dans la mesure où la qualité de notre sensation peut nous apprendre quelque chose de la nature propre de l'impression externe par laquelle elle est excitée, elle peut passer pour un signe de cette impression, mais elle n'a pas la valeur d'une copie... Un signe n'a pas besoin d'avoir une ressemblance quelconque avec ce dont il est le signe. Le rapport qui existe entre le signe et la chose se borne à ceci, que le même objet nous impressionnant dans les mêmes circonstances rappelle le même signe... Nous disons que nos représentations du monde extérieur sont *vraies*, quand elles nous donnent une indication suffisante des conséquences de nos actes par rapport au monde extérieur et qu'elles nous permettent de tirer des conclusions exactes sur les modifications que nous devons en attendre [36]. »

4. — WILHELM OSTWALD

Wilhelm Ostwald, le célèbre chimiste, se place exactement à l'opposé de Hertz, puisqu'il cherche à faire précisément de l'énergie, ce concept que Hertz veut proscrire, le concept fondamental. Il serait intéressant de vérifier si Ostwald n'est pas un moteur de même que Hertz paraît être un visuel ; mais leur opposition peut aussi provenir de leur genre d'études, les chimistes ayant bien plus de motifs que les physiciens de songer aux rapports d'énergie, tandis qu'il est plus facile aux physiciens qu'aux chimistes d'exécuter des schèmes visuels, qui semblent à ces derniers plus nettement marqués d'un caractère hypothétique.

Ostwald (né en 1853, professeur de chimie à Leipzig depuis 1887) fait la guerre à tout matérialisme en voulant ramener toute la matière à de l'énergie. Cette idée se fait jour pour la première fois dans le discours qu'il prononça au congrès scientifique allemand en 1895 (*Die Ueberwindung des wissenschaftlichen Materialismus*[1]) et elle est développée tout au long dans sa *Philosophie naturelle* (1902), ouvrage dédié à Mach. Ostwald chercha de plus à influer sur la discussion des questions qui sont à la limite entre les sciences physiques et la philosophie, en fondant une revue nouvelle *les Annales de philosophie naturelle*.

Tout est de l'énergie, et il n'existe pas autre chose que de l'énergie! Tel est le premier principe d'Ostwald. Toutes les qualités de la matière peuvent se ramener à l'énergie : la masse est la capacité de l'énergie motrice; le plein est l'énergie du volume ; le poids est une certaine espèce d'énergie de position ; les propriétés chimiques sont des espèces diverses de l'énergie qui se fait jour dans les transformations des matériaux. L'énergie est travail, ou tout ce qui sort du travail ou est transformé en travail. Ce concept est le plus vaste qu'ait jamais formé la science. Il embrasse aussi bien l'état (substantialité) que l'action (causalité). Si l'on entend par substance ce qui subsiste, alors l'énergie est la vraie substance. Elle se répand du soleil sur la terre, est appliquée immédiatement ou emmagasinée sous forme d'énergie chimique pour être employée plus tard dans l'activité vitale.

Ce n'est que quand des liaisons d'énergies diverses produisent

---

[1]. Le matérialisme scientifique définitivement vaincu.

un état d'équilibre composé que nous nous sentons entraînés à former des concepts tels que « matière » et « corps ». Pour que quelque chose *se passe*, il faut que soient présentes des diversités de force d'énergies diverses. Et en fait il n'y a que des approximations d'un parfait équilibre. — Le principe de la conservation de la matière ou des éléments matériels signifie seulement qu'après chacune des synthèses qu'ils ont formées les éléments peuvent toujours être reproduits de nouveau.

Voulant donner une philosophie de la nature, et non pas seulement une théorie de la connaissance, Ostwald cherche à ramener la vie consciente sous le point de vue auquel il se place pour considérer l'ensemble de la nature organique et inorganique. La conscience est également, d'après lui, de l'énergie. Nous nous représentons comme énergie tout ce qui est externe; c'est là un fait qui trouve précisément son explication en ce que tous les faits de conscience sont de nature énergétique. Ostwald cherche à le montrer par une étude de l'attention, du souvenir, de la comparaison et de la volonté. Il renvoie au caractère synthétique de la conscience si nettement mis en lumière par Kant et qui se révèle en ce que tous les événements psychiques, nés dans un seul cerveau ou dans un seul esprit, sont étroitement liés les uns aux autres. L'énergie de la conscience se révèle dans cette union. Nos représentations du monde extérieur étant déterminées par la nature de notre conscience, il n'est pas étonnant qu'elles portent la même marque que la conscience elle-même. L'importance des phénomènes conscients consiste en ce qu'ils rendent possible l'accumulation d'expériences, de telle sorte que les expériences antérieures peuvent nous servir de comparaison pour les nouvelles.

Ostwald croit avoir ainsi résolu le problème des rapports du physique et du moral. Mais quand il définit l'énergie de l'esprit comme de l'énergie nerveuse consciente et inconsciente, il est manifeste que le problème se pose toujours de nouveau, puisqu'alors il devient la question de savoir comment se fait la transition de l'énergie nerveuse inconsciente à l'énergie nerveuse consciente. Il ne sert à rien de répondre que cela se fait grâce à l'attention, car si l'on suppose que l'attention est liée à la conscience, on tourne dans un cercle ; mais sans cette supposition il n'est pas facile de comprendre comment la conscience devrait pouvoir sortir du concours de deux processus inconscients. Le concept de l'énergie nerveuse semble être chez Ostwald un pur concept mystique.

Et ceci se relie à ce fait que la théorie de l'énergie d'Ostwald s'appuie sur des expériences tirées du monde extérieur. Il définit l'énergie comme ce qui résulte du travail et est transformé en travail. Or le travail, dont il est ici question, consiste à venir à bout de la résistance opposée à un mouvement. Ce n'est donc que d'une manière apparente qu'Ostwald peut exclure de son concept de l'énergie les propriétés géométriques ; elles sont tout aussi premières que les propriétés purement dynamiques. La masse et l'énergie sont des concepts corrélatifs, qui doivent se déterminer réciproquement. On reconnaît la masse aux rapports constants qui existent entre l'énergie et l'accélération de la vitesse. On connaît dans l'expérience l'accélération de la vitesse par la mesure des rapports spatiaux et temporels. Nous n'arrivons donc pas à nous mettre au-dessus du spatial par le concept de l'énergie physique. De même que Hertz et Mach n'ont pas réussi à éliminer le concept de la force, de même Ostwald n'a pas réussi à éliminer le concept de la matière. — Jusqu'ici ni lui ni personne n'a pu arriver à poser un concept de l'énergie capable de servir de base et au concept de l'énergie psychique, qui se manifeste par la synthèse et l'analyse des éléments de conscience, et au concept de l'énergie physique qui se révèle dans le fait de venir à bout d'une résistance dans l'espace.

II. — L'HISTOIRE NATURELLE DES PROBLÈMES

RICHARD AVENARIUS

La recherche philosophique conduisit Richard Avenarius à une conception de la connaissance qui est proche parente de celle à laquelle arrivèrent Maxwell et Hertz par la réflexion sur les principes de leur science et que Mach atteignit par l'étude de l'histoire de la physique.

Avenarius (né en 1843) étudia à Leipzig où il fut initié par le physiologiste Ludwig à la conception rigoureusement mécaniste de la nature et à l'application de cette manière de voir aux phénomènes organiques, tandis que le philosophe Drobisch lui enseignait la philosophie herbartienne avec sa théorie des représentations considérées comme des expressions du besoin de conservation inhérent à l'âme. L'étude de Spinoza exerça sur lui une grande influence, car elle le mit en présence d'un essai grandiose de réduction de toutes les idées à une seule d'une façon rigoureusement systématique. Son premier ouvrage s'occupe de la philosophie de Spinoza (*Ueber die beiden ersten Phasen des Spinozischen Pantheismus*[1] 1868). Il essayait avec pénétration d'y montrer de quelle manière le système de Spinoza était sorti de la fusion de trois séries d'idées distinctes, les unes religieuses, exprimées par le concept de Dieu, les autres scientifiques, exprimées par le concept de la nature, et les autres abstraitement métaphysiques, exprimées par le concept de la substance. Les trois concepts en définitive n'auraient exprimé, chez Spinoza, qu'une seule et même chose (deus = natura = substantia). — Par la réduction de l'organique au mécanique, par la conception des représentations comme des manifestations de l'effort de conservation

---

1. Les deux premières phases du Panthéisme de Spinoza.

inhérent à l'individu et par l'étude de l'essai le plus complètement développé d'une théorie de l'identité se prépara chez Avenarius une conception de la connaissance qu'il professa pour la première fois dans le petit livre qui a pour titre : *Philosophie als Denken der Welt gemäss dem Princip des Kleinsten Kraftmasses. Prolegomena zu einer Kritik der reinen Erfahrung*[1] (1876). Il part du fait que la conscience ne dispose pas d'une force infinie de représentation; que par suite elle doit user d'économie dans sa pensée. Elle s'efforce donc de ramener l'inconnu au connu; cela a lieu dans tout fait de reconnaissance et dans tout acte de compréhension. Ce à quoi surtout elle tend, c'est à réduire à aussi peu de chose que possible les différences et la diversité. La philosophie est précisément la tendance scientifique à penser l'ensemble du donné de l'expérience en dépensant la plus petite force possible. En excluant de la connaissance toutes les représentations qui ne sont pas contenues dans le donné même, elle s'efforce d'arriver à une expérience pure; ce but une fois atteint, elle ne dépense pas, pour penser le donné, plus de force que ce donné lui-même n'en exige.

En 1877 Avenarius fut nommé professeur de philosophie à Zurich; il y composa son grand ouvrage la *Critique de l'expérience pure* (1888-1890). Ce livre est une théorie des problèmes, où il cherche à montrer, d'une manière purement biologique et psychologique, les conditions de la naissance et de la disparition des problèmes. Avenarius veut se placer vis-à-vis des problèmes au point de vue de l'expérimentateur psychologique ou à celui de l'aliéniste, et par suite étudier les problèmes à la manière de l'histoire naturelle pure. Il croit pouvoir constater, par l'élimination toujours plus grande de tous les éléments de la pensée qui ne sont pas contenus dans le donné même, une approximation continue de l' « expérience pure ». Et cela c'est une approximation d'un concept du monde purement empirique. Quelle serait la nature d'un tel concept, c'est ce qu'Avenarius développe dans son écrit *Der menschli-*

---

[1]. La philosophie en tant que manière de penser le monde conformément au principe de la moindre masse de force. Prolégomènes à une Critique de l'expérience pure.

che Weltbegriff[1] (1891), qui complète l'œuvre maîtresse notamment en ce qu'il cherche le fondement de l' « impureté » de l'expérience dans l'animisme et, d'une manière générale, dans le besoin de concevoir les choses par analogie avec nous-mêmes.

L'œuvre d'Avenarius est le produit d'une pensée très sérieuse et elle est appuyée sur une multitude d'observations et d'exemples. Mais il en gâte l'effet par l'introduction d'une terminologie très artificielle et très inutile, qui rebute plus d'un lecteur. Il y a quelque chose de tragique dans le fait que, pour ce motif, son travail puissant de penseur n'obtient pas l'accueil qu'il mérite auprès du public. Des études acharnées ébranlèrent sa santé. En vain chercha-t-il du soulagement dans les villes d'eau, par exemple à Skodsborg, près de Copenhague, où — après avoir déjà fait auparavant sa connaissance à Zurich — je fus initié par lui pour la première fois à l' « expérience pure » dans nos promenades au jardin d'acclimatation. Il mourut deux ans après (1896). Une rare énergie de la pensée unie à un goût artistique et à un caractère ouvert et doux, tels sont les traits dominants de l'image que conservent dans leur mémoire ceux qui ont eu des rapports personnels avec lui.

Pour analyser la philosophie d'Avenarius, je ne suivrai pas son exposition et je n'emploierai pas sa terminologie. L'étude répétée de son chef-d'œuvre m'a montré clairement que ses idées fondamentales peuvent être exposées d'une façon beaucoup plus simple qu'il ne l'a fait, et que c'est la seule manière de leur faire obtenir pleine justice.

C'est l'histoire naturelle des problèmes qu'Avenarius veut donner en cherchant à montrer du point de vue de la physiologie, de la psychologie et de l'histoire, dans quelles conditions les problèmes apparaissent, deviennent aigus, sont résolus ou tombent. La matière de ces recherches peut se puiser partout, car l'enfant, le sauvage, l'homme pratique, le croyant religieux ont tout aussi bien leurs problèmes que l'homme de science et le philosophe. Tous ici sont placés sur une même ligne, car il s'agit de quelque chose qui est la conséquence des rapports naturels, communs à tous les hommes. La seule différence est que la manière scientifique de poser les problèmes et de les

1. *L'humain concept du monde.*

résoudre se rapproche davantage de l'expérience pure, c'est-à-dire du rétablissement du donné sans additions subjectives.

Un problème est toujours — où qu'il apparaisse — le signe d'un rapport de tension (d'une « différence vitale ») entre l'individu et les milieux dans lesquels il se trouve, et ce rapport de tension a pour cause la disproportion qui existe entre l'énergie que réclament les excitations venant du milieu et l'énergie dont dispose l'individu qui est ou plus grande ou plus faible. Si l'excitation (R) et l'énergie (E) sont absolument correspondantes (ce que nous pouvons exprimer par $R = E$), on se trouve en présence du plus haut degré de conservation vitale (du « maximum vital de conservation »). Il se produit une reconnaissance des milieux; l'individu se sent à son aise chez lui et plein de confiance en ses perceptions et en ses représentations. — Si maintenant, par suite des variations des milieux, l'individu se voit réclamer un travail nouveau et plus grand qu'antérieurement, sans que son énergie ait augmenté ou que sa manière de l'employer se soit modifiée, alors apparaît un problème. (Cette situation peut s'exprimer par $R > E$). L'individu trouve des divergences, des exceptions et des contradictions dans le donné; ce donné lui semble être « autre chose » qu'auparavant, peut-être aussi « quelque chose d'étrange »; la certitude a disparu et l'individu se sent étranger dans le monde; il lui est impossible, pendant quelque temps, de s'y reconnaître. Tout vrai problème est une nostalgie qui fait tendre tous nos efforts à supprimer l'étrangeté. La possibilité d'une étrangeté de ce genre marche de pair avec les progrès de la civilisation, de la culture et de la connaissance. — Inversement, si l'énergie s'accroît plus fortement que les excitations, ou si ces dernières décroissent (ce qui peut s'exprimer par $E > R$), un problème apparaît pour la raison contraire : il y a dans ce cas de l'énergie qui n'est pas employée; cette énergie, devenue libre, se dégage en des sens inaccoutumés, qui ne sont nullement déterminés par le donné; on rêve de pays lointains; on cherche des dangers et des souffrances; ce sont là des époques d'émancipation et d'effervescence, — généralement des époques d'idéalisme pratique. — Avenarius s'arrête très peu à étudier cette dernière forme. Il aurait pu citer comme représentants de cette forme Rousseau et d'autres penseurs « subjectifs ». Hume, dans sa théorie de la connaissance psychologique, a attribué à ce point une grande importance, et nous verrons que Guyau et Nietzsche fondent toute leur philosophie sur ces rapports.

Le rapport dont s'occupe surtout Avenarius est celui où les excitations réclament une plus grande somme de travail que celle qui, du moins pour le moment, correspond à l'énergie de l'individu ($R > E$). Pour étudier d'une façon précise ce qui résulte de ce rapport, Avenarius est d'avis que le moyen le plus scientifique, c'est-à-dire celui qui se rapproche en soi le plus de l'expérience pure, est d'appliquer une méthode physiologique, et de considérer par suite les processus auxquels donne naissance la position des problèmes comme des processus qui se déroulent dans le système nerveux central. Il faut donc regarder ce qu'un individu fait connaître de ses états, pendant la position des problèmes, leur discussion et leur résolution, comme autant de symptômes de ce qui se produit dans son système nerveux central. Nous obtenons par suite deux séries (« séries vitales »), l'une subjective, formée par les états de l'individu exprimés dans ses énonciations, et l'autre objective, constituée par les variations du système nerveux central. La première est une fonction mathématique de la dernière, et c'est pourquoi la série subjective peut être appelée dépendante, alors que la série objective peut s'appeler série vitale indépendante. Que si la série objective est appelée « indépendante », c'est seulement pour des raisons d'utilité. A le prendre en soi et pour soi on pourrait intervertir le rapport des deux séries vitales, et le point de vue définitif d'Avenarius est caractérisé par un propos tenu par lui : « Je ne connais ni du physique, ni du psychique, mais seulement un *tertium quid* ». Pourtant en étudiant son exposé d'une façon précise, on aperçoit l'illusion où il est, s'il croit prendre pour fondement la série objective. Celle-ci doit faire l'objet du premier tome de son œuvre, et le second doit exposer la série subjective. Or l'exposé du premier tome a ceci de particulier qu'il ne s'y trouve pas d'exemples spéciaux; ils ne font leur apparition qu'au second tome et ils sont tous d'espèce « subjective ». La plus grande richesse de faits se trouve donc dans la série subjective, et de la série objective il ne peut être donné qu'une exposition très aride et purement schématique ; ajoutez que ce schème aride ne devient intelligible que quand on cherche les corrélatifs psychiques. Cette disproportion est caractéristique de la relation qui existe entre la psychologie et la physiologie, et bien propre à nous mettre en garde contre cette idée qu'on arrive à un plus grand « caractère scientifique » en proclamant la méthode biologique comme la seule qui soit juste pour traiter des questions comme celles dont il s'agit [37].

Une série vitale est un processus grâce auquel s'établit un nouvel équilibre après qu'un ancien état d'équilibre a été supprimé par la position d'un problème. Ce processus a trois stades que nous pouvons (pour demeurer dans la série subjective) désigner par les mots : oppression, travail, délivrance. Le premier stade peut se manifester sous diverses formes : celles du besoin et du regret, du désir, du doute, de l'anxiété, de la douleur, du repentir ou de la déception. Nous ne devons pas oublier qu'il s'agit ici tout autant des problèmes et des états de tension de la vie pratique que de ceux de la théorie pure. Le deuxième stade peut se présenter sous la forme de l'action ou de la tendance, de la lutte ou de l'activité régulière, d'un risque auquel la personnalité est exposée ou d'une patiente recherche des conditions qui, de fil en aiguille, mènent à la solution d'un problème. Le troisième stade est la période où l'on se sent vainqueur, où l'on goûte l'apaisement.

Il y a diverses manières d'arriver au troisième stade (la solution, déproblématisation). Si la tension est assez peu considérable, elle peut disparaître par restitution, soit que de nouveau se produise une modification des milieux qui fasse reparaître l'état antérieur, soit que l'individu se charge d'accomplir une adaptation instantanée. Si la tension est plus grande, il doit se faire une substitution avec l'aide de l'habitude ou de l'exercice ou par le développement de nouveaux états ou de facultés nouvelles. La solution complète exige qu'il se développe des fonctions correspondantes à ce qu'il y a de constant et d'universel dans les rapports que pourraient offrir les milieux, de telle sorte que l'individu soit désormais indépendant des variations les plus essentielles. Par la restitution la nostalgie guérit et l'on revient au foyer antérieur ; la substitution nous fait tendre à nous organiser un intérieur nouveau. La solution peut être purement individuelle (c'est le cas, par exemple, d'une conception de la vie pieusement conservée par une seule personnalité) ; mais elle peut être aussi sociale (par exemple, dans une religion populaire) ou universelle (par exemple, dans la science). La logique formelle a pour contenu les formes sous lesquelles, comme on a pu le voir, il est possible à des séries vitales d'obtenir une solution universelle. Les diversités sont ici réduites le plus possible, et le prétendu principe d'identité ne traduit proprement que la nécessité d'une réduction de ce genre, par laquelle on atteint un « minimum hétérotique », c'est-à-dire la plus petite diversité possible du contenu de l'expérience. Il s'agit d'écarter les éléments qui n'ont qu'une signification individuelle et passagère et qui nous viennent de l'hérédité ou de la tradition, tout en gardant soigneusement les éléments qui trouvent toujours leur application. Si l'on désigne par la lettre α les premiers éléments et qu'on exprime les seconds par a, il s'agit d'avoir α égal à a dans la formule $y = f(a, \alpha)$. La solution individuelle ou sociale franchit ainsi l'écart qui la séparait de l'universelle, et nous nous approchons de l'expérience pure, et cela d'autant plus que nous avons devant les yeux des observations plus nombreuses et que nous les examinons avec plus de soin. Seuls demeurent, en définitive, logiquement solides les éléments qui ont un sens universel (par suite a, et non pas α).

Mais il faut distinguer entre la solidité logique et la consistance biologique. Il peut se faire que des individus, des peuples ou des époques ne puissent pas se décider à se débarrasser de certaines représentations, bien que ces représentations n'aient aucune valeur universelle (et que, par suite, elles appartiennent nettement à la classe α, et non à la classe a). Il y a alors des « formes protectrices » qui échappent au contrôle de l'expérience. A cette catégorie appartiennent beaucoup d'éléments qui se trouvent dans les manières individuelles de concevoir la vie, dans les religions populaires, dans les systèmes philosophiques et dans les hypothèses et les principes scientifiques. Ces formes protectrices ne seront pas naturellement immuables; ce qui est indispensable biologiquement doit varier avec les circonstances. Peut-être n'y a-t-il pas d'autre façon de les justifier que de les déclarer indispensables; dans ce cas leur valeur est « postulée ».

Ce qui pour l'un est un problème ne l'est pas toujours pour un autre, soit que ce dernier croie posséder une solution, soit que les conditions requises pour la naissance du problème ne soient pas présentes pour lui, et il se peut que ce qui pour l'un est problème soit précisément solution pour l'autre (par exemple, la création *ex nihilo*). Le symptôme purement subjectif (la « certitude », l' « évidence ») n'est pas une garantie qu'on soit arrivé à une solution réelle (à une déproblématisation absolue) et qu'aucune nouvelle position de problème (problématisation) ne doive plus se présenter. Il est toujours possible que soient déclanchées des séries nouvelles, jusqu'à ce que les excitations répétées sans fin conduisent à écarter complètement les représentations accessoires, inutiles et insoutenables (x), de façon qu'il ne se dégage exactement que l'énergie qui est justement nécessaire (a). Un tel processus de séparation a constamment lieu et c'est par lui que nous nous approchons d'un minimum hétérotique. Le point de vue de l'expérience pure a ce trait caractéristique que la connaissance consiste essentiellement dans une description qui se sert, autant que possible, de déterminations quantitatives et non qualitatives, en montrant toujours des équivalents et en dérivant ce qui suit de ce qui précède. Au point de vue pratique il se produit une évolution analogue, puisqu'on voit bien que la vie sociale la plus solide est celle où les différences sociales sont réduites le plus possible. C'est ainsi qu'il devient possible à chaque partie de la société de s'affirmer, — non pas au détriment des autres, mais précisément, au contraire, en travaillant pour leur conservation.

Avenarius lui-même avoue qu'on ne peut obtenir l'expérience pure que d'une façon approchée. Ce caractère approximatif de l'expérience, il aurait certes dû l'accentuer plus fortement; sa conception des problèmes serait ainsi devenue plus féconde. On peut aisément en effet se figurer, en le lisant, que c'est par notre faute que nous ne sommes pas placés au point de vue de l'expérience pure, alors que cependant nous n'y sommes pour rien, puisque ce point de vue ne peut jamais être complètement atteint. L'expérience pure chez Avenarius est ce qu'est l'idée pure chez Platon. Notre connaissance réelle est toujours en travail pour arriver à l'idée pure ou à l'expérience pure. Nous devons pourtant faire un pas de plus. L'expérience pure peut-elle elle-même se passer de concepts auxiliaires (a) et demeurer malgré cela expérience ? Nous ne pouvons pas cependant ne faire qu'un avec les « milieux »; ceux-ci continuent toujours à nous « entourer », quelque « pure » d'éléments subjectifs que devienne notre expérience; la différence qui existe entre eux et nous ne disparaît pas. Le fait que quelque chose est *donné* suppose déjà la présence d'éléments subjectifs. Avenarius décrit primitivement comme il suit la tâche qu'il assume : il veut essayer de donner une philosophie capable de penser le monde avec la moindre dépense de force possible ; un tel essai devait, à son avis, conduire à l'expérience pure. Mais l'économie de la pensée mène nécessairement au symbolisme, parce qu'on ne peut pas démontrer que le point de vue économique (le principe de la simplicité) est un principe d'une valeur purement universelle et non en partie subjective. En tout cas le principe de l'économie de la pensée ne conduit pas d'emblée à ne pas du tout se servir de concepts auxiliaires, pas plus que l'économie ménagère ne conduit à ne plus user de marmites, ni de chauffage. C'est un point sur lequel Avenarius s'écarte, à son détriment, des physiciens philosophes dont nous avons parlé plus haut; ces derniers ont vu clairement le rapport qui existe entre l'économie et le symbolisme, bien qu'ils aient attribué une importance différente à ces deux côtés de la connaissance. — A ceci se relie le fait que pour ce qui est des rapports de la physiologie à la psychologie, Avenarius adopte une position un peu dogmatique. Il ne voit pas qu'au point de vue de la théorie de la connaissance, c'est toujours au moyen de la « série vitale dépendante » que nous connaissons la « série vitale indépendante »; nous n'aurions pas de représentation du système nerveux central ni de ses états, si d'une façon générale nous n'avions pas le pouvoir de former des représentations, et même nos représentations actuelles du système nerveux central, nous les devons à des positions et à des résolutions de problèmes, qui ne satisfont pas encore aux exigences de l' « expérience pure ».

Même à un autre point de vue Avenarius n'insiste pas autant qu'il le faudrait sur ce que nous sommes soumis à une évolution et que la représentation d'un terme idéal ne peut avoir de sens que pour le cours et la direction de l'évolution. Il s'occupe principalement du cas $R > E$, par conséquent de cas où le travail requis est posé du dehors. Mais c'est une condition du progrès de la vie — autant de la vie de la connaissance que de la vie de la volonté — que le travail requis puisse être aussi imposé du dedans, quand on se trouve en face d'une surabondance de force qui demande à se dépenser ($E > R$). Dans toute la nature, la vie commence avec une surabondance de ce genre; elle rend possible la croissance et elle produit de nouveaux germes. C'est précisément quand elle s'agite avec force, que la vie tend à dépasser le donné, cherche ou provoque de nouvelles expériences, donne de nouveaux rejetons[38]. C'est ce qui arrive quand on se risque, et notamment quand il se produit une attribution de valeur. Si Avenarius, comme il en avait le dessein, avait pu composer sa « Morale du plaisir libre » et arriver à s'occuper du problème de l'attribution des valeurs, il aurait bien certainement insisté sur ce fait que dans toute évaluation on dépasse ce qui n'est que le donné. Ici, plus que partout ailleurs, il est malaisé d'écarter les éléments subjectifs, bien qu'ils doivent continuellement être justifiés au moyen de critères objectifs. Avec Guyau et Nietzsche nous aurons à nous occuper de ces questions.

Ces remarques critiques n'ont d'autre objet que de contribuer à mettre en relief quelques-unes des représentations subjectives accessoires (α) qui empêchèrent ce penseur énergique d'arriver à voir clairement la chose. Son excellente idée d'une histoire naturelle des problèmes[39] aurait eu certainement sans elles — et sans la forme rebutante sous laquelle ses œuvres les exposent — une grande influence sur la génération contemporaine. On reprendra quelque jour cette idée, et le travail qu'il y a consacré ne sera pas perdu.

TROISIÈME GROUPE
LA PHILOSOPHIE DES VALEURS

Les trois rapports qu'Avenarius distinguait entre les conditions internes et les conditions externes de la connaissance peuvent nous servir à caractériser la différence qui existe entre les trois groupes d'essais philosophiques qui se sont fait jour dans ces derniers temps. Le groupe systématique a pour caractère essentiel de présupposer l'équilibre entre les besoins et leur satisfaction ou entre les facultés et le travail (donc $E = R$). Le groupe biologique s'occupant de la théorie de la connaissance fait surtout ressortir ceci : que l'existence peut avoir pour nos facultés d'autres et de plus grandes exigences que celles qu'il est en notre pouvoir de satisfaire pleinement (donc $E < R$). Enfin le troisième groupe insiste sur ce fait qu'il peut y avoir une surabondance de désirs et de facultés (donc $E > R$), ce qui conduit à attribuer une valeur à l'existence et à tendre à dépasser le donné. Les représentants actuels de cette dernière conception se divisent en deux classes, Guyau et Nietzsche présentant une parenté évidente et contrastent avec Eucken et James, dont les théories sont plus objectives. Eucken a une tendance nettement systématique, parce qu'il est convaincu qu'une philosophie personnelle profonde ne saurait s'affirmer sans la supposition précise d'un ordre de choses absolu, d'un « monde intelligible ». Il trouve ici un point commun avec l'idéalisme spéculatif de l'ancienne philosophie allemande, pour la rénovation de laquelle il combat. James occupe une position un peu plus libre. Il accentue nettement l'expérience personnelle et la nécessité de travailler en se gardant l'horizon ouvert, à l'opposé du dogmatisme naturaliste aussi bien que du dogmatisme supranaturaliste. Quant à la manière dont chaque individu interprète ses besoins et aux moyens qu'il croit trouver pour les apaiser, il y a toujours, suivant James, des courants divers dans la vie mentale.

Puisque la vie et l'œuvre de Guyau et de Nietzsche constituent actuellement un tout fermé, et puisque en raison de leur forme leurs ouvrages ont eu de l'influence sur des milieux plus grands que ce n'est le cas d'ordinaire pour les travaux philosophiques, je donnerai de ces penseurs une analyse plus approfondie.

Guyau et Nietzsche se placent tous les deux sur le terrain de la théorie évolutionniste, et espèrent l'apparition de formes de vie supérieures. Ils appuient cette espérance sur la force et sur la santé de la vie, — sur la conviction qu'il y a une réserve débordante d'énergie, qui, dans notre expérience actuelle et sous nos conditions actuelles de vie, n'arrive pas à se manifester et à se dégager. Ils opposent à la négation du pessimisme une affirmation puissante, — accompagnée chez l'un d'une émotion qui émerge du fond de l'être et d'une résignation douce au changement et à la caducité des valeurs, chez l'autre de fierté et de mépris à l'égard du passé et d'une espérance effrénée et finalement maladive en l'avenir.

Pour tous les deux, c'est un problème capital que celui des rapports entre l'instinct et la réflexion, entre l'énergie indivise de la vie à ses stades antérieurs et son action divisée dans le cours du progrès de la civilisation et de la réflexion. Depuis que ce problème a été soulevé, vers la fin du XVIII° siècle, pour la première fois, par Rousseau, Lessing et Kant, il n'y a personne qui l'ait posé aussi énergiquement que les deux écrivains dont nous nous occupons ici. Tous les deux font la guerre à l'intellectualisme qui ne voit qu'un côté des choses et s'appuient sur la vie sentimentale et volontaire qui jamais ne se laisse entièrement donner des formes claires, rationnelles. Tandis que dans le deuxième groupe la quantité d'énergie donnée du dehors peut menacer de faire violence à la pensée, ici c'est l'énergie venant du dedans et s'élevant en abondance du monde intérieur de l'esprit qui pousse la pensée jusqu'à ses limites.

A cela se rattache le caractère de leurs ouvrages qui tiennent le milieu entre la philosophie et la poésie. Partout se font sentir l'émotion et la passion, parfois au détriment de la clarté et de la logique de la recherche, mais toujours au profit de l'effet littéraire ou même révolutionnaire de leurs écrits. L'importance de leurs idées vient en grande partie plutôt de ce qu'elles sont des symptômes de ce qui s'agite dans les âmes de ceux qu'a le plus fortement saisis la vie actuelle, que des contributions actives à la solution des problèmes. Cela est vrai de Nietzsche à un degré tout à fait spécial.

Ils ont encore entre eux un autre point de ressemblance : ils sont malades tous les deux et c'est pendant une lutte continuelle contre la maladie que sont nées la plupart de leurs idées et de leurs œuvres. Cela ne peut rien préjuger sur la valeur de leurs idées. Il pourrait bien y avoir des idées qui répandraient de la lumière sur la vie, et qui ne pourraient voir le jour précisément qu'en de telles circonstances. Le territoire qui sépare la santé de la maladie pourrait être fécond de façon tout à fait remarquable. Avant toutes choses il nous faut donc chercher la signification et la valeur de leurs idées, et ce n'est qu'après avoir fait cet examen que nous pourrons utiliser ce que nous savons de leurs conditions individuelles, pour nous expliquer les tendances de leur esprit.

I. — JEAN-MARIE GUYAU

Guyau est un exemple de maturité précoce. A peine âgé de vingt-deux ans (il était né en 1854), il se vit décerner par l'Académie des sciences un prix pour une histoire de la morale utilitaire depuis Épicure jusqu'à nos jours. Il consacra ses premières études surtout à Platon et à Kant; en même temps il subit fortement l'influence de son beau-père Fouillée. Son merveilleux talent d'exposition et sa pénétrante énergie critique attirèrent l'attention sur son travail et lui firent obtenir l'approbation même des hommes qu'il y avait fortement critiqués, de Spencer par exemple. Durant le cours de ses études, il se rapprocha un peu plus des manières de voir qu'il avait combattues, et il lui est parfois difficile dans ses développements positifs d'échapper aux reproches qu'il avait lui-même adressés à l'école anglaise. Ce sont surtout les problèmes esthétiques, éthiques et religieux qui l'occupent. Il est poursuivi, depuis sa jeunesse, par des doutes profonds sur l'importance de nos valeurs pour l'existence, et ces doutes s'expriment non seulement dans ses écrits philosophiques, mais aussi dans ses poésies (*Vers d'un philosophe*). Sa foi primitive platonicienne en la rationalité faiblit sous la double influence de la réflexion et de la phtisie. Bien qu'il soit plus tard revenu, pour s'y maintenir, à la possibilité du sens idéal de la vie, il vit cependant clairement, comme il sied à un philosophe, la difficulté du problème. On a trouvé un trait bien français dans le fait que la profondeur de l'émotion s'allie fréquemment chez lui à la clarté de la pensée. Il sait que beaucoup de ses idées et de ses espoirs sont des illusions; mais pourvu qu'elles soient fécondes, il s'en tient à ces illusions qui peuvent porter la pensée et la volonté vers des travaux énergiques (voir la poésie *Illusion féconde*). A une période avancée de sa maladie, ayant la mort devant les yeux, il veut pourtant que son dernier chant (*La cigale*) traduise tout l'amour qu'il a pour les hommes. Il serait difficile de trouver un autre écrivain qui ait montré, comme il l'a fait, quelle profondeur et quelle hauteur la vie peut avoir, même quand on regarde tous les dogmes comme des illusions. Au reste, — si l'on met à part la maladie — il vécut dans des conditions heureuses. Faisant tour à tour œuvre de penseur et de poète, aimant et aimé, il s'approcha de la mort avec la pleine conscience de l'issue de sa maladie. Il mourut à Menton en 1888. Sur sa pierre tombale on a gravé les mots suivants, extraits de l'un de ses écrits : « Nos plus hautes aspirations, qui semblent précisément les plus vaines, sont comme des ondes qui, ayant pu venir jusqu'à nous, iront plus loin que nous. Je suis bien sûr que ce que j'ai de meilleur en moi me survivra. Non, pas un de mes rêves peut-être ne sera perdu ; d'autres les reprendront, les rêveront après moi, jusqu'à ce qu'ils s'achèvent un jour. C'est à force de vagues mourantes que la mer réussit à façonner sa grève, à dessiner le lit immense où elle se meut. »

a) *Critique de la morale anglaise* (*La morale anglaise contemporaine*, 1879).

Dans le travail critique de Guyau nous trouvons déjà des indications sur ce que sera sa conception définitive. Il fait notamment trois reproches à la morale de l'école anglaise.

Les Anglais enseignent que la morale provient essentiellement d'un calcul prudent (Bentham) ou de l'association représentative (Hartley, les deux Mill) ou de la sélection naturelle (Darwin), ou de l'adaptation aux conditions de l'existence (Spencer). Ils fondent la valeur et la persistance de la morale sur certaines circonstances internes et externes de l'évolution. Le sentiment moral est un phénomène naturel, et si l'homme le considère comme une force objective, c'est seulement parce qu'il n'a pas remarqué la façon dont il prend naissance. L'accroissement involontaire et inconscient du sentiment moral est l'objet principal de la morale anglaise. Mais ici elle tombe, de l'avis de Guyau, dans une contradiction, et travaille contre elle-même. Car précisément ces théories anglaises devraient ouvrir les yeux à l'homme et lui montrer ce qu'il en est de la nature mystérieuse du sentiment moral qui semblerait une illusion dont on pourrait se libérer. La réflexion dissocierait ce qui s'est constitué d'une manière purement involontaire.

Mais, y a-t-il bien eu ici une réelle évolution? Les Anglais présupposent, comme base suprême, le besoin égoïste de la conservation de soi, et ce besoin ne reste pas toujours le même, s'il s'y ajoute encore tant de calculs, d'associations et d'adaptations! Le dévouement désintéressé dont nous sommes capables, ne peut pas s'expliquer par de tels facteurs. Cela ne veut pas dire que la sympathie désintéressée soit une tendance originaire. Ce que les Anglais conçoivent comme égoïsme primitif, c'est, d'après Guyau, quelque chose de différent et quelque chose de plus, qui a des bases plus profondes que l'égoïsme et que la sympathie. C'est un besoin d'activité, une tendance à se développer et à se répandre, qui se manifeste partout où la vie est saine et robuste. Cette force n'a pas besoin de se dépenser sur d'autres êtres, mais elle peut, au contraire, trouver à s'unir avec d'autres et à travailler pour eux. Donc ce n'est pas quand il a franchi plusieurs échelons intermédiaires, mais bien dès son premier germe, que l'instinct de l'homme contient la possibilité du dévouement à une vie plus vaste que la vie purement individuelle. — Guyau développe ici une idée qui s'était déjà rencontrée chez Vauvenargues et chez Rousseau, mais que cependant il ne semble pas leur avoir empruntée.

Quand on met ainsi en relief l'impérieux besoin interne, et en partie indépendant des circonstances extérieures, qui nous pousse à agir et à évoluer, nos efforts ne reçoivent pas — comme c'est la conséquence logique dans la morale utilitaire — le caractère d'un simple moyen. Alors il peut bien être vrai que nous vivons pour vouloir et agir, et que l'inverse n'est pas seul vrai. « Il faut vivre pour vouloir et agir! » Le présent ne doit être sacrifié ni au passé, ni à l'avenir. Dans l'acte même de la volonté il y a une fin : « il y a dans la volonté quelque chose de définitif! »

b) *Morale (Esquisse d'une morale sans obligation
ni sanction*, 1885).

Guyau fonde sa morale sur le concept de la vie, au sens le plus large de ce mot, qui fait disparaître l'opposition entre le conscient et l'inconscient, de même qu'entre l'égoïsme et la sympathie. La vie se manifeste comme un besoin d'accroissement, de conservation, de reproduction et d'expansion. Guyau veut se servir de la biologie pour remédier aux difficultés que les Anglais ont rencontrées en prenant la psychologie pour base ; il assure cependant que Darwin et Spencer ont aiment déjà indiqué une base biologique. L'important est pour lui qu'en définitive les fins ne sont pas créées par la conscience, quand elle se pose des fins ; voici ce qui se passe alors : on prend conscience ou on se transforme en objet de ce qui s'était déjà révélé dans l'inconscient. Les fins ne viennent donc pas tout à fait du dehors.

La morale sera, par suite, la théorie des moyens par lesquels nous pouvons atteindre la fin posée par la nature même — l'accroissement et l'expansion de la vie. Le premier précepte moral est celui-ci : développe ta vie dans tous les sens! Sois un homme riche le plus possible, en ce qui regarde aussi bien l'intensité que l'extension de tes aspirations ! Par conséquent, vis dans la société des autres et développe le plus possible en société ta capacité de vivre. — Le devoir n'est autre chose qu'une surabondance de vie qui demande à s'exercer et à se donner. Il ne provient ni d'une contrainte ni d'une nécessité extérieure, mais il est l'expression d'une force. Cette force surabondante se révèle surtout dans la sympathie ou dans l'altruisme. L'égoïsme, au contraire, est la marque d'une mutilation, d'une isolation et repose en définitive sur une illusion. La vertu la plus haute, celle qui, du reste, a son fondement profond dans la nature, c'est « la générosité ».

Guyau cherchait à échapper à la critique que lui-même avait dirigée contre l'école anglaise, en revenant à l'inconscient et à l'involontaire. Ce faisant il néglige de regarder les possibilités diverses — par suite les divers problèmes —, qui se trouvent à la transition de l'inconscient au conscient et de l'involontaire au volontaire. Il n'est pas sûr que le conscient épuise entièrement l'inconscient ou lui corresponde totalement, et on pourrait dire la même chose du volontaire et de l'involontaire. Des moyens supposent un but, et la morale ne peut pas chercher des moyens sans savoir à quel but ils doivent servir. Ce que nous prenons pour fin dépend à son tour de ce que nous estimons précieux. Les valeurs intermédiaires (les moyens) supposent des valeurs immédiates. Il faut donc commencer par ces dernières, et on ne peut pas les trouver sans le secours de la psychologie. Il faut qu'une théorie empirique des valeurs nous fournisse le fondement, et s'il y a plusieurs valeurs fondamentales, qu'on ne puisse pas ramener à une seule, il en résulte une difficulté que toute morale rencontre dès ses débuts. Ce n'est qu'aussi longtemps que l'on se tient dans une généralité vague qu'on peut se contenter d'en appeler à la biologie. Dès que sont posées des questions précises surgit le concept de valeur. Guyau lui-même en fournit un exemple. Contre l'assertion de Bourget qu'il est aussi arbitraire que dogmatique de distinguer entre les sentiments et les instincts naturels et artificiels, Guyau soutient (dans son écrit *L'art au point de vue sociologique*, p. 375) qu'il peut fort bien y avoir une différence de valeur, même quand les divers états se produisent avec la même nécessité. Il y a un critérium de la valeur naturelle qu'il faut chercher dans la force et dans l'extension de la vie, comme aussi dans la conscience et dans le sentiment de plaisir qui en est l'intime révélation. — Il est bien évident que si la « vie » n'était pas unie à la « conscience et au sentiment de plaisir » — quelque puissante et quelque étendue qu'elle fût — aucun concept de valeur ne pourrait être posé et aucune discussion morale ne serait possible [10].

Le besoin qui est apaisé par l'augmentation de la vie en force et en extension est, si je l'admets, involontaire et instinctif; ne sera-t-il donc pas accru s'il est pris comme objet de l'attention et de la réflexion ? — C'était ici la difficulté principale que Guyau avait trouvée chez les Anglais et dont il lui fallait par conséquent chercher à affranchir sa propre théorie. Il croit que la raison n'arrive à paralyser un instinct qu'en suivant une

direction contraire à celle de l'instinct ou que si l'on trouve
avantage à remplacer l'instinct par la raison. Mais ici ce n'est
pas le cas : il ne se produit rien de tel. Le dévouement et l'expansion involontaires ont une grande importance pratique. Le
plaisir du risque provient du surplus de force propre à la vie,
lequel produit l'espérance et la foi, et rend ainsi possible ce qui
n'aurait pas été possible autrement. C'est dans un mouvement
hardi de la pensée, dans un sacrifice enthousiaste, que se manifestent cette force et cette santé de la vie. La seule sanction
qu'admettra la morale de l'avenir ce sera « le plaisir du risque ».
— Je ne sais pas très bien pour quelle raison les Anglais ne
pourraient pas également s'appuyer sur ces principes; en
réalité c'est bien ce qu'ils font et même dans une plus large
mesure que Guyau, puisque leur morale est plus empirique
que la sienne. Si la prudence, l'association et l'adaptation ne
pouvaient pas conduire à quelque chose de précieux, elles ne
seraient pas les voies que l'évolution a constamment suivies.

c) *Esthétique.* (*Les problèmes de l'esthétique contemporaine.* 1884).

L'esthétique de Guyau offre un exemple intéressant des
diverses manières dont peut se poser un problème, suivant les
circonstances et les époques différentes. Pour les premiers
chercheurs, comme Kant et Schiller, et même encore pour
Spencer beaucoup plus tard, le problème semblait être de faire
une place à l'art dans la vie, malgré la lutte pour la vie. Ils
eurent recours à l'idée qui joue un si grand rôle chez Guyau,
en montrant qu'une surabondance d'énergie est employée à
des fonctions semblables à celles qui sont en usage dans la
vie, avec cette différence qu'alors tout n'est qu'image et jeu,
et non la réalité de la vie. Contre ce courant esthétique Guyau
dit : Nous cherchons dans l'art précisément une vie plus riche
et plus intense que ne saurait l'être la vie ordinaire; l'art est
une extension de la vie, et ce qu'il nous faut regretter, c'est
seulement d'être obligés de recourir à l'image et au jeu pour
atteindre cette extension. L'irréel n'est d'aucune manière
une condition de la beauté artistique, il en est au contraire une

limitation dont cette beauté doit se contenter. Pendant la contemplation artistique nous souhaitons de nous transformer en ce que nous regardons, et c'est le tourment du poète de ne pas pouvoir s'identifier avec toute la plénitude de la vie (voir la poésie *Le mal du poète*). Pour ce motif, suivant la conception de Guyau, la beauté naturelle est supérieure à la beauté artistique.

De là vient cette affirmation de Guyau que tous les sens concourent à la beauté. Une tasse de lait près d'une cabane de pâtre peut produire l'effet de toute une symphonie pastorale. Toutes les parties de notre être y participent, — par la perception, par le souvenir, par l'imagination. Est belle, pour Guyau, une impression qui met en mouvement le sentiment, la pensée et la volonté, et qui éveille en même temps le plaisir attaché à leur action combinée. Plus nous irons, et plus toute jouissance et tout sentiment de plaisir recevra la marque de la beauté, de sorte que la distinction disparaîtra que l'on doit faire, dans un stade intermédiaire de l'évolution, entre l'agréable et le beau; cette distinction n'a pour fondement que la grande puissance que l'animalité garde encore chez l'homme. Alors le côté esthétique et le côté moral se confondront aussi dans l'affirmation des valeurs naturelles de la vie. On se convaincra à la fin qu'aucun artiste ne peut vraiment représenter autre chose que sa vie propre, — et que la valeur de son œuvre devra dépendre de la valeur de cette vie ! — En lisant les écrits de Guyau, quand on arrive à ce passage, on ne peut s'empêcher de penser qu'il peut se rapporter à la propre activité littéraire de l'auteur, activité qui est partout pénétrée du grand Éros qui était l'âme de sa vie !

d) *Philosophie religieuse*. (*L'irréligion de l'avenir*. 1887).

L'ouvrage le plus merveilleux et le plus important de Guyau est le livre dans lequel il traite de l'*Irréligion de l'avenir*. On y constate une union heureuse de la critique la plus pénétrante et du sentiment très profond, de la complète conviction que les temps de la religion sont passés ainsi que de l'espoir débordant de confiance que jamais ne feront défaut les conditions nécessaires au développement d'une conception de la vie élevée et idéale. Son titre est dirigé contre les tentatives qui ont été faites pour construire une religion de l'avenir, et à la fois aussi contre l'« antireligion », car cet ouvrage affirme l'étroite relation du point de vue religieux avec le point de vue qui doit le détruire.

Le problème religieux se relie étroitement, selon Guyau, au problème moral et au problème esthétique. — Ces trois domaines se confondent à son avis avec le concept de la vie. Ces éléments se font tous trois jour dans la vie personnelle et sociale concentrée, et c'est seulement de cette manière que chacun d'eux arrive à se faire valoir isolément. La religion commence évidemment sous la forme d'une physique mythologique ; mais les éléments intellectuels n'y sont cependant pas prépondérants. La base principale en est formée par les expériences de l'homme dans la société où il vit. Cette communauté de vie s'étend involontairement au delà de toute l'existence, de telle sorte que les dieux et les hommes ne forment qu'une seule grande société. La religion n'est pas seulement un anthropomorphisme, elle est aussi surtout un sociomorphisme. La diversité des religions repose notamment sur la diversité des types sociaux d'après lesquels on conçoit l'univers, comme une famille ou comme un royaume, — et dans ce dernier cas comme gouverné par un père ou par un tyran. — Le caractère social de la religion s'exprime de la façon la plus nette dans le culte au moyen duquel l'homme se trouve en relation avec les dieux. — Peu à peu le culte religieux ainsi que les représentations religieuses se subtilisent et s'idéalisent. Le culte intérieur tend à succéder au culte extérieur et la mystique chasse la mythologie. Le point le plus haut est atteint quand Dieu prend la forme de l'idéal moral personnifié. — Comme caractères essentiels de toute religion Guyau met en relief : l'explication mythologique de la nature, qui se continue dans les religions supérieures par la croyance aux miracles — un système de dogmes considérés comme des vérités absolues —, et le culte considéré comme un système de pratiques ayant une efficacité surnaturelle. Partout où ces trois éléments ne se rencontrent pas, Guyau ne veut pas qu'on parle de religion.

La dissolution d'une religion ne se produit pas directement et ne provient pas du dehors; elle résulte au contraire de la disparition de ses conditions vitales internes. Cette disparition s'effectue lentement à mesure que se développent l'industrie, la science, l'individualisme et la morale indépendante. Parmi ces facteurs c'est sur la conviction autonome individuelle que Guyau insiste le plus : c'est surtout ce dernier facteur qui a valu à une religion la victoire sur une autre, c'est aussi lui qui finira par amener la dissolution graduelle de tout système dogmatique et par conséquent, en somme, la disparition de la religion. Ce processus de dissolution peut durer longtemps ; mais les idées agissent d'une façon ininterrompue et sans qu'on le remarque ; elles font du chemin, même si quelquefois — comme des soldats fatigués — elles dorment pendant leur marche.

Mais l'absence finale de religion, l'irréligion, n'est pas la même chose que l'antireligion, l'antithèse absolue de la religion. Elle doit, au contraire, devenir un degré supérieur de la religion et de la civilisation, ce qu'il y a de meilleur dans la vie religieuse gagnant en force et en extension après la ruine des dogmes. Ce qu'il y a d'éternel dans la religion est précisément la tendance qui l'a fait naître, — le désir d'arriver au delà du fait nu et de trouver une liaison plus grande. L'esprit humain est comme l'hirondelle : ses longues ailes ne se prêtent pas à un vol qui rase la terre, mais à un essor haut et téméraire dans l'air libre ; il s'agit seulement pour elle de pouvoir s'élever de terre, et cela lui est souvent difficile ; mais l'aspiration impérissable vers l'idéal remet toujours du vent sous les ailes de l'esprit. Cette aspiration deviendra plus forte qu'auparavant si elle se sépare de la religion. Seulement on sentira moins le besoin de trouver un langage déterminé pour exprimer les énigmes éternelles : elles parleront d'elles-mêmes. Les dernières hypothèses auront toujours la marque d'un caractère individuel. Il n'y a pas de religion qui soit capable d'exprimer tout ce que contient, dans son entière individualité, chaque personnalité prise à part, ou tout ce dont elle a besoin. Chacun doit se faire son propre dieu, sa propre bible. Des convictions diverses peuvent subsister côte à côte parmi les hommes tout aussi bien que des plantes diverses peuvent mûrir dans un même terrain. En particulier les éléments moraux de la religion seront conservés et affranchis. Maintenant déjà, chez les hommes les plus nobles, la religion tend à s'identifier avec l'amour. — Notre impression vis-à-vis de la vie et de l'existence n'est ni simple ni immuable ; elle est variable et instable. Il y a déjà une éternité que l'évolution dure — et il n'en est sorti qu'un monde comme le nôtre avec toutes ses dissonances et avec toute l'incertitude de son cours ! Plus l'homme s'identifie avec l'existence totale au moyen d'une espèce de sociologie idéale, et plus son tourment devient grand : la pensée est douleur et non pas seulement lumière. Dieu lui-même devrait, s'il existait, éprouver la douleur la plus grande, puisqu'en sa qualité d'être infini il devrait ressentir, avec la plus grande amertume, son impuissance à secourir. Mais l'impression d'ensemble portera le cachet de la sublimité, de telle sorte que le chagrin des hommes énergiques ne sera qu'un élément du sentiment vital. La surabondance de force fera naître l'espoir, la foi et le plaisir du risque. Même devant la mort qui, « après la naissance, est la plus grande curiosité de la vie intellectuelle », l'homme aux nobles aspirations garde une fermeté intellectuelle inébranlable. « Notre dernière douleur reste aussi notre dernière curiosité ! »

Cette dernière citation caractérise bien l'infatigable activité intellectuelle de Guyau qui s'harmonisait tout à fait avec sa gravité profonde, sa mélancolie prononcée et sa grande résignation. On a dit de lui qu'il naviguait sur la mer infinie sans jamais jeter l'ancre. Mais peut-on jeter l'ancre une fois pour toutes ? Quant au problème religieux, il est de ceux qui l'ont creusé le plus profondément, et il a nettement sauvegardé la nécessité de cette question : la concentration de la vie, que les religions opéraient à leurs périodes classiques, peut-elle disparaître sans être remplacée par des équivalents ? Il essaya de soutenir ici la continuité sur le terrain des valeurs spirituelles, bien qu'à son avis le concept de la religion ne doive s'appliquer à ces valeurs que lorsqu'elles se présentent sous une certaine forme déterminée [4]. Il proclame en tout cas si fortement la continuité entre la religion et l'irréligion, que ce que la religion a de meilleur (et par suite la vraie tendance qui la fit naître) doit être maintenu dans l'irréligion.

II. — FRIEDRICH NIETZSCHE

a) *Étude critique et biographie.*

On pourrait discuter — et on a discuté en effet — si nous nous trouvons ici en présence avant tout d'un poète ou d'un penseur. En tout cas on peut soutenir que les œuvres de Nietzsche auraient eu beaucoup à gagner sous le rapport de leur valeur durable, et qu'en lui le poète et le penseur auraient formé une harmonie plus grande, s'il avait adopté, pour l'exposition de ses idées, la forme du drame ou celle du dialogue ou même une forme analogue à celle des pseudonymes de Kierkegaard. Des idées diverses et contradictoires s'agitent en effet en lui, toutes avec une égale passion ; on dirait que non seulement dans ses divers ouvrages, mais aussi fréquemment dans le même écrit, se présentent des personnalités diverses. S'il revêtit d'une forme poétique son idée principale — ou en tout cas ce qui fut d'après moi, son idée principale, comme j'essaierai de le faire voir — c'est parce qu'il ne pouvait exprimer qu'en gros traits imagés ce qu'il avait au plus profond du cœur. Erwin Rohde, le plus illustre de ses amis de jeunesse, le considérait avant tout comme un poète, et c'est pour cela qu'il se réjouit lorsque « Zarathustra » commença à paraître. « J'ai depuis très longtemps le sentiment que Nietzsche souffre beaucoup d'une abondance de poésie qui ne veut pas se résoudre en véritables poèmes et qui provoque en lui de la fièvre et de la douleur. » — Nietzsche s'est expliqué très clairement lui-même sur les rapports en lui de l'élément poétique avec l'élément philosophique et sur l'importance qu'avaient pour lui ces deux éléments, dans la préface (de 1886) à une nouvelle édition de son livre de jeunesse « La naissance de la tragédie », en disant que sa tâche continuelle est de regarder la science du point de vue de l'art et l'art du point de vue de la vie. Ce fait montre, en même temps, que j'ai raison de caractériser sa tendance, au même titre que celle de Guyau, comme une philosophie des valeurs. Pour Guyau la force et l'abondance de la vie sont sa pensée fondamentale de beaucoup la plus intime : Nietzsche de son côté a lu plusieurs ouvrages de Guyau avec grand intérêt. Ce qu'il a en vue, c'est d'attribuer à la vie une valeur nouvelle et positiviste, en se basant sur les enseignements de l'histoire de la civilisation. Sur ce point, ce qui frappe le plus la grande masse et saute immédiatement aux yeux, la théorie de la morale des maîtres et de la morale des esclaves, le dualisme social et le mépris de la grande foule (du « troupeau »), n'est que dérivé et subordonné, et même, comme j'essaierai de le montrer, faussement dérivé. Sur ce point, dans la relation de son idée vraiment fondamentale avec ses vues et ses antipathies spéciales, se trouvent les contradictions les plus grandes. Ceux de ses écrits dans lesquels se rencontrent ces théories dérivées par rapport à l'idée principale (et, de plus, faussement dérivées) sont cependant ceux qui sont les plus lus. Son influence littéraire tient surtout à cette partie de sa production d'écrivain. Sans vouloir rouvrir ici la discussion que je soutins il y a quelques années avec Georg Brandes au sujet de Nietzsche, je ne crois pas pouvoir me dispenser de remarquer qu'on n'a pas eu la main heureuse quand on a fait entrer Nietzsche dans la littérature danoise en accentuant ce côté. On a insisté sur ce qu'il y a chez lui de plus contingent, au lieu d'appeler l'attention sur ce qu'il contient de fondamental. Maintenant que l'on est à même — surtout après l'apparition de tant d'écrits et de tant d'esquisses de Nietzsche — d'embrasser en quelque sorte d'un coup d'œil toute sa production, je trouve ce fait amusant que le seul point, pour ainsi dire, sur lequel nous étions d'accord, mon contradicteur Georg Brandes et moi, était un point où nous avions tort tous les deux. Nous étions unanimes à déclarer que Nietzsche est un adversaire de la morale hédoniste, et maintenant il est avéré que Nietzsche était en fait un moraliste du plaisir dans le plus grand calme. Il est bon de faire ressortir ce fait en ce point de notre étude où nous n'avons pas à nous occuper de ce qui peut-être chez Nietzsche est, au point de vue littéraire, ce qu'il y a de plus sensationnel, mais où nous devons parler, au contraire, de ce qu'il y a de plus décisif au point de vue philosophique : les idées maîtresses, leurs fondements et leur combat.

Le grand rôle que joue chez Nietzsche l'élément littéraire et poétique, est cause que l'on trouve à l'exposer et à l'analyser de plus grandes difficultés que ce n'est le cas pour les autres philosophes. Pour donner de lui un portrait quelque peu exact, je devrai m'étendre un peu plus que je n'aurais eu à le faire s'il ne s'était agi que de rendre compte de ses idées. Il est vrai qu'il y a un grand intérêt psychologique à étudier les rapports qui existent entre la pensée, l'art et la vie chez un génie qui aspirait à mettre toute la pensée et toute la poésie au service de la vie pour l'approfondir et pour l'élever. Et ici le profit psychologique aura également un sens pour la philosophie.

Friedrich Nietzsche naquit le 15 octobre 1844 ; il descendait d'une vieille famille de pasteurs de la Prusse saxonne. Il aurait voulu, quant à lui, être de plus noble origine, et il croyait que son arrière grand-père avait été un noble polonais. Quelques-uns de ses critiques, au contraire, se flattent de trouver, dans la suite même de ses idées, le fils des pasteurs. Très jeune, il fut soumis à d'autres influences qu'à des influences ecclésiastiques, car, à l'école et à l'université, il se consacra avec ardeur aux études classiques. La connaissance directe de la vie intellectuelle grecque et l'enthousiasme qu'elle fit naître en lui eurent un rôle capital dans l'orientation des aspirations et des rêveries de toute sa vie. En même temps, l'étude de Schopenhauer, qu'il mena de front avec ses études philologiques, eut pour lui une profonde importance. D'autres philosophes eurent sur lui de l'influence, entre autres Dühring et Albert Lange ; mais Schopenhauer fut son véritable « éducateur ». A propos de l'étude qu'il faisait de Schopenhauer, il écrivait (en 1869) à son ami Paul Deussen : « Une philosophie que nous embrassons par simple désir de connaître, ne deviendra jamais tout à fait nôtre, parce que jamais elle *ne l'a été*. La vraie philosophie de chacun est l'ἀνάμνησις [souvenir]. » Le désir de connaître s'est toujours montré chez Nietzsche inséparablement uni au désir artistique et au désir de vivre. C'est là sa force, mais en même temps c'est sa faiblesse — comme penseur, surtout parce que ses idées, par l'effet de sa nature impulsive et sans harmonie, lui furent si souvent dictées par un état d'âme momentané ou par une réaction contre les tendances du monde extérieur.

Richard Wagner fut le deuxième grand éducateur de Nietzsche. Déjà pendant ses années d'études à Leipzig, il avait fait la connaissance personnelle du grand maître, et quand en 1869 il fut nommé professeur de philologie à Bâle, il eut des relations très cordiales avec Wagner et sa femme qui, à cette époque, habitaient dans les environs de Lucerne.

Il eut encore un troisième éducateur : la maladie, qui, pendant de longues années, rongea ses forces et se termina par une folie incurable. Il dut contracter cette maladie en prenant part comme infirmier à la guerre franco-allemande. Elle avait eu la contagion pour cause et Möbius (*Ueber das Pathologische bei Nietzsche*[1]) soutint pour ce motif que la maladie cérébrale dont Nietzsche eut à souffrir ne se rattachait pas à sa personnalité primitive, bien qu'elle ait eu une certaine influence sur son développement ultérieur et qu'il faut aussi admettre qu'il y avait des prédispositions héréditaires. Suivant Möbius, si l'état de Nietzsche empira, ce fut par suite d'un faux traitement médical et à cause de l'abus qu'il faisait du chloral. Quand Möbius se flatte aussi de pouvoir indiquer dans les écrits de Nietzsche le moment déterminé où la maladie aurait commencé à manifester son influence, je crois qu'il parle absolument en l'air; mais je reviendrai sur ce point. — La maladie rendit impossible pour Nietzsche, après une lutte assez longue, la continuation de son activité professorale à l'université; au reste le terrain de la philologie était devenu trop étroit pour lui, du moment que les grands problèmes ne lui laissaient pas de repos, mais aiguillonnaient au contraire son imagination et son intelligence. Il se retira en 1879, et les années suivantes, il vécut ordinairement l'été dans l'Engadine et l'hiver sur la Riviera. Dans les forêts magnifiques de l'Engadine, dans cette nature à l'air léger

---

[1]. Étude pathologique sur Nietzsche.

et aux colorations somptueuses, au-dessus des occupations ordinaires des hommes dans les vallées — à ces hauteurs et « à distance », suivant ce qu'il nous dit lui-même, quelques-unes de ses idées les plus célèbres virent le jour.

Ce qui est particulier à Nietzsche, c'est que ses trois éducateurs agirent sur lui de la manière la plus décisive par la réaction qu'ils provoquèrent ou par l'effet de contraste qu'ils occasionnèrent. La maladie aiguira sa volonté et la vaillance dans les maux fut sa principale vertu. Il connut de première source les douleurs de la vie, mais en même temps la force débordante de la vie qui lui permettait malgré tout de s'affirmer. Il ne put jamais plus échapper à l'éducation de la maladie, tandis qu'il put, du moins en apparence, se séparer de ses deux autres maîtres. Sa rupture avec celui de ses éducateurs qui vivait encore, Richard Wagner, fut douloureuse. Ce fut le pessimisme de Schopenhauer qui le fit s'éloigner de lui à un certain point de son évolution; ce qui l'écarta de Wagner, c'est aussi bien le pessimisme de ce maître que l'attachement au christianisme moyenâgeux qu'il crut trouver[12] dans le grand musicien, dont les faiblesses humaines se révélaient peu à peu à son regard perçant. Il avait admiré et aimé « Siegfried »; déjà Wotan — le dieu pessimiste ! — lui avait causé de l'étonnement; il haït « Parsifal ». Primitivement il avait admiré l'art de Wagner qu'il qualifiait de « dionysien »; plus tard il ne vit plus en lui qu'une manifestation de la décadence.

Quant on étudie la biographie de Nietzsche[13], il est tout naturel qu'on cherche des événements de sa vie qui aient pu le mettre en contact avec le peuple, le grand tas, le « troupeau », comme il disait plus tard. On pourrait, en effet, s'attendre à ce qu'il ait eu des occasions nombreuses de voir les hommes s'agiter en grandes masses. On ne trouve que deux occasions de ce genre et toutes les deux firent naître en lui le mépris. La première fois il eut le spectacle d'étudiants allemands qui étaient ivres de bière. La seconde fois ce fut le public du théâtre de Bayreuth qui ne répondit pas à l'attente qu'il s'était faite de l'auditoire idéal, à l'occasion de la renaissance du grand art. — En revanche, Nietzsche n'a jamais eu l'occasion de vivre au milieu du peuple et de connaître ses efforts et sa faculté de développement et d'organisation ; il est resté complètement étranger aux plus grands événements sociaux du xix° siècle.

On peut distinguer plusieurs périodes dans le cours de sa maladie. Son état de santé empira vers 1879, pour s'améliorer les années suivantes et s'aggraver ensuite en 1888. Il se produisit alors une catastrophe. Il envoya à plusieurs de ses connaissances des lettres qu'il signait tantôt « Dionysios », tantôt « le crucifié ». Un jour, à Turin, il tomba sans connaissance dans la rue. Un ami le conduisit à Bâle d'où plus tard il fut ramené dans son pays. Il vécut les dernières années de sa vie dans un état d'hébétement complet à Weimar, entouré des soins dévoués de ses proches. Il mourut le 25 août 1900. — Comme il n'y eut pas d'autopsie, on ne put pas déterminer d'une manière absolument certaine la nature et le siège de sa maladie. La sœur de Nietzsche estime que l'usage immodéré du chloral fut la cause principale de sa dernière maladie.

Nietzsche était l'homme des contrastes. Le contraste qui est chez lui le plus frappant, celui qui marque son empreinte sur toutes ses occupations et qui fut fatal à sa vie et à sa valeur, c'est le contraste que présentent son enthousiasme élevé et son profond dégoût. Dans les circonstances normales, ces deux contraires forment des aspects différents d'un même état d'âme fondamental ; chez Nietzsche, ils étaient des puissances ennemies qui se disputaient l'empire de son esprit et de sa volonté. Cette lutte fut sa ruine. L'admiration de ce qui est grand et élevé, l'ardent désir qui le porte vers ces objets et le souhait de travailler pour eux, tel était bien le fond le plus intime de son âme ; mais l'antipathie à l'égard de ce qui est bas et faible et le mépris que ces choses lui causaient prirent le dessus et l'hypnotisèrent, et il s'ensuivit que la cause pour laquelle il voulait lutter céda la place à celle qu'il voulait combattre. Les dispositions « réactives » — que lui-même pourtant méprisait chez les autres — prirent chez lui de plus en plus la haute main. Il sentait lui-même le danger qui menaçait sa vie spirituelle. En 1874, il écrivait à Mlle de Meysenbug : « Dans quel état serai-je après m'être débarrassé de tout ce qui se cache en moi de négation et d'indignation ; et pourtant je puis espérer que dans cinq années environ je ne serai pas loin de ce but magnifique. »

Cette espérance ne fut pas réalisée, même après qu'il eût commencé à travailler à l'exposé positif de ses idées. L'année même qui précéda la catastrophe, il interrompit son travail suivi pour donner libre cours à ses antipathies, bien qu'auparavant il ait eu fréquemment l'occasion de les exhaler.

La place prépondérante que les antipathies occupent dans sa production forme non seulement contraste avec son enthousiasme, mais encore elle est en contradiction avec son caractère tout de bonté et de tendresse, tel qu'il se révélait dans l'intimité. Cela aussi il le sentait lui-même. Dans une lettre à Mlle de Meysenbug (1875) il disait : « Cet automne, j'ai résolu de commencer chaque journée en me demandant : Y a-t-il quelqu'un à qui tu pourrais aujourd'hui faire du bien ?... Par mes écrits, je cause de la peine à tant de gens que je devrais bien essayer de me rattraper en quelque façon. » Quelques années plus tard (1883) il écrit à Erwin Rohde qu'il sait bien que l'image que ses livres donnaient alors de lui [au moment où il soutenait la plus violente polémique dans son activité littéraire] ne s'accorde pas avec celle que son ami porte au fond de son cœur. Il a réellement une « autre nature » [autre que celle qui se révélait à ce moment dans ses écrits] ; s'il n'avait eu que la « première », il y a déjà très longtemps qu'il aurait été ruiné !

La forte prédominance des antipathies n'est pas seulement en contradiction avec l'enthousiasme et avec l'amour, mais aussi avec l'optimisme que Nietzsche défendit si passionnément pendant ses dernières années. De plus en plus, et en termes exubérants, il demandait qu'on affirmât la vie, qu'on en reconnût la valeur. Mais comment pouvait-il le demander, si le monde est plein de dégoût et de misère, comme il le redisait toujours et comme il n'a jamais cessé de le dire ?

Les dispositions opposées ne purent jamais se réconcilier chez lui, ni sous la forme de beaucoup d'esprit, ni sous celle de la profonde mélancolie. On a dit de Shakespeare que son humour est l'expression de sa fidélité à la vie. Nietzsche ne fut pas capable de montrer ainsi sa fidélité ; peut-être cela venait-il de ce qu'il n'était ni nettement poète ni nettement penseur, et qu'ici également deux natures se combattaient en lui. Guyau qui vécut à la même époque et qui, sur tant de points, partagea aussi ses pensées, trouva dans la mélancolie et dans l'éternel effort de la pensée l'équilibre harmonieux. Cette forme, elle aussi, fut refusée à Nietzsche. Il n'arriva pas à trouver une couleur dominante qui fondît en soi les tons opposés. Ses oscillations entre l'ivresse dionysienne et le désaccord dévorant le portèrent toujours plus près de la dissolution. On a le droit de chercher en cela un effet de la maladie. Il lutta bravement contre elle, car il était un homme de courage, un homme de volonté. Il sentait fortement « la véhémence des oscillations intérieures »; mais quand ses critiques le traitaient d' « excentrique », il disait avec fierté : « Ces messieurs qui n'ont aucune idée de mon centre, de la grande passion pour qui je vis, auront de la difficulté à voir où j'ai été jusqu'à présent en dehors de mon centre, où j'étais vraiment *excentrique* ». Il fit montre de sa vaillance dans le travail et dans la souffrance, dans l'insuccès et dans la solitude : « Aucune douleur n'a pu ni ne doit être capable de me faire porter un faux témoignage sur la vie telle qu'elle m'apparaît ». (D'une lettre de 1880). « Mon existence est un fardeau terrible ; je m'en serais débarrassé depuis longtemps, si je n'avais pas vu que c'était justement dans cet état de souffrance et de renoncement presque absolu que je faisais les observations et les expériences les plus instructives dans le domaine spirituel et moral, — cette joie avide de connaissance m'élève à des hauteurs où je suis victorieux de tous les martyres et de tout les désespoirs ». (D'une lettre de 1880). Et plus tard il écrit un jour : « Que l'on y prenne garde : les années où ma vitalité descendit à son minimum furent celles où je cessai d'être pessimiste ».

Il n'avait peur que d'une chose : de la pitié. Elle l'avait effrayé alors qu'il était encore pessimiste, pendant son « éducation » schopenhauérienne. Cette crainte, qui est si étonnamment opposée à sa bravoure, trouve en partie son explication dans l'endurcissement voulu de Nietzsche, mais elle est aussi en rapport avec son âme faible pour qui la pitié pouvait devenir une tentation. Ce qu'il entend tout d'abord par pitié, c'est la forme passive, sentimentale de la compassion, qui est déprimante aussi bien pour celui qui l'éprouve que pour l'objet de la pitié. A la fin la pitié lui paraît être le dernier péché grave que l'on puisse encore commettre, quand tous les autres sont devenus impossibles. L'influence hypnotique qu'exercèrent sur Nietzsche ses antipathies se manifeste encore ici. Il finit par trouver l'air vicié dans toute l'Europe, partout où il voyageait ou résidait.

La forme littéraire adoptée par Nietzsche fut déterminée par son tempérament et par son état maladif. Il sentait le besoin de concentration, et il y a dans sa production certaines idées positives fondamentales qu'il s'efforça de mettre complètement à jour. Mais il n'était pas en état de subordonner l'impression prédominante du moment aux exigences de l'idée maîtresse et de l'impression dominante. Il n'avait pas à sa disposition le pouvoir de se limiter qui fait les maîtres. De là provient le désaccord de ses pensées ; l'ivresse d'un moment ne correspond pas à celle de l'autre. L'aphorisme devint sa forme préférée, chaque aphorisme pris à part fait arriver un point de vue à son expression complète et souvent frappante, pour céder ensuite la place à d'autres aphorismes qui disent facilement tout le contraire. Le vrai travail de la pensée n'est jamais accompli. C'est avec raison qu'on a dit de la forme de l'aphorisme qu'elle est dangereuse pour Nietzsche. Il y est venu, en partie par esprit d'imitation des anciens écrivains français, surtout de La Rochefoucauld, si haut placé dans son admiration, en partie de son peu de santé qui lui rendait par suite impossible tout travail suivi. Il produisait en se promenant, et il écrivait ses pensées sous forme détachée ; d'autres devaient les rédiger ensuite. « Je griffonnais quelque chose sur une feuille, en marchant de côté et d'autre ; je n'écrivais rien au bureau ; des amis déchiffraient mes griffonnages. » (Lettre à Eiser, 1880). La popularité dont jouit Nietzsche, c'est en grande partie à cette forme qu'il la doit ; il est si facile en effet de faire au moins une « connaissance sommaire » avec ses livres. Il dit lui-même d'une de ses œuvres composée sous cette forme : « Un livre comme celui-ci n'est pas fait pour être lu entièrement d'un seul coup, ni à haute voix, mais pour être ouvert fréquemment, surtout en promenade et en voyage. » (« Aurore », aphor. 454). Il n'est pas facile, ainsi qu'il l'a dit, de trouver son véritable centre ; mais sa propre forme d'exposition l'a rendu encore plus difficile que cela ne l'aurait été en soi et par soi.

b) *Les écrits de Nietzsche.*

Avec le tempérament discordant et oscillant de Nietzsche, on ne peut pas, pour classer ses écrits, s'en tenir simplement à leur ordre chronologique, mais il faut au contraire les partager en groupes que nous aurons à caractériser par les relations différentes qui existent entre les idées maîtresses qui prédominent au fond de lui-même.

1. *Premier groupe.* — Le problème est posé et la solution définitive indiquée. Le caractère propre de ce premier groupe, c'est la base historique de la position des problèmes, que Nietzsche emprunte à ses études philologiques. Il s'appuie ici sur la sociologie, tandis que Guyau s'appuie essentiellement sur la biologie. *La naissance de la tragédie* (1872) n'est pas seulement le premier écrit important de Nietzsche, mais peut-être aussi à la fois — pour ce qui regarde la réelle position du problème — le plus important de tous ses écrits. Sa grande idée d'une nouvelle détermination des valeurs de la vie apparaît déjà dans ce livre. Dans un de ses derniers écrits, *Le Crépuscule des idoles*, il dit lui-même : « *La Naissance de la tragédie* fut ma première transposition de toutes les valeurs. » La conception tragico-pathétique de la vie, symbolisée par Dionysos et par Apollon, est posée comme l'antithèse de l'optimisme intellectuel représenté par Socrate. Les rapports existant entre la science, l'art et la vie sont personnifiés dans ces trois figures, et Dionysos occupe la place la plus élevée, bien que l'élément appollinien, qui informe et limite, y soit mieux reconnu que dans les œuvres postérieures.

Le point de vue ainsi acquis est appliqué, dans les *Considérations inactuelles* (1873-1876), à la culture intellectuelle allemande de l'époque. La première des quatre considérations contient une critique pénétrante de Strauss, la seconde une polémique contre la trop grande estime où l'on tient la méthode historique, la troisième et la quatrième glorifient Schopenhauer et Wagner en qualité de grands éducateurs.

Les personnalités aux ardentes aspirations, aux sentiments tragiques y sont opposées au penseur satisfait de lui-même à cause de ses résultats critiques, et à la manière purement objective de s'occuper du passé. Nietzsche crut plus tard qu'il avait attribué son propre état d'âme plein d'espérance à Schopenhauer et à Wagner, qui étaient en réalité des décadents, et dans le reste de sa production il ne cessa jamais de réagir contre son admiration précédente. Il brûle ce qu'il a adoré, et il rallume toujours le bûcher.

Dans ce premier groupe — outre le rapport essentiel entre la science, l'art et la vie — se font encore jour d'autres grandes idées de Nietzsche : son aristocratisme radical, qui voit dans les grands hommes le but poursuivi par l'histoire, et le dualisme social entre les maîtres et les esclaves, qui est étroitement lié à l'idée précédente.

2. *Deuxième groupe*. — Ici ressortent davantage les contradictions qui existent dans la suite des idées de Nietzsche, en même temps que sa contradiction à d'autres points de vue. Ce qui est surtout important ici, c'est sa rupture avec Schopenhauer et avec Wagner. Nietzsche parle plus tard d'une cure antiromantique à laquelle il se soumit parce qu'il souffrait de la maladie très dangereuse du romantisme. Il fallait défendre la vie contre les conclusions qu'on aimait à tirer de la douleur, de l'illusion et de l'isolement. Il veut certainement ici dire la même chose que dans une lettre de l'année 1883, où il parle d'un long et pénible ascétisme mental auquel il se soumet depuis six ans. Cette cure ou cet ascétisme consistait en des études réalistes. Il fit connaissance avec les sciences naturelles, avec l'ancienne philosophie française et la philosophie anglaise contemporaine. Ainsi vint prendre place dans la suite de ses idées un nouvel élément qui ne se laissa pas facilement concilier avec les éléments déjà présents, et qui fut l'occasion d'une nouvelle polémique et d'une réaction nouvelle. C'est à ce moment-là qu'il commença à employer la forme de l'aphorisme, et il lui fut dès lors impossible de s'en affranchir. La domination de l'aphorisme devait naturellement devenir de plus en plus forte, à mesure que les tendances, les sympathies

et les antipathies différentes se manifestaient chez lui plus nombreuses et demandaient à s'exprimer.

Mais la cure qu'il fit ici ne fut pas seulement une cure passagère. Le problème moral prit plus nettement le dessus chez lui, se présentant comme une forme spéciale du problème général de la culture posé dans les premiers écrits. Un doute raisonné surgit en lui, portant sur les suppositions morales (« déterminations de valeur ») regardées jusqu'ici comme valables dans la vie et dans la pensée. « Je commençai à enterrer ma confiance en la morale. » (Préface d'*Aurore*, de 1886.)

De cette période sont les écrits *Humain, par trop humain* (1878-1880), *Aurore* (1881), *La gaie science* (1882).

Vers la fin de « La gaie science » se trouve pour la première fois une idée qui joua pour Nietzsche un grand rôle dans ses dernières années, l'idée que l'évolution de l'existence est rythmique, de sorte que ce qui est arrivé une fois se reproduira dans une période suivante de la même manière et dans tous ses détails. En même temps se mit à surgir la figure de Zarathoustra, le grand prophète de l'affirmation de la vie, qui descend vers les hommes pour leur annoncer que la vie est belle, qu'on peut et qu'on doit en vouloir le recommencement (*La gaie science*, Aphor. 341-342). Peu de temps après Nietzsche composa la première partie de son *Zarathoustra*. Il écrit à un ami (juin 1883) : « Ce qui me reste encore de vie (très peu, je crois !) doit être désormais entièrement consacré à exprimer les raisons qui m'ont fait m'attacher à la vie en général. Le temps du silence est *passé :* mon « Zarathoustra », qui te sera envoyé une de ces semaines, te montrera, j'espère, vers quels sommets ma volonté a pris son essor. Ne te laisse pas prendre à la forme légendaire de ce petit livre : derrière tous ces mots simples ou rares se cache *mon plus grand sérieux* et *toute ma philosophie* ». — Je ne comprends pas pourquoi Möbius a pu croire que c'est à cet endroit de « La gaie science », que la maladie de Nietzsche a commencé à attaquer sa vie intellectuelle, après avoir auparavant ébranlé sa vie sentimentale. La figure de Zarathoustra occupait Nietzsche depuis sa jeunesse, et d'ailleurs elle est préparée par la figure de Dionysos dans la « Naissance de la tragédie ». L'idée du retour de toutes les choses, Nietzsche la doit à ses études grecques, puisqu'on la trouve chez les pythagoriciens et chez les stoïciens : maintenant elle lui paraît tout naturellement être la pierre de touche qui montre combien grand est le besoin de l'affirmation de la vie. On pourra trouver cette idée bizarre ; mais à cette époque précisément, elle est psychologiquement intelligible chez Nietzsche. Il dit lui-même dans une note autobiographique : « Le fond même de « Zarathoustra », l'idée du retour éternel, cette formule du consentement, la plus haute qu'on puisse atteindre, est du mois d'août de l'an 1881 ; elle est couchée sur une feuille avec cette inscription : 6 000 pieds au delà de l'homme et du temps ! Je me promenais ce jour-là au bord du lac de Silvaplana, à travers bois ; je m'arrêtai près d'un bloc puissant qui se dresse en forme de pyramide à peu de distance de Surlei. C'est là que cette idée me vint. »

Le livre même de « Zarathoustra », ne peut pas être classé dans ce groupe. Nietzsche en interrompit plusieurs fois la composition par suite du besoin qu'il éprouvait de donner de l'air à ses sentiments de polémique et d'antipathie par de nouveaux aphorismes. Il ne réussit pas à exprimer complètement « son grand sérieux et toute sa philosophie. » *Par delà le bien et le mal* (1886) devait être un commentaire du « Zarathoustra » (qui n'était pas encore achevé, — et qui ne le fut jamais). Mais c'est un commentaire qui suppose que l'on comprend le livre qu'il doit commenter, le livre inachevé. Dans une lettre (d'octobre 1886) Nietzsche écrit : « T'es-tu occupé de mon « Par delà ? » C'est une sorte de commentaire de mon « Zarathoustra ». Mais il faudrait bien comprendre, *jusqu'à quel point* il est un commentaire par rapport à « Zarathoustra » ! — On ne peut pas s'empêcher de se demander combien de ceux qui se sont mis à vivre « par delà le bien et le mal » en se croyant de bons nietzschéens se sont réellement conformés à cette exigence posée par leur maître. Il est vrai que la tâche qui leur est assignée n'est pas une tâche facile. Et c'est une forme nouvelle de la tragédie dans la vie et dans la pensée de Nietzsche, qu'il ait écrit des commentaires pour des œuvres qu'il n'a pas achevées, des commentaires qui pourtant auraient besoin des œuvres elles-mêmes en tant que commentaires ! — *La Généalogie de la morale* (1887) devait à son tour être un complément de « Par delà ». Nietzsche y essaie de fonder historiquement le dualisme social qui occupe si nettement le premier plan dans ses écrits aphoristiques.

Dans ces deux livres se font clairement jour la théorie de l'insurrection des esclaves dans la morale et celle de la nécessité d'une création absolument nouvelle de valeurs, bien que Nietzsche les ramène à son « Humain, par trop humain » et les fasse dater de son séjour dans l'Italie du Sud, en 1876. Ces deux idées sont celles grâce auxquelles Nietzsche a fait le plus sensation dans le public. Ici se manifeste l'ardent désir de Nietzsche de se sentir loin de la foule, dans le « Pathos de la distance », et sa morale des castes s'exprime sous la forme la plus lourde. Mais il faut bien observer que ces deux écrits ne sont que des fragments d'un grand ouvrage dont Nietzsche avait conçu le plan dès 1881, et que, par conséquent, ils ne peuvent pas être regardés comme le dernier mot de Nietzsche. Les sentiments qu'il y fait voir sont précisément en définitive en contradiction très nette avec ses aspirations les plus profondes, et cette contradiction, il la sentait parfois lui-même. — Mme Élisabeth Förster-Nietzsche vient de donner, dans la préface du tome XV des œuvres de Nietzsche, des renseignements sur l'enchaînement de sa production littéraire de 1881 à 1888 et surtout sur la relation des différentes œuvres à l'œuvre maîtresse et à son terme positif. On peut y voir aussi qu'une série d'écrits de violente polémique, parus durant sa dernière année de santé (1888), sont également des fragments de ce grand ouvrage. Tels, par exemple : *Le cas Wagner, Le crépuscule des idoles, Nietzsche contre Wagner* et *L'Antéchrist*.

3. *Troisième groupe*. — Ce fut un travail accablant pour Nietzsche que d'exprimer dans une si grande mesure ses antipathies et ses impressions polémiques. Sur le point même d'achever son grand ouvrage, on le voit interrompre son travail pour se hâter fiévreusement d'expédier ses protestations. Et cependant l'homme qui voulait entreprendre une interversion des valeurs (même de *toutes* les valeurs !) devait avoir à cœur de s'expliquer à lui-même et aux autres sur quelle base

et d'après quelle règle cette interversion des valeurs aurait lieu. Or cette base, Nietzsche l'a bien cherchée, quoiqu'il ne soit pas arrivé à l'exposer complètement. Mais il ne vit pas clairement que l'aristocratisme radical et le dualisme social, dont il s'était fait le prophète dans ses écrits et auxquels il devait ses plus grands triomphes littéraires, étaient en contradiction insoluble avec son idée maîtresse, avec sa valeur fondamentale : la force, la santé et le bonheur de la vie. — En deux ouvrages inachevés il travailla à développer cette idée maîtresse et à la donner comme la dernière mesure de la valeur. Un de ces ouvrages est : *Ainsi parla Zarathoustra, Un livre pour tous et pour personne,* dont quatre parties parurent de 1883 à 1886. A ces quatre parties se rattache essentiellement le plan tout à fait important d'une partie finale qui est imprimée dans le tome XII des œuvres (p. 321). L'autre ouvrage, qui devait exprimer sous une forme plus philosophique ce qu'exprimait « Zarathoustra » sous une forme poétique, est *La Volonté de puissance, Essai d'une transvaluation de toutes les valeurs*; il n'existe qu'en fragments qui sont parus actuellement dans le tome XV des œuvres. Il devait avoir la même conclusion que « Zarathoustra », puisque le titre du dernier livre était déjà fixé : « Dionysos. Philosophie du retour éternel. » — Mais Nietzsche s'était tellement épuisé par ses antipathies qu'il manqua de force à ce moment-là pour trouver des images et des idées qui auraient donné une forme à son idéal positif. Il avait surtout tellement perdu l'habitude de toute pensée bien suivie et il se méfiait à un tel point de cette façon de penser, ainsi que de toute forme déterminée en général, qu'Apollon était finalement aussi incapable que Socrate d'exprimer ce que pensait Dionysos. Dans son extase Dionysos se déchirait lui-même.

c) *Point de départ dans l'histoire de la civilisation.*

Nietzsche voulait une nouvelle Renaissance, et, comme la Renaissance italienne, il commença par faire l'éloge des Grecs. Sur ce terrain ses goûts philologiques et philosophiques concordaient bien. Après avoir obtenu, tout jeune encore, une chaire de philologie à Bâle, il craignit de devenir un philistin et un « homme du troupeau », s'il se plongeait dans les spécialités. Il voulut infuser à sa science un sang nouveau, en la faisant servir à éclairer les grands problèmes de la vie. Dans cet essai, Schopenhauer et Wagner devaient être ses maîtres.

La Naissance de la tragédie met en relief, comme étant le point culminant de l'histoire de la civilisation grecque, la fusion de l'enthousiasme dionysien et de l'harmonie apollinienne. Le délire bachique, manifestation de la quantité de vie débordante, fut, par l'influence delphique qui lui prête des expressions imagées et artistiques, traduit en formes claires. L'art tragique a eu pour berceau les chœurs des satyres ; les chants du chœur exprimaient à l'origine les visions du chœur qui assistait en spectateur à la poursuite de son Dieu, à sa lacération et à sa nouvelle naissance. Ainsi la tragédie fut enfantée par l'esprit de la musique et servit à interpréter les grandes vicissitudes de la vie. L'idée commune qu'on se fait de l'esprit grec, idée que nous devons surtout à Winckelmann, Gœthe et Schiller, n'a pas vu cet arrière-plan titanique de l'ancienne harmonie : Dionysos précurseur d'Apollon ! L'image, le mot et l'idée sont secondaires et dérivés par rapport à la grande poussée de la vie.

La tragédie grecque fut tuée par le socratisme, qui sut persuader aux hommes que ce qui importe c'est de savoir, c'est de comprendre. Sous son influence, Euripide fut le premier des tragiques fastidieux : la tragédie dut, peu à peu, céder le pas à la comédie bourgeoise, ennuyeuse, et Platon tourne en dérision l'enthousiasme poétique qui ne sait pas lui-même ce qu'il fait. Un nouveau type d'humanité se fait ici jour : l'homme de la raison, le chercheur pour qui en définitive la recherche a peut-être plus de prix que la découverte. Dès ce moment la lutte entre l'esprit tragique et l'esprit scientifique dans l'interprétation du monde est continuelle, jusqu'à ce que la délivrance arrive grâce au Faust de Gœthe, à la Critique de la Raison de Kant, à la philosophie de Schopenhauer et à la musique de Wagner. Mais la plus éminente de ces puissances libératrices, c'est l'art de la musique, tel que Wagner l'a pratiqué : par la musique, nous avons l'oreille placée sur le cœur même de l'existence, en elle s'agite l'élément dionysien, l'aspiration bachique toujours en mouvement, la force la plus intime et la base de toute l'existence. Il est important que le besoin d'images soit éveillé ; mais l'aspiration va plus loin que n'importe quelle image. L'art n'est pas seulement l'imitation de la nature, il la complète et il la surpasse.

L'histoire de la civilisation à l'usage de Nietzsche est faite de gros traits ; et cette remarque s'applique non seulement à ce qu'il dit de la culture grecque, mais encore à la manière dont il parle du Christianisme, de la Réforme et de la Révolution dans ses écrits ultérieurs. Il personnifie en Dionysos, en Apollon et en Socrate trois tendances qui se sont toujours combattues dans la vie humaine. Au point de vue purement historique, il n'a pas le droit de voir dans le socratisme la cause principale du déclin de la culture grecque. La cause principale est celle-ci : la vie grecque fut entraînée dans le tourbillon des grands événements du monde et, en raison de sa conformation (apollinienne, si l'on veut) qui la divisait en petits états, elle n'eut pas ce qu'il fallait pour se maintenir dans les circonstances nouvelles. Au point de vue psychologique, il est arbitraire de dire aussi que l'énergie est informée par l'imagition et que toutes les deux sont instruites par la pensée. Il y a aussi en tout temps dans l'individu et dans l'espèce un courant inverse de pensée apporté par l'image au sentiment et à la volonté. Socrate fu évidemment lui-même une force positive, le modèle des grands caractères harmonieux de la fin de l'antiquité classique, période dans laquelle il ne s'agissait plus de chanter en chœur, mais où la voix de chaque individu (ainsi que dans la tragédie complètement dramatisée) devait attester le profit qu'il avait tiré de la vie ".

d) *Le but de l'histoire et le dualisme social.*

Contre la trop grande importance qu'à son avis on a attribué dans les temps modernes à la formation historique, Nietzsche s'écrie : Songez donc à vivre la vie! (*Memento vivere!*) Ne vous laissez pas accabler par le passé de telle manière que l'instinct, la personnalité, l'art et la pensée aient à en souffrir! Autrement il viendra un temps — comme le craignait Hésiode — où les hommes seront des vieillards en naissant!

L'importance de l'histoire n'est pas où on croit la voir d'ordinaire, dans le processus infini de l'évolution ou dans les destinées de la grande masse. C'est en chacun des hommes véritablement grands que se concentre toute la valeur de l'histoire ; en eux elle a atteint son but, et si le long processus historique est pris en considération, c'est parce qu'il fournit l'occasion et la force nécessaires à l'apparition d'hommes de cette espèce. Le but poursuivi par l'humanité ne peut pas se trouver à la fin de l'histoire, il ne peut au contraire résider que dans les plus grands exemples de l'humanité. C'est un mal que de trop parler de l'évolution historique, cela dilapide nos forces et pousse les masses à l'insurrection. Les grandes masses d'hommes ne sont que des moyens, des obstacles ou des copies — « pour le surplus que le diable et la statistique les emportent ! » — La grandeur ne repose pas sur l'effet produit sur les masses ; ce qu'il y a de plus noble et de meilleur n'agit pas du tout sur elles.

Nietzsche manifestait ici son aristocratisme radical (radicalisme aristocratique est un terme inexact). (*Considérations inactuelles*, seconde considération[4]). Cet aristocratisme est radical dans le sens d'un aristocratisme parfait. Le substantif « radicalisme » aurait été malaisément admis par Nietzsche qui, au contraire, est très conservateur en ce qui concerne le « troupeau ». Il faut ici choisir : on ne peut pas être à la fois partisan de Nietzsche et « radical » au point de vue social et politique et pas même au point de vue religieux. C'est ce qu'a fort bien vu un de ses disciples qui, sous le pseudonyme de Peter Gast, a rédigé, édité et commenté plusieurs de ses livres.

Les premières raisons de l'aristocratisme de Nietzsche sont donc étroitement liées à sa conception de l'histoire, dont il cherche à réduire l'importance le plus possible, ce qui réussit sans conteste quand le grand homme fait son apparition et se tient là, dominant le passé et l'avenir, sans être l'effet du premier, ni la cause ou le moyen du second. Il y a pourtant une inconséquence à dire que la grande masse doit non seulement être un obstacle ou une copie, mais encore un moyen. Quel intérêt la statistique pourrait-elle avoir « pour le surplus » à s'occuper de la masse, si cette masse n'est pas même considérée comme moyen, comme obstacle ou comme copie? il n'est pas aisé de l'apercevoir; on ne voit pas non plus quel plaisir elle peut fournir au diable, si elle n'est pas là en qualité d'obstacle. — L'influence de Schopenhauer, à laquelle Nietzsche n'a jamais pu bien réussir à se soustraire, se fait sentir derrière sa philosophie de l'histoire. Il est curieux de voir que Nietzsche n'a pas remarqué combien cette conception est pessimiste, bien qu'il ait consacré toute la dernière partie de son activité à s'affranchir du pessimisme. C'est pourquoi une contradiction bien marquée se fait jour chez lui sur ce point, ainsi que nous le verrons dans la suite.

Nietzsche donna plus tard de son aristocratisme des raisons un peu différentes, qui valaient plus que des raisons historico-philosophiques et pessimistes. Dans *Humain, par trop humain*, il part de la force de la vie et de la primauté de la culture comme règle : si la vie doit progresser et aller de l'avant, son progrès et son ascension ne peuvent être représentés que par une caste supérieure qui peut se livrer aux occupations libérales, et qui présuppose une caste inférieure qui, — comme une manière de cyclopes, — accomplira le travail matériel, qui est toujours plus ou moins un travail forcé. Seule cette caste supérieure peut posséder la liberté d'esprit. « La caste supérieure, dit Nietzsche dans un de ses écrits postérieurs, (*Antéchrist*, § 57) — j'appelle ainsi celle du plus petit nombre — étant la plus parfaite, a aussi les droits du plus petit nombre; il faut donc qu'elle représente le bonheur, la beauté, la bonté sur la terre ». Les deux classes doivent être maintenues séparées. Leur antagonisme est nécessaire. Il faut pourvoir la classe inférieure le plus possible de vertus de machines ou de vertus de troupeaux. La religion, la morale usuelle et les vertus bourgeoises conviennent très bien au troupeau, mais ne sont pas faites pour les élus. « Je ne voudrais pas, dit Nietzsche (*La Volonté de puissance*) apprécier trop bas les vertus aimables : mais la grandeur d'âme ne s'accorde pas avec elles. »

La classe supérieure n'est que fin, elle n'est pas moyen en même temps. C'est, d'après Nietzsche, une marque de corruption pour une aristocratie, que de ne plus se regarder comme le véritable sens et la vraie justification de la société et de n'avoir plus confiance dans son droit de réduire une foule d'autres hommes à l'état d'hommes incomplets, d'esclaves et d'instruments. La société n'existe que comme une substruction et un échafaudage en faveur des êtres d'élite dont se compose l'aristocratie ; ainsi cette plante grimpante de Java s'appuie sur un chêne pour développer sa couronne dans l'air libre et pour y donner son bonheur en spectacle! (*Par delà le bien et le mal*, Aphor. 258). Déjà par sa seule existence cette aristocratie exprime ce qui donne de la valeur à la vie. Son rôle n'est donc pas (ce qui est le cas, par exemple, pour l'aristocratie dépeinte par Platon et par Comte dans leurs républiques idéales) de conduire et d'élever les autres états. Une dernière fois encore (*Volonté de puissance*, Aphor. 12), Nietzsche indique comme un point de vue principal, que la tâche de l'espèce supérieure ne consiste pas dans la direction de l'espèce inférieure, mais que l'espèce inférieure au contraire est la base sur laquelle une espèce supérieure peut édifier sa propre tâche. Car cette espèce supérieure a elle aussi son but à atteindre : elle doit travailler à la venue du surhomme « O mes frères », dit Zarathoustra (*Ainsi parlait Zarathoustra*, III), « je vous investis d'une nouvelle noblesse : vous devez devenir pour moi des créateurs et des éducateurs et des semeurs de l'avenir!... Vous devez aimer le pays de vos enfants : que cet amour soit votre nouvelle noblesse ! » — Il y a donc encore dans l'avenir une fin, et le but de l'histoire n'est pas atteint avec l'aristocratie : est encore requise la formation d'une nouvelle race à l'intérieur de la race supérieure [16].

La race inférieure, la démocratie, sert de base matérielle et a pour fonction d'accomplir le travail matériel. Des institutions démocratiques ont — malgré leur ennui — l'avantage utile de tenir la tyrannie à distance. Comment est-il possible de maintenir dans certaines limites la race inférieure, c'est ce que nous ne savons pas. Nietzsche lui-même a dit, dans son premier écrit, qu'il n'y a rien de plus terrible qu'un peuple barbare d'esclaves arrivés à considérer leur existence comme une injustice et qui s'apprêtent à se venger. Mais est-ce qu'on peut empêcher les cyclopes de s'instruire et de comparer ! Il sera certainement toujours plus facile de convaincre les maîtres qu'ils ont besoin des esclaves, que de faire croire aux esclaves qu'ils ne peuvent pas se passer de maîtres. Nietzsche est ici trop naïvement romantique, ou peut-être trop barbare. Le maintien de l'Etat militaire, déclare-t-il, est le dernier moyen de conserver la grande tradition en égard au type supérieur de l'homme, le type fort (*Volonté de puissance*, Aphor. 327), — et cette phrase met bien en lumière l'étroite liaison qui existe entre Nietzsche et la situation de l'Allemagne contemporaine. Son ami Peter Gast exalte lui aussi l'élément militaire où il voit « l'institution la plus brillante, la plus austère, la plus virile de notre époque plébéienne, mercantile et efféminée ! » — Eclairer le peuple, c'est donc un mal, puisque l'instruction excite la race inférieure à ne pas rester dans sa destinée — de modèle ou de copie.

Mais la race supérieure a besoin d'un travail sérieux et d'une grande possession de soi pour pouvoir conserver sa position. La noblesse doit régler sa conduite d'une manière déterminée pour se conserver le respect. Les classes supérieures ne peuvent pas vivre comme le peuple. Elles doivent vivre sobrement et sans étalage de luxe. La rudesse dorée et l'orgueil insensé ébranlent le respect qu'on a pour la culture. Sont nuisibles également un enrichissement très brusque sans travail et une mauvaise répartition de la propriété (*Humain, par trop humain*). Il y a donc des ménagements à garder, et la classe ou la race supérieure ne peut pas vivre sans façon, suivant ses impulsions naturelles. Elle doit se « gouverner » elle-même, et peut-être aussi gouverner les autres castes (quand on fait appel, par exemple, aux militaires).

Il n'est pas facile de voir pour quelle raison la grandeur devrait être amoindrie par l'exercice d'une fonction. Comme si la dignité de la force avait à souffrir de l'emploi de la force ! Là où une surabondance de force existe réellement, il y aura aussi la faculté d'être but et moyen en même temps et même en grand. La portée de l'effet est la seule mesure que nous ayons pour juger de la force.

C'est en cet endroit que se manifeste la différence capitale entre Nietzsche et Guyau. Tous les deux sont d'accord pour attribuer une grande importance à la force et à la richesse débordante de la vie. C'est là l'objet de leur foi commune. Nietzsche a mis, dans ses exemplaires des livres de Guyau, en marge des passages qui sont orientés dans ce sens, des notes qui expriment son approbation et son adhésion. Mais quand Guyau trouve dans l'expansion involontaire une base du dévouement et de la sympathie que l'on éprouve aussi bien pour les hommes que pour les idées, Nietzsche proteste alors dans ses notes, et quand cette idée revient de nouveau chez Guyau, Nietzsche écrit en marge : « Idée fixe ! » C'est qu'en effet il déclare lui-même que la poussée d'activité involontaire, conditionnée par la surabondance de force, est une « volonté de puissance » et, d'une façon plus exacte, un désir ardent de donner à la puissance la liberté de s'exercer sur les autres. Ainsi que La Rochefoucauld, il veut ramener tous les sentiments et tous les instincts à l'égoïsme, et l'égoïsme, il le conçoit spécialement comme le désir de « laisser la puissance se déchaîner »⁽¹⁾. A coup sûr, Guyau a vu ici parfaitement juste en pensant que ce désir involontaire est plus profond que la distinction entre l'égoïsme et l'altruisme. Nietzsche est ici plus dogmatique que le philosophe français.

Il y a une grande contradiction dans le dualisme social à demander de la classe inférieure d'admirer et d'honorer une culture à laquelle elle-même ne participe aucunement. Comment le troupeau pourrait-il éprouver du respect devant les grandes manifestations s'il n'a avec elles des relations d'aucune sorte ? — Carlyle a sur ce point des vues plus justes que Nietzsche quand il remarque (*Past and Present*, I, 5) à propos du grand mot « l'aristocratie du talent » que « La véritable appréciation du talent suppose que l'on a un vrai respect pour le talent, et suppose — ô ciel — tant de choses ! » Nietzsche, complètement hypnotisé par le « Pathos de la distance », n'accorde à ce « tant de choses » aucune attention.

c) *L'insurrection des esclaves dans la morale.*

Le dualisme social n'est pas seulement, d'après Nietzsche, une chose juste et désirable : c'est encore une chose naturelle.

Il trouve son explication dans l'origine historique de la morale (*Généalogie de la morale*). Les idées morales et les termes qui les désignent proviennent des dominateurs, des forts et des heureux, et sont l'expression de leur sentiment de bonheur et du sentiment de leur valeur propre par opposition aux faibles et aux impuissants. Les « bons » étaient à l'origine les nobles, les puissants, les grands. « Bon » signifie de « premier rang » ; pour les actes non égoïstes, il n'y a en revanche aucune place dans les débuts. La culture supérieure a souvent pour point de départ la soumission d'une race plus faible au joug d'une race plus forte, d'où naît un rapport de distances qui rend les supériorités sensibles. L'idée de la prééminence politique se transforme en idée de prééminence psychique.

L'étude sérieuse que Nietzsche avait faite de Théognis dans sa jeunesse a laissé des traces en cet endroit. Pour Théognis, cet aristocrate incarné qui fut chassé de sa patrie Mégare, « les bons » sont les hommes de la seule aristocratie, « les méchants » les hommes du peuple. Du reste, Nietzsche cite, comme exemples historiques, la migration des peuples, la Renaissance et Napoléon. Il est possible aussi que des impressions de son enfance aient influé sur cette conception. Naumburg, sa ville natale, était un centre bureaucratique de province, et le sentiment de suffisance propre aux milieux de conseillers privés fut la première espèce de « noblesse » que put connaître, en entrant dans la vie, l'apôtre de l'aristocratie de l'esprit. Ce qui est caractéristique, en tout cas, c'est qu'il ne considère et n'étudie le rapport de distances que d'un côté, et qu'il ne songe pas du tout à se demander quel est l'effet que ces distances peuvent produire sur l'autre partie, quels sentiments de crainte et de respect, de confiance et d'admiration, peuvent exciter les grandes figures et les personnages brillants. C'est pourtant avant tout de ce côté du rapport en question que les représentations morales ont leur origine historique[18]. Nietzsche aurait été aussi tout à fait conséquent avec lui-même s'il avait étudié cette face de la question, puisque les natures « nobles », suivant sa manière de voir, sont en elles-mêmes en repos, doivent vivre d'elles-mêmes, sans aucun sentiment réactif. Il n'est pas alors conséquent de leur faire former des concepts relatifs, ou généralement de les faire arriver à la conscience de la distance. — D'ailleurs la classe dominante doit avoir déjà formé une société avant la conquête, et dans cette société des représentations morales auront déjà dû se produire, dont le fondement serait une attribution de valeur aux qualités (telles que la bravoure) qui possédaient la valeur la plus grande pour la société en question. — Or, d'après Nietzsche, la table naturelle des valeurs dressée par le fort et l'heureux, chez lesquels la volonté de puissance peut librement se mouvoir, a été renversée par une insurrection morale des esclaves, insurrection dont les conséquences pèsent encore sur notre culture actuelle. Les plus coupables en cette affaire ont été notamment les Juifs, — ce peuple qui se donnait lui-même comme le peuple élu, mais que Tacite a qualifié avec plus de raison de peuple né pour l'esclavage; ce furent ses prophètes qui proclamèrent qu'être riche et puissant, c'est exactement être méchant et impie. Le « monde » devint une injure, la pauvreté et la misère furent exaltées. Le christianisme primitif ne fit que continuer et développer tout à fait ce courant. C'est dans la Révélation de Jean qu'on sent surtout la haine de l'impuissance. Ici est déclarée la guerre entre la Judée et Rome, entre la faiblesse et la force. Liberté, fierté, individualité mentale furent sacrifiées. C'est surtout Paul qui a développé cette suite d'idées. Les apôtres n'ont rien compris à la mort de Jésus, qui fut précisément un grand acte de liberté; ils firent de lui une victime expiatoire, une glorification de la souffrance. — Dans ses écrits postérieurs, Nietzsche, quand il parle du christianisme, entasse un si grand nombre d'invectives que sa sœur n'a pu l'expliquer que par l'usage immodéré qu'il fit du chloral pendant l'année qui précéda la catastrophe.

Mais, selon Nietzsche, il n'y a pas eu seulement une insurrection morale, il y en a eu plusieurs. Bien avant le christianisme, le bouddhisme et le socratisme avaient été déjà des insurrections de ce genre, seulement d'espèce plus noble. Plus tard la Réforme a été une insurrection contre la mondanité noble de l'Église catholique et de la Renaissance; la libre-pensée même, la révolution, la démocratie et aussi la science (qui en raison de son principe de régularité universelle est une démocratisation de la nature!) sont également de semblables insurrections. C'est avec une hâte dévorante que Nietzsche développe l'idée de l'insurrection morale des esclaves; dès qu'il l'a aperçue, elle est pour lui une idée fixe qu'il applique à des tendances très différentes et réciproquement contradictoires. — Si l'on a quelque part le droit de trouver dans les idées de Nietzsche un témoignage de son état maladif, c'est bien sur ce point, où il scie la branche sur laquelle il se tient assis.

Mais ce à quoi Nietzsche n'a point pris garde, c'est que précisément chez ceux qu'il nomme des esclaves, la « vie » s'agite, et plus riche et plus forte. Le christianisme primitif est précisément ce que Nietzsche désigne comme un mouvement dionysien, comme un débordement mental, procédant un peu de l'extase, une expression du grand désir, un *excelsior!* La hiérarchie et l'organisation ecclésiastiques ont joué un rôle semblable à celui que Delphes joua vis-à-vis du bacchantisme, en mettant des digues au torrent puissant, et certes pas toujours selon le mode apollinien, malgré la noblesse qui caractérise aux yeux de Nietzsche la hiérarchie organisée. — Des remarques analogues peuvent être faites, relatives aux autres « insurrections d'esclaves ».

Nietzsche crut trouver des raisons en faveur de sa théorie des insurrections d'esclaves dans cette prétendue observation que les heureux sont des hommes meilleurs que les malheureux. Les heureux tireraient leur vie d'eux-mêmes, déploieraient involontairement leur activité comme une activité déterminée dans le fond de leur être. Ils n'auraient besoin ni de haine, ni de violence, puisqu'ils ne sont pas dépendants. L'activité des malheureux est déterminée du dehors, elle est de nature réactive; l'envie, la méfiance, la haine et la tromperie sont leur apanage, parce qu'ils sont dépendants. Les heureux diraient oui et les malheureux diraient non. — On ne peut pas naturellement nier que lorsque les natures actives ou heureuses donnent « libre cours à leur force » d'une manière qui cause autour d'elles des souffrances, il leur est beaucoup plus facile d'oublier qu'à ceux contre lesquels elles ont déchaîné leur force.

Mais il est illogique de faire jouer au mépris un si grand rôle dans la psychologie de l'heureux ; car le mépris est nettement un sentiment de réaction.

Mais cette façon de justifier le dualisme social et la théorie des insurrections d'esclaves n'est pas définitive. Les raisons décisives, Nietzsche croit les trouver — d'une manière étrange — dans le principe du bonheur.

f) *Raisons philosophiques du dualisme social.*

Nietzsche se qualifie souvent d'immoraliste ; il déclare qu'il veut supprimer toute morale, et l'on sait qu'un de ses écrits est intitulé « Par delà le bien et le mal ». Pourtant, ce qui précède a dû faire voir clairement que ce qu'il veut anéantir, c'est seulement la morale d'esclaves. Dans un endroit, il dit aussi (par analogie avec une épigramme bien connue de Schiller) qu'il veut mettre la morale à la porte « de la moralité ». Il veut transmuer les valeurs, mais pour cela il lui faut une règle, un principe qui doit exprimer, nécessairement une valeur fondamentale. Or, si nous demandons quel est ce principe d'estimation des valeurs, nous sommes surpris de trouver que c'est le principe du bonheur (« la prospérité humaine », voyez la préface de *la Généalogie de la morale*). Sa question fondamentale est celle-ci : l'ancienne table des valeurs morales a-t-elle ou non servi au bonheur du genre humain ? Son point de vue principal est de se demander si une action ou une personnalité expriment une hausse ou bien une baisse de la force vitale. Il se donne la tâche — un peu tard il est vrai — d'édifier un ordre scientifique des valeurs suivant une échelle déterminée par l'extension et l'intensité de la force (« échelle graduée des forces ») (*Volonté de puissance*, Aphor. 353). Malheureusement il se mit si bien à déclamer contre la morale d'esclaves et contre le troupeau, qu'il n'arriva pas à traiter sérieusement ce problème, ni par suite à développer, sous une forme plus précise, ce qu'il appelle son *naturalisme moraliste* (*Volonté de puissance*. Aphor. 192). Ce qui est désiré, c'est une table des valeurs dionysienne, une morale de la force vitale et de la joie de vivre. Depuis ce sommet de la joie où l'homme se sent tout à fait pareil à une forme divinisée et à une justification de la nature, jusqu'au plaisir du paysan bien portant et de l'être sain mi-homme mi-bête placé au degré le plus bas, toute cette longue échelle du bonheur, immense échelle de lumière et de couleur, les Grecs, non sans le respect reconnaissant de celui qui est initié à un secret, l'appelaient : Dionysos ! (*Volonté de puissance*. Aphor. 482). Il s'agit donc du bonheur qui correspond au degré de vie donné. La morale du bonheur que Nietzsche a si souvent raillée peut — si l'on met à part de certaines « noblesses » qui cachent des problèmes non résolus — entrer dans cette conception, alors surtout qu'il est explicitement déclaré que ce n'est pas du bonheur d'un individu ou d'une caste qu'il est question, mais qu'on désire pour la race et « seulement pour la vie collective » le déploiement viril et le bonheur de la vie. Ce n'est qu'à cause de l'espèce tout entière qu'on peut attribuer de la valeur à la conservation personnelle de l'individu; à vrai dire, le concept de l'individu, de l'homme isolé, tel qu'on l'a entendu jusqu'ici, ne s'appuie que sur une erreur (*Le Crépuscule des idoles*. Aphor. 33).

Le dualisme social et la morale des maîtres trouvent donc en ceci leur fondement ultime. Les maîtres et les surhommes n'ont alors pas seulement leur fin en eux-mêmes; la valeur qu'on leur attribue dépend finalement de la réponse qu'on peut faire à la question suivante : sont-ils ou non dans la ligne ascendante de la vie du genre? elle repose donc sur leur contribution au développement de la vie humaine. — Peter Gast, le disciple de Nietzsche et son interprète, avoue que son maître est, en un certain sens, un utilitariste, mais qu'il se sépare pourtant de l'utilitarisme habituel qui ne regarde que l'utilité la plus immédiate. (Où faut-il chercher l' « utilitarisme habituel », c'est malheureusement ce qu'on ne nous dit pas. L'utilitarisme sous toutes ses formes demande qu'on poursuive aussi loin que possible les effets des actions.)

Or il serait en soi parfaitement possible que le bonheur du genre exigeât une opposition marquée entre les maîtres et les esclaves, encore qu'il soit difficile d'apercevoir comment une pareille opposition pourrait se soutenir et se développer dans le degré de civilisation de l'Europe occidentale. Mais Nietzsche n'essaie pas sérieusement de le prouver. L'essai que fit Stuart

Mill, en son temps, de démontrer, en prenant pour point de départ sa conviction fondamentalement démocratique, la nécessité de la liberté, de la particularité et de la grandeur individuelles, était bien plus sérieux que la tentative faite par Nietzsche pour montrer, en partant de sa conviction fondamentalement aristocratique, la nécessité d'une classe d'esclaves. Mais cela n'empêche pas Nietzsche d'être plein de mépris pour Stuart Mill autant que pour les autres penseurs anglais, dont il n'est pas digne — en tant que chercheur sévère et méthodique — de dénouer les cordons de souliers.

En tout cas une chose est sûre : on pourrait concevoir que pour l'espèce humaine le dualisme social fût la condition la plus profitable ; mais on ne peut pas concevoir, parce que cela est contradictoire en soi, qu'il soit possible de voir la fin dernière dans les individus isolés ou les castes seules, et de regarder comme fin dernière, conjointement et au même moment, le bonheur de toute l'espèce.

Sur le dernier point, le point décisif, Nietzsche n'est plus un philosophe, mais un poète. Ce qu'il n'a pas pu établir avec sa pensée lui est apparu sous la forme d'une grande vision de l'avenir, vers laquelle nous devons nous tourner pour entendre son dernier mot[19].

g) *Le dernier oui — et la mort de Zarathoustra.*

Ce qui pousse Nietzsche vers une idée ou vers une vision qui est en contradiction si marquée avec ce qu'il a soutenu antérieurement et qu'il continue d'affirmer comme polémiste, c'est un grand effet de contraste, un désir effréné de triompher entièrement de la conception de la vie qu'il avait adoptée dans sa jeunesse sous l'influence de Schopenhauer et de Wagner. Comme polémiste, il réagit contre ses contemporains ; par ses visions, il réagit contre lui-même, et il ne trouve pas, pour cette réaction, des expressions assez fortes. La forme de l'idée ne lui suffit pas ici ; mais, pour cette tâche, il a en réserve une poésie, élevée, soutenue par une émotion puissante. C'est à la pensée fondamentale de son œuvre de jeunesse, la Naissance de la tragédie, qu'il revient maintenant. La vie doit être glorifiée. La poussée de la vie s'exprime sous la forme d'une volonté de puissance, et cette volonté peut et doit avoir tant de force et tant de courage qu'elle choisisse même la douleur — et cela non pas seulement comme un moyen — et qu'elle puisse opter pour le recommencement de la vie, d'une vie tout à fait pareille à celle que l'on a déjà connue par expérience une fois, avec toutes ses peines et toutes ses douleurs.

Zarathoustra, le prophète, a rassemblé dans sa caverne, là-haut, sur la montagne, les hommes supérieurs, ceux-là qui ont eu à souffrir de la méconnaissance et des persécutions de la populace démocratique. Il leur déclare que leur condition sera toujours plus mauvaise et plus dure, et que plus grand sera toujours le nombre de ceux d'entre eux qui périront. Ce qui importe, en effet, ce n'est pas la conservation de l'homme, mais l'avènement du surhomme. Ce que nous pouvons aimer dans l'homme, c'est qu'il est une transition et un déclin. Il y a tant de forces en activité, si grandes, si lointaines et si hautes, qu'il n'est pas étonnant de voir se briser le vase fragile dans lequel elles se déploient. La compassion pour ces hommes supérieurs est le dernier péché de Zarathoustra (*Ainsi parlait Zarathoustra*, IV).

Qu'est-ce donc que le surhomme ? C'est une forme d'existence qui est à l'homme ce que l'homme est au singe. Son développement est « le sens de la terre ». C'est un nouveau type de vie, qui doit être réalisé, et le mot « surhomme » exprime l'idée ou le symbole pour ce type (*Volonté de puissance*. Aphor. 390). Lorsque viendra la grande heure de midi au milieu des chemins de l'évolution, l'humanité verra son espoir et sa tâche dans la réalisation de ce type. Nietzsche accentue maintenant plus qu'auparavant l'espérance, la confiance en l'avenir. Ce qui est surtout important, c'est que les indications qu'il nous donne sur ce nouveau type de vie dans ses développements plus positifs montrent une autre direction que ses descriptions de la morale des maîtres. Il ne demande plus la simple force, mais bien le généreux amour des hommes. Même dans le christianisme il trouve maintenant trop peu d'amour, parce que le christianisme voue à la malédiction ceux qui rient. — Dans la mesure où Nietzsche arrive à développer son idéal d'une manière positive et à échapper à ses dispositions rétrogrades, le concept du surhomme subit un déplacement. On peut le remaquer avant tout chez Zarathoustra lui-même. Après avoir poussé les hommes supérieurs à s'attacher à sa pensée, il pressent que le grand midi est proche. Maintenant il ne peut plus rester dans la solitude sublime de sa montagne. Il se sent poussé, comme le soleil, à verser sa lumière sur le monde. « O grand astre, c'est ainsi qu'il parle au soleil, profond œil de bonheur, que serait tout ton bonheur, si tu n'avais pas ceux que tu éclaires ! » (*Ainsi parlait Zarathoustra*, IV. Le signe). « Je veux retourner encore une fois auprès des hommes ; c'est parmi eux que je veux disparaître, et en mourant je veux leur offrir le plus riche de mes dons ! C'est du soleil que j'ai appris cela, quand il se couche, du soleil trop riche : de sa richesse inépuisable il répand alors de l'or dans la mer, en sorte que les plus pauvres pêcheurs rament encore avec des rames d'or. Car c'est cela que j'ai vu jadis, et pendant que je regardais mes larmes coulaient sans cesse ! » (*Ainsi parlait Zarathoustra*, III. Des vieilles et des nouvelles tables). Maintenant Zarathoustra hait sa propre haine. « Je suis devenu celui qui bénit et qui affirme : et pour cela j'ai longtemps lutté ; je fus un lutteur, afin d'avoir un jour les mains libres pour bénir ! » (*Ibid.* Avant le lever du soleil). Ici la volonté de puissance s'exprime incontestablement d'autre façon qu'aux endroits où le mépris des hommes a la parole. C'est la poussée vitale même, le désir ardent de chasser le pessimisme de tous ses recoins, qui porte Nietzsche vers ces sommets. Nous assistons ici au complet déploiement logique de l'idée fondamentale de Nietzsche.

Maintenant que Zarathoustra a vu si clairement le but et à compris sa véritable tâche, il entonne son chant de minuit. Ce chant (que Nietzsche qualifie de chant « le plus solitaire qui ait jamais été composé »), Nietzsche le composa une nuit dans une loggia de la place Barbarina à Rome ; dans son œuvre, il le place à l'heure de minuit devant la caverne de Zarathoustra. Dans cette strophe vibre une émotion d'ensemble, et elle est l'expression d'une pensée bien pleine, comme Nietzsche a pu rarement en saisir et en exposer. Ici il est arrivé très près d'une grande expression concentrée de résignation enthousiaste et d'espoir conquis en luttant, plus près qu'on ne saurait l'imaginer. Voici la traduction littérale de ce chant :

> O homme ! prends garde !
> Que dit le minuit profond ?
> « Je dormais, je dormais, —
> D'un rêve profond je me suis éveillé : —
> Le monde est profond,
> Et plus profond que ne le pensait le jour.
> Profonde est sa douleur —,
> La joie — plus profonde encore que la souffrance :
> La douleur dit : Passe et péris !
> Mais toute joie veut l'éternité —,
> Veut la profonde éternité ! »

A travers la douleur, le chagrin, le doute et le mépris, Nietzsche s'était élaboré une foi profonde en la vie. Il exprime ici sous une forme poétique la vieille théorie biologique du sentiment du plaisir comme expression de la force et du progrès de la vie. En tout mouvement de plaisir, il voit une volonté de conservation et de continuation de la vie.

Mais cette dernière idée, la volonté de conservation de la vie, prend chez Nietzsche une forme étrange. Elle ne fait qu'un avec la volonté du recommencement de la vie. Il semblait finalement à Nietzsche que c'était chose nécessaire pour ce qui est une fois arrivé de se reproduire dans l'avenir de la même manière. Il part de ce principe que l'univers est composé d'un nombre déterminé d'éléments, en sorte qu'il n'y a qu'un nombre fini et déterminé de combinaisons possibles. Lorsque ce nombre est épuisé, il faut que le recommencement se produise. Le mouvement du monde est un mouvement circulaire qui s'est déjà recommencé une infinité de fois et qui se recommencera de même dans l'avenir[50]. Cette idée remplit Nietzsche de ravissement quand il la conçut. Il y voyait une nécessité scientifique qui soumettait son optimisme à une rude épreuve. Ce n'était pas seulement la douleur qu'il fallait maintenant choisir et prendre en partage : il faudrait aussi toujours endurer de nouveau ce qu'on avait souffert. Ses cris de victoire furent d'autant plus grands quand il eut maîtrisé la crainte que lui inspirait ce recommencement, et il trouva dans la victoire remportée l'affirmation de la vie la plus haute qui puisse être. Nietzsche se rencontre ici d'une façon curieuse avec Kierkegaard pour qui le recommencement était également une pierre de touche de la force et du sérieux de la vie. Ce principe de Kierkegaard : « Celui qui veut le recommencement, celui-là est un homme. », fait aussi partie des principes fondamentaux de Nietzsche. — Cette pensée est la pensée fondamentale de l'ouvrage « Zarathoustra », où elle est pourtant souvent obscurcie par l'entassement d'aphorismes qui n'ont qu'un rapport peu clair avec elle. Si Nietzsche avait pu parvenir à rédiger la conclusion de son livre, l'idée qui inspirait cette œuvre aurait davantage repris son droit.

Cette idée du retour, Zarathoustra l'annonce tout d'abord aux hommes supérieurs qu'il a rassemblés autour de lui devant sa caverne dans la montagne. Après quelque résistance, il les décide à l'embrasser, de sorte que même « le plus laid des hommes » s'écrie : « Si *cela* a été la vie, — eh bien! encore une fois ! » Zarathoustra descend ensuite pour annoncer à la grande masse des hommes les conditions de la vie. Il convoque les hommes à une fête et il leur donne de nouvelles lois. Il établit une hiérarchie, dont les valeurs réelles de la vie sont la base fondamentale. La lutte des castes est maintenant heureusement finie. Il est explicitement reconnu que la caste régnante a pour tâche de s'acquérir la confiance profonde, absolue des sujets. La haine contre le nivellement démocratique a fait son temps, qui est maintenant bien passé. Zarathoustra se hâte après cela d'accomplir sa tâche particulière. Il proclame d'abord la grande espérance en la venue du surhomme, qui est rendue possible par l'établissement de la nouvelle table de valeurs. Ensuite vient le grand, le terrible moment où il annonce aux hommes que tout devra recommencer. Mais actuellement l'idée est supportable, non seulement pour lui, mais pour les hommes. Car à sa question : « Voulez-vous encore une fois tout cela ? » ils répondent tous « oui », et Zarathoustra meurt de joie. Voyez les plans de la cinquième et de la sixième partie de *Ainsi parlait Zarathoustra*, Œuvres complètes, XII, p. 321 sqq.)

Sous une forme poétique, Nietzsche rétracte ici le dualisme social et la morale des maîtres. Le seul fait que Zarathoustra descend de la montagne pour annoncer à la foule des hommes les vérités suprêmes est déjà une preuve de ce que nous disons, et il y en a encore une autre en ce que la lutte des classes est terminée. Maintenant l'espèce a un but commun.

Nietzsche, on ne peut pas le nier, a mis notre foi en la vie à une rude épreuve. Mais il est possible, sans aucun doute, d'avoir une grande foi en la vie, encore qu'on ne souhaite pas devoir de nouveau commettre les mêmes sottises ou les mêmes gamineries, ni supporter les mêmes douleurs ou les mêmes misères. Et nous n'avons pas, non plus, de raison d'admettre un recommencement absolu. L'expérience ne nous montre rien de pareil, et plus devient profonde notre connaissance de l'existence, plus cette existence nous semble inépuisable, en nous présentant une variété toujours plus grande et des possibilités toujours plus lointaines. Une philosophie de la vie combative — et toute philosophie de la vie qui veut regarder la réalité en face doit être combative — doit réserver une place fondamentale à la pensée du nouveau et de l'inconnu, qui surgissent tantôt comme un danger menaçant, tantôt comme une tâche provocante, tantôt comme une espérance qui nous fait signe. Rien ne parle en faveur de limites de l'existence assez étroites pour qu'un nombre limité d'existences dussent se répéter dans toute l'éternité. Notre foi dans la vie n'a par conséquent pas besoin de passer par le purgatoire que Nietzsche lui a préparé dans son enthousiasme dionysien.

De même qu'il a élevé au degré le plus haut le sentiment de la désharmonie et du mépris, de même aussi, dans son idée définitive, il a fait arriver la réaction contre le pessimisme à la puissance la plus haute. Ce sont les expansions du sentiment qui en tout point gouvernent sa pensée. S'il a sa place dans l'histoire de la philosophie, ce n'est pas en raison de sa façon scientifique de traiter les problèmes, mais en raison de la manière passionnée et du pathétique souvent génial avec lequel les points de vue contradictoires en viennent aux prises chez lui, et sont par suite clairement et très nettement opposés. Il a une valeur symptomatique. Il nous a faits témoins d'un drame intérieur dans une âme qui sentait énergiquement et profondément les tendances de son époque et de la vie.

III. — RUDOLPH EUCKEN

Après une série de travaux préliminaires (notamment *L'unité de la vie mentale*, 1888, et *Le combat en vue d'un contenu vital spirituel*, 1896), ce penseur ingénieux (né en 1846), qui est professeur à Iéna, ce vieux foyer d'idéalisme, s'est prononcé sur le problème religieux dans son écrit *Der Wahrheitsgehalt der Religion*[1] (1901).

Eucken n'a pas pour but de donner dans ce livre un système de philosophie religieuse. Il estime qu'un tel système est actuellement impossible, en raison de l'obscurité qu'on trouve dans le domaine religieux : « Dans l'anarchie mentale de notre époque, on ne peut s'attacher à aucun point solide et accepté ; toute discussion, pour être profonde, doit remonter aux fondements et en partir pour édifier de nouveau. C'est ainsi qu'il nous a fallu partir, nous aussi, d'un examen général de l'existence humaine pour arriver, pas à pas, à la place où se pose le problème de la religion, en attendant qu'il se manifeste bientôt comme le point central de tout l'effort vers l'âme et le sens de notre existence ». L'auteur se déclare un chercheur lui-même, et il s'adresse à des chercheurs. Il trouve dans les temps présents une forte aspiration vers la religion, liée à la claire conscience de l'insuffisance de la force actuelle de la religion. Le nouveau type de vie pour lequel lutta la Renaissance, et le nouveau travail d'esprit auquel elle donna lieu éloignèrent du christianisme. Mais la civilisation grandiose, dans laquelle ce type de vie et ce travail intellectuel furent développés, a causé des complications profondes, et l'on a jugé qu'il ne suffisait plus. De là est venue l'idée de chercher s'il n'y aurait pas dans la religion quelque chose qui ne peut pas et ne doit pas se perdre. On sent l'absence d'un grand but susceptible non seulement

---

1. Ce que la religion contient de vérité.

de répandre de la lumière sur le grand cycle de la vie humaine, mais encore d'élever les individus au-dessus de leurs conditions, souvent mesquines. En même temps, les vieilles énigmes de la vie, que l'on regardait comme résolues ou tout au moins comme écartées, reparaissent au premier plan. On sent particulièrement une contradiction marquée entre les dispositions mentales de l'homme et son état réel. Tout cela mène à une lutte entre la culture et la religion.

Ni la religion seule, ni la culture seule, n'ont à leur disposition le moyen qui décidera de la lutte. Il faut, pour arriver à une solution, distinguer, aussi bien dans la religion que dans la culture, entre l'éternel et le périssable, entre l'indispensable et l'insupportable. Il faut instituer une revision des conditions fondamentales mêmes de notre vie spirituelle, et cette revision est l'affaire de la philosophie. Cela ne veut pas dire que la philosophie puisse construire une religion. Car la religion est un fait donné, elle est l'expression d'une existence réelle qui peut évidemment si elle existe, être prouvée, mais qu'on ne peut pas créer artificiellement. Mais comme il s'agit ici de prouver un fait d'ordre spirituel, la preuve n'est pas une chose qui soit tout à fait simple; il est besoin d'un travail de l'esprit pour trouver à la religion la place qui lui appartient dans tout l'ensemble de la vie. La philosophie ne peut pas arriver ici à autre chose qu'à faire voir des possibilités qui ne peuvent se transformer en des réalités qu'au moyen de grands personnages et souvent par de grandes révolutions des conditions humaines. Mais si l'on peut montrer que la religion est en rapport avec le fond le plus intime de notre vie, alors les attaques qu'on lui fera et les critiques qui lui seront adressées ne pourront que servir à mettre au jour de plus en plus son essence intime et éternelle.

Le problème a pour cause la position de la vie mentale dans l'existence. La durée et le développement de cette vie supposent que derrière les processus mentaux qui nous sont montrés par l'expérience, et au delà d'eux, il existe un monde spirituel éternel et formant un tout (« une substance spirituelle, une permanence psychique »), lequel contient les *possibilités* de formations nouvelles et le produit de ce qui est déjà parvenu à se développer. Il faut que la vie de l'esprit soit autre chose qu'un phénomène, quelque chose de plus, par suite, que ce que la psychologie n'est capable d'indiquer. Elle doit porter en soi un principe éternel. Ce n'est pas seulement une étude psychologique, mais aussi une considération métaphysique qu'il faut faire. L'essence et la valeur sont identiques pour une semblable considération, puisque son objet le plus élevé est précisément le fond plein de valeur de l'existence. C'est seulement par le moyen d'une considération de ce genre que deviendra possible un contenu vital central.

La vieille civilisation appréciait trop haut la forme ; la civilisation fondée par la Renaissance a trop apprécié la force. La vraie civilisation, qui porte un caractère religieux, oppose la « *culture de l'essence* » aussi bien à la « culture de la forme » qu'à la « culture de la force ». Au même titre que la forme, la force doit servir à un contenu précieux. La culture de la forme, si elle est seule, conduit à l'engourdissement dans les œuvres de l'art plastique par lesquelles on croit exprimer l'éternel pour l'éternité. La culture de la force conduit à un mouvement continuel, si bien que toute essence est désarticulée. La culture essentielle est au contraire l'affirmation de l'action réciproque exercée continuellement par l'éternité sur le temps et *vice versa*, attendu que les possibilités éternelles sont transformées par le travail en réalités dans le temps, attendu aussi que, d'autre côté, le produit de ce travail demeure maintenu sous la forme de l'éternité. La conservation du donné et la production du nouveau contenu doivent aller de pair, pour que nous puissions pénétrer jusqu'à la vraie réalité.

A la réflexion qui affirme la possibilité et la nécessité de la « culture essentielle », Eucken donne le titre de *noologique* (de νόος, raison, esprit, placé par les néo-platoniciens au-dessus de la ψυχή, l'âme), et il l'oppose à la méthode psychologique qui ne s'occupe que de la vie consciente donnée dans l'expérience. Il ne croit point proclamer par là rien de neuf, mais une vieille vérité qui a surtout été nettement formulée par Kant dans la distinction précise qu'il fait entre les méthodes logiques, éthiques et esthétiques d'une part, et d'autre part la méthode empirio-psychologique. Ici la validité ou valeur s'opposerait à la réalité, et cela de telle façon que la validité serait finalement donnée comme la réalité suprême. — La méthode noologique se distingue de la méthode spéculative ou métaphysique des temps passés, qui croyait pouvoir arriver, par le moyen d'abstractions théoriques, à la connaissance des phénomènes. La méthode noologique s'appuie sur l'expérience, sur le fait. Faire une explication noologique, c'est ordonner une manifestation mentale de la vie dans la totalité de la vie spirituelle, c'est lui montrer sa place et sa tâche particulière dans cette totalité, c'est l'éclairer enfin et aussi la consolider. Cette explication diffère de l'explication psychologique qui consiste seulement à faire voir les processus par lesquels l'homme acquiert et s'assimile un contenu mental. Les deux méthodes sont indispensables pour venir à bout de l'opposition qui existe entre l'idéalisme et le réalisme. L'idéalisme a affirmé l'autonomie et la valeur propre du contenu mental; la justification du réalisme consiste en ce qu'il fait ressortir les conditions naturelles. La méthode réaliste est bien dans son droit, quand elle réussit à trouver dans la totalité mentale affirmée par la conception noologique les lois et les causes spéciales; mais elle a tort, quand elle pense que l'explication causale peut nous donner la mesure dernière de la vérité. C'est avec raison que l'idéalisme a demandé un contenu précieux de l'existence, mais il a négligé de voir les conditions réelles.

Suivant Eucken, la méthode noologique conduit directement au fait affirmé par la religion : l'existence d'une vie spirituelle absolue, élevée au-dessus des manifestations vitales qui se produisent dans l'expérience, mais pourtant agissant en elles. Il n'y a pas de religion sans la présence vivante d'un monde supérieur dans notre monde empirique, et cela de telle façon que ces deux mondes soient reliés l'un à l'autre dans un rapport irrationnel. La religion peut exister sans la croyance en des divinités; le pur bouddhisme en est la preuve. Mais sans une échappée au delà du monde de l'expérience, la religion n'est qu'un vain mot. Le motif de la religion est tout entier dans l'antithèse de l'essence et de la forme de l'existence; dans la simple expérience, la vie de l'esprit joue le rôle d'une pièce ajoutée à ce qui est matériel, d'un pur accessoire; mais cela est contraire aux exigences absolues que pose la vie de l'esprit, et aux valeurs sublimes, qu'elle affirme.

Considérée du point de vue de l'affirmation fondamentale de la religion, la réalité prend un aspect tout autre qu'auparavant. Une théorie du monde, qui part de la religion, dirige son regard vers ce qui demeure (comme contre-partie de ce qui change), vers ce qui est libre (comme antithèse de ce qui n'est que naturel) et vers ce qui est raisonnable (comme contre-partie de ce qui ne l'est pas). Elle observera notamment les points où commence une sphère nouvelle, tels que la transition de l'inorganique à l'organique, de la vie naturelle à la vie psychique, de la vie psychique à la vie mentale, et elle concevra cette échelle graduée comme un déploiement de ce qu'il y a de plus intime dans l'existence. Mais une telle conception religieuse du monde ne peut pas se prouver. Elle a le caractère d'une conviction et non celui d'une science. Il appartient à la philosophie de déterminer le rapport et les limites qui existent entre la conception scientifique du monde et sa conception religieuse.

Le motif de la religion sort d'un besoin spirituel. Il ne s'agit ni du bonheur empirique du monde, ni de la conservation d'une telle félicité; le point décisif, au contraire, c'est la totalité et l'unité de la vie spirituelle, bases de toutes les expressions de la vie, individuelles et spéciales. La conservation de cette base essentielle est en jeu, car l'expérience seule ne suffit pas à la confirmer. Or tout dépend, maintenant, de savoir si un besoin pressant peut se faire sentir d'arriver sur ce point à une conviction solide. A considérer les choses empiriquement, il y a des raisons suffisantes pour en douter. L'expérience ne nous montre aucunement le monde de l'esprit comme un monde autonome, encore moins comme le principal de l'existence. Au cours de l'évolution de la culture, les personnes deviennent les victimes de la société et du progrès. Dans la vie même de l'esprit s'agitent des tendances discordantes; une partie s'oppose à l'autre, comme chaque partie s'oppose à la totalité; des courants spirituels sont en lutte, et le mal se trouve être une réelle puissance.

Contre les doutes qui résultent des réflexions qui précèdent, Eucken fait ressortir, en premier lieu, combien précisément le fort sentiment de désharmonie est une conséquence de ce que de grandes exigences sont posées à la vie. L'amertume de la souffrance et la dureté de la résistance témoignent de la profondeur de notre existence et de la présence de forces supérieures dans notre essence. Avec les contrastes, la douleur elle aussi disparaîtrait. Ce n'a jamais été aux époques fertiles en événements malheureux et en complications pénibles que l'humanité a douté de sa tâche idéale ; ce doute a mûri, au contraire, à des époques où dominaient un bien-être indolent et une complète satiété.

En second lieu, Eucken est convaincu que ce doute doit être combattu par une forme de religion plus nerveuse et plus concentrée que celle que présente la religion indéterminée et universelle précédemment décrite. Il fait voir l'importance des grandes personnalités pour l'histoire de la religion. Le divin s'agitait en elles d'une manière plus profonde et plus vigoureuse que dans les autres hommes, et elles purent exprimer en images claires et brûlantes les diverses expériences de la vie. Une nouvelle vie se fit jour ici de façon décisive et s'introduisit d'une façon déterminante dans l'évolution historique du genre. En faisant ressortir son importance, nous effectuons le passage de la *religion universelle* à la *religion caractéristique*.

« Religion caractéristique » désigne chez Eucken les religions historiques ou positives, en tant que ces religions — chacune à sa manière propre — donnent de la vie un tableau d'ensemble nouveau et clair en ses traits essentiels, et qu'elles opposent nettement ce tableau au monde des expériences. La religion caractéristique diffère de la religion universelle par l'organisation déterminée sans laquelle une opposition semblable au monde empirique ne pourrait pas se maintenir. Elle provient de grandes personnalités et s'élève au-dessus de toute la culture populaire, comme une expression immédiate de l'essence la plus intime de la vie de l'esprit. Sans une semblable religion caractéristique, la profondeur autonome n'est pas possible. Il s'agit ici non pas seulement d'une parure de la vie, mais encore de l'irruption d'une vie nouvelle, d'une réalité nouvelle. Cependant les irruptions, qu'attestent les grandes religions positives, ne sont que des points culminants ou des tournants de grands processus. Le divin qui se fraie ici un chemin n'est pas né tout d'abord en ces endroits déterminés.

La vie supérieure, qui commence ainsi à paraître, n'est pas susceptible d'être exprimée par nos concepts. Il faut que l'imagination vienne à notre aide avec des symboles. Or c'est là le point vulnérable de la religion. L'imagination est toujours déterminée par le degré donné de civilisation et par les traditions de la culture; les symboles conserveront par conséquent un caractère historique. Les temps viendront un jour où ce qui, depuis des milliers d'années peut-être, était l'expression de la suprême vérité et ce qui paraissait à la conscience humaine comme lié intimement au contenu religieux sera ébranlé dans son importance et devra céder à des formes nouvelles, mais cela souvent seulement après des secousses pénibles et de rudes combats, pendant lesquels le doute, au lieu de viser les symboles, peut se porter à attaquer le fond le plus intime de la religion.

La religion universelle est continuellement nécessaire, en tant que correctif ou bien introduction des religions caractéristiques, qui, livrées à elles-mêmes, subissent aisément un rétrécissement ou se transforment en de simples moyens de consolation. L'importance des religions caractéristiques ne tient pas à ce que l'une d'elles aurait trouvé l'expression définitive de la suprême vérité, mais elle est due à leur action vivifiante, qui élève pendant les époques de trouble et de changement. On doit toujours examiner de nouveau si ce que l'histoire nous a transmis accomplit réellement un travail de ce genre. Or l'Église a une tendance à s'en tenir servilement à un modèle donné une fois pour toutes et à concevoir toute vérité comme consistant dans l'imitation et dans la répétition. C'est pour cela que, dans le domaine religieux, la lutte est constamment une nécessité. L'importance des grandes personnalités vient de qu'elles nous forcent à faire un choix.

Ce qui détermine surtout la place occupée par Eucken dans la philosophie religieuse contemporaine, c'est sa ferme conviction que les valeurs ne peuvent s'affirmer qu'après qu'on a admis, derrière et par delà le monde de l'expérience, une réalité supérieure, où la vie de l'esprit, qui, dans l'expérience, est dispersée et revêt des formes changeantes, se continue sous la forme de l'unité et de l'éternité. D'une manière souvent très pénétrante et pleine d'émotion, il soutient la nécessité de ce contraste, tantôt en s'appuyant sur la vieille mystique, tantôt en rappelant l'idéalisme romantique, et tantôt de telle façon que la sublime poésie du combat vital personnel s'exprime dans ses paroles. Mais il appuie très fortement sur ce que la philosophie ne peut ici montrer que des possibilités, et que ce sont des personnages prophétiques qui prêtent à des possibilités de ce genre une réalité et une forme déterminées. Si — pour échapper au subjectivisme — il soutient la nécessité d'une métaphysique (ou « métapsychie »), cette métaphysique ne doit cependant être nécessaire qu'en raison même *de la valeur* du vrai, du beau et du bien. Ce qu'il appelle la méthode « noologique » se distingue de la méthode psychologique en ce qu'elle cherche à montrer que cette valeur ne peut s'affirmer que grâce à l'admission d'un système total qui serve de support aux manifestations vitales précieuses, qui se font jour éparses et fugitives dans notre expérience. La méthode noologique met surtout en relief les grandes irruptions, les commencements importants et les différences qualitatives de la vie de l'esprit, telle que nous la connaissons par l'expérience. Eucken tient pour illusoires les tentatives faites par la science expérimentale pour montrer la continuité dans le monde des phénomènes, mais il interprète les interruptions de la continuité empirique comme des poussées isolées d'une grande continuité transcendantale, d'un règne des possibilités, des fins dernières et des valeurs, qui ne se révèle que par éclairs dans le monde du fini. Eucken se rattache par là à l'idéalisme romantique. Mais la noologie diffère de la méthode spéculative, en ce que l'admission d'un tel enchaînement total n'est explicitement fondée que sur l'expérience de ce qui a de la valeur. Il semble évident en ce cas que son point de départ est empirique et personnel. Ce qui pour lui rend possible le saut de l'expérience à la « métapsychie », c'est la tension qui est provoquée par un grand dilemme. De deux choses l'une, affirme-t-il : ou bien il faut considérer la vie de l'esprit comme un phénomène fugitif, comme un accessoire attaché à la nature matérielle, ou bien il faut admettre qu'elle forme en soi et par soi une grande totalité et qu'elle ne fait qu'un avec le fond le plus intime de l'existence. Ce dilemme apparaît chez lui aussi bien quand il développe l'idée de la « religion universelle », et qu'il veut donc d'une manière plus indéterminée faire la transition du point de vue empirique à un point de vue religieux, que lorsqu'il passe aussi à la « religion caractéristique » et qu'il veut démontrer, par suite, la nécessité d'une religion historiquement façonnée. Les passages suivants sont surtout caractéristiques. « Ce n'est pas seulement telle ou telle partie, mais bien l'ensemble de la vie mentale qui est en jeu dans cette décision. Dans l'expérience de l'homme, cette vie nous semble occuper une position intermédiaire sans consistance; il faut que l'homme ou bien retourne de cette position à la simple nature et reconnaisse tout effort d'une espèce particulière comme étant une lourde erreur, ou bien avance toujours courageusement et assure encore un monde nouveau à de nouveaux efforts. Seule une méthode incertaine peut chercher entre ces deux voies une voie intermédiaire, seule une pensée affaiblie peut supporter tranquillement le dilemme. Il reste établi, en tous cas, que sans religion il n'existe pas de véracité pour la vie de l'esprit ni, pour les hommes, de grandeur intérieure. » (Der Wahrheitsgehalt der Religion, p. 238.) « La vie humaine est-elle un simple accessoire de la nature ou bien est-elle le commencement d'un monde nouveau ? De cette question dépend toute l'organisation de notre manière de vivre, toute la direction de notre manière d'agir. La religion a voulu élever l'existence humaine à une hauteur supérieure au monde et sauver par là notre vie du néant où sans cela elle tomberait à coup sûr. Si cette entreprise se montre semblable au vol d'Icare, avec elle tombe toute espérance, et dès lors les plus nobles et les meilleures choses nous semblent elles-mêmes n'être que de vides imaginations; le tout finit ainsi dans la déraison. » (Ibid., p. 319).

Ce qui doit nous pousser ici à faire un choix, c'est toujours, en définitive, l'expérience personnelle de la vie, et notre choix dépend surtout de la mesure où nous avons à cœur le destin des valeurs dans la réalité. Il ne semble pas y avoir de raison d'introduire un terme nouveau; « noologie » n'est pas un enrichissement nécessaire, ou heureux, de la terminologie philosophique déjà suffisamment pourvue. Une communication privée de Eucken, à laquelle je me réfère, sans commettre, j'espère, aucune indiscrétion, fait apercevoir clairement que l'expérience personnelle des contrastes de la vie, surtout du grand contraste qu'il y a entre l'idéal et la réalité, décida de son propre choix et le conduisit à la « noologie ». Dans une lettre qu'il m'adressa après avoir pris connaissance de ma Philosophie de la religion, voici ce qu'il écrivait après avoir parlé du caractère psychologique de mon essai de solution du problème : « Je me sens poussé, tout à l'opposé, vers l'ancienne métaphysique ontologique, toujours vers la métaphysique, et par suite aussi vers une manière métaphysique de justifier la religion ; j'ai peur autrement de tomber dans le subjectivisme, et je me révolte contre cela surtout parce que je sens fortement l'impression des grands conflits de notre existence, conflits insolubles dans l'expérience, d'un seul mot parce que je pense et dois penser en dualiste ». Dans ce passage, Eucken nous montre nettement que l'expérience individuelle est déterminée par le caractère particulier de chaque personnalité. Cet extrait précise son point de vue. Mais plus cette base devient clairement apparente et plus aussi il devient naturel d'assigner à la philosophie religieuse la tâche d'étudier le domaine psychologique d'où s'élèvent les différents points de vue religieux, et de faire en même temps un examen théorique et moral des idées et des tendances par lesquelles ces points de vue se manifestent. La philosophie de la religion n'a donc pas besoin d'une méthode toute spéciale, et même la prétendue « noologie » n'est, elle aussi, qu'un « moyen-terme » entre la spéculation et la foi pratique. En tant que spéculation, elle ressort de la théorie de la connaissance; en tant que foi pratique, elle fait partie du domaine de la psychologie et de l'éthique. La conception qui résulte de la tâche et de la méthode de la philosophie de la religion paraît entièrement d'accord avec l'esprit de la philosophie critique, et c'est dans cet esprit qu'Eucken veut travailler. La justification « métaphysique » de la religion, qu'Eucken demande à la philosophie, est finalement fondée suivant ses propres aveux, sur le besoin de trouver la solution d'un grand dilemme pratique.

Le point de vue d'Eucken — la « noologie », qui le mène à sa métaphysique religieuse — est pour moi un exemple de la manière dont une expérience personnelle de la vie peut pousser à la certitude de la conservation de la valeur. Pour moi toute croyance, sous quelque forme philosophique qu'elle se présente, n'est que l'*objet*, non le *produit* de la philosophie. En tous cas, la philosophie qui l'a produite est elle-même le produit de l'expérience personnelle de la vie. Or la philosophie, comme science, n'a pas d'autres méthodes à sa disposition que celle des inférences logiques, celle des explications psychologiques et celle des estimations morales.

IV. — WILLIAM JAMES

Le philosophe américain William James a entrepris un travail de synthèse sur le domaine de la psychologie religieuse dans son ouvrage intitulé *The varieties of religious experience. A study in human nature*[1]; London, New-York and Bombay (1902). James est un des penseurs les plus éminents de nos jours. Il joint de vastes connaissances à une grande faculté d'observation, une critique pénétrante à une inspiration idéaliste. Les *Principes de psychologie* sont le plus important de ses écrits; sur plusieurs points de la psychologie il y met en valeur des points de vue nouveaux, et sa manière de traiter les questions est toujours ingénieuse et suggestive. Dans un recueil d'articles qu'il a publié sous ce titre : *The will to believe and other essays in popular philosophy*[2] (1897), il exprimait sous une forme un peu trop lâche sa manière particulière d'unir la philosophie empirique à une conception de la vie nettement marquée d'idéalisme, et il s'engageait déjà avec ce livre dans des questions de philosophie religieuse. Sa nouvelle œuvre est entièrement consacrée au problème religieux et s'attache surtout à en mettre en lumière le côté purement psychologique, mais de telle sorte, il est vrai, qu'apparaissent aussi les autres points de vue sous lesquels le problème doit être envisagé. James utilise ici les travaux spéciaux de récents écrivains américains (Starbuck, Leuba, Coe et plusieurs autres), mais il s'appuie de plus sur toute une vaste littérature biographique et principalement autobiographique. Il voit clairement que la matière est trop riche et trop variée pour être épuisée dans un seul traité ; pour ce motif — en même temps

---

[1]. *Les variétés de l'expérience religieuse*. Étude sur la nature humaine. (Traduit en français sous le titre *L'expérience religieuse*, Paris, F. Alcan).

[2]. *La volonté de croire* et autres essais de philosophie populaire.

que pour échapper à une critique sur le sens du mot « religion » — il déclare dès le début de l'étude qu'il entreprend, qu'il veut s'en tenir à un sens précis du mot « religion », ou a une face déterminée de la religion, et là-dessus il définit la religion : les sentiments, les actes, les expériences des individus, en tant que, dans leur solitude, ils se sentent en relation avec ce qu'ils considèrent comme le divin, de quelque manière qu'ils le conçoivent. Il regarde cette religion personnelle comme le contraire de la religion établie, qui implique toujours une théologie ou une mythologie plus ou moins développée et une organisation ecclésiastique. Il soutient que la *religion établie* (avec tous ses accessoires) est toujours secondaire par rapport à la *religion personnelle;* cela résulte même du fait qu'elle se fonde sur la tradition. Si l'on voulait s'en tenir seulement à la religion établie, la recherche ne porterait que sur le culte, sur le sacrifice, sur le cérémonial et sur l'organisation ecclésiastique, et l'on pourrait alors définir la religion : l'art de se concilier la faveur des dieux. Mais dans la religion personnelle on insiste surtout sur les états intérieurs de l'individu, sur la conscience, sur la valeur, sur la détresse ou sur l'imperfection de l'homme. Si l'on s'en tient à ce côté de la religion, le concept de la religion prend une ampleur plus grande que dans le cas où on regarde comme la chose principale le côté des institutions.

La religion personnelle est la façon dont l'homme réagit à l'égard de la vie comme totalité (*a man's total reaction upon life*), par opposition aux réactions momentanées et spéciales. Les expériences que nous avons faites de la vie et du monde agissent sur notre tempérament individuel et nous rendent énergiques ou indifférents, respectueux ou moqueurs, découragés ou enthousiastes, par rapport à la vie comme totalité. Notre « réaction », qui se produit souvent d'une manière involontaire et à demi-inconsciente, est exprimée par la réponse la plus complète que nous nous puissions faire à cette question : Quel est le caractère de l'existence à laquelle nous appartenons ? — Mais James ne veut appeler religieuse une réaction de ce genre que si elle a pour support une disposition d'esprit sérieuse et élevée, un état d'âme qui, à son sommet, nous pousse à sacrifier nos propres désirs, à nous soumettre volontairement à la douleur de la réalité, parce que nous nous sentons soutenus par une force plus grande que celle dont nous disposons nous-mêmes. Tout sentiment marqué du sceau religieux contient un élément tragique qui provient de ce qu'un sentiment supérieur de bonheur en a supplanté un autre plus bas. Le monde est plus riche du fait qu'il existe un démon, s'il y a un saint Michel qui puisse lui poser son talon sur la nuque. Ce caractère ressort naturellement davantage dans les formes extrêmes de la religion, qui paraissent anormales pour la conception simple et o****naire que l'on s'en fait; mais, dans une certaine mesure il est *sent aussi dans toutes les formes de la conscience religieuse.

Cette description fournit le cadre général où se meut James dans son étude. Pour analyser son travail d'une façon plus détaillée, je montrerai d'abord comment les trois points de vue que présente tout examen approfondi du problème religieux, savoir le point de vue de la théorie de la connaissance, le point de vue psychologique et le point de vue moral, se trouvent aussi chez James, bien qu'il s'arrête principalement à un mode d'observation purement psychologique. Après cela, je montrerai de quelle manière il conçoit l'expérience religieuse, quels types de religion il trouve et à quelles idées fondamentales la religion peut se ramener, suivant lui.

a) *Les trois points de vue.*

James caractérise le point de vue où il se place, dans la philosophie en général et dans la philosophie religieuse, comme étant celui de l'expérience. Il veut être empirique sur tous les points. Toutes les opérations intellectuelles — qu'elles soient des constructions, des comparaisons, des critiques — supposent une expérience immédiate. Il se rattache à la vieille école anglaise, qui commence avec Locke et qui exige toujours que nous puissions rendre compte précisément des expériences sur lesquelles nous fondons nos idées. A cette école, suivant lui, revient, plutôt qu'à Kant, l'honneur d'avoir introduit dans la philosophie la méthode critique, seule méthode qui fasse de la philosophie une étude à laquelle des hommes sérieux peuvent se livrer. Mais il ne s'agit pas seulement des expériences que nous avons eues, il s'agit aussi de celles que nous devons attendre ou même provoquer volontairement pour que nos idées soient valables. La valeur de nos idées repose sur les conclusions que nous pouvons en tirer. Si toutes les thèses que nous posons étaient pratiquement indifférentes, c'est-à-dire s'il n'en résultait rien du tout, pourrions-nous alors distinguer entre les pensées vraies et fausses ? C'est en vain que le dogmatisme a cherché des critères de la vérité capables de nous dispenser d'en appeler à l'avenir. Le pragmatisme sur ce point s'oppose au dogmatisme ; il examine chaque thèse en en suivant les conséquences. Cette conception (par laquelle James se rattache au philosophe américain Charles Peirce, qui a créé aussi le terme « pragmatisme ») rappelle en partie la théorie biologique et économique de la connaissance, qui a été développée, comme nous l'avons vu plus haut, par Richard Avenarius et par Ernst Mach.

Le point de vue empirique de James le conduit à un scepticisme qui porte sur les opinions spéculatives et théologiques. Il soutient notamment la variété de l'existence et est porté à critiquer le monisme sous ses diverses formes. Le pluralisme, la théorie de la multiplicité, est appelé selon lui à trouver toujours plus de faveur, aussi bien dans la science que dans la religion. En partant de l'expérience on ne peut arriver à rien d'universel, à aucune unité absolue et embrassant tout. Des interprétations diverses peuvent aussi être valables pour des contrées différentes de l'existence. Au point de vue religieux, les expériences du mal sont ici surtout importantes : le livre de Job n'a-t-il pas, une fois pour toutes, montré l'impossibilité de résoudre le problème que ces expériences nous poussent à poser ? Ici l'hypothèse moniste offrira constamment de grandes difficultés, et le plus simple expédient ne serait-il donc pas d'admettre que le monde, dès le début, a contenu des éléments qui n'étaient pas en harmonie avec le tout ? Les hommes du commun ont toujours été plus ou moins polythéistes, et manifestement il est trop évident que l'on ne saurait dériver d'aucune expérience l'infinité de Dieu. Tout au plus pouvons-nous connaître par expérience que nous sommes en rapport avec quelque chose qui est plus grand que nous-mêmes; mais que ce quelque chose soit un infini, il est impossible de le prouver.

Tout ce que la pensée est capable de faire dans le domaine religieux ne peut consister qu'en ceci : mettre en ordre les faits, les déterminer et les interpréter, mais non les produire. La philosophie n'est jamais ici que secondaire. Ce qui n'empêche pas qu'elle puisse être très utile. Car la conscience religieuse exprime toujours ses expériences en des formes qui tirent leur origine de la tradition intellectuelle à l'influence de laquelle elle est soumise. C'est pour cela que seule une comparaison critique peut nous procurer ce qui est immédiat et essentiel et le séparer du local et du contingent. En même temps, la philosophie a pour tâche d'éliminer les opinions qui sont inconséquentes ou manifestement en désaccord avec l'expérience scientifique. On devra considérer ce qui aura subi ce purgatoire, comme des hypothèses dont la justification et la valeur pourront être l'objet d'une discussion plus précise, lorsqu'on les aura ramenées à leurs plus simples formes.

Nous avons suffisamment parlé du point de vue de la théorie de la connaissance. Quelque énergiquement qu'il le mette en relief, James a cependant plus de goût pour la méthode psychologique, et c'est aussi cette façon d'envisager les choses qui donne à son ouvrage sa plus grande valeur.

La psychologie de la religion fournit d'importantes contributions à la psychologie générale. Il y a beaucoup de phénomènes psychologiques qu'on peut surtout bien étudier dans le domaine de la vie religieuse. Ainsi James fait ressortir que les phénomènes religieux montrent combien est peu de chose la partie de notre vie mentale que nous sommes à même d'expliquer clairement et distinctement. La conscience ici traverse de nombreux degrés et vient se fondre dans l'inconscient ou, comme James aime mieux dire, dans le subconscient. Des impulsions et des pressentiments immédiats s'agitent en nous et souvent, sans que nous le remarquions nous-mêmes, nous donnent les premières prémisses sur lesquelles se fondent les pensées clairement conscientes. Les arguments conscients ne se meuvent souvent qu'à la surface de notre être, et une certitude involontaire et immédiate est ce qu'il y a de plus profond en nous (*the deep thing in us*). L'étude de la vie religieuse nous apprend de plus à connaître les grandes différences qui existent parmi les hommes, pour ce qui concerne la nature de la vie sentimentale aussi bien que le degré de sensibilité, différences que sans cela nous ne remarquerions pas autant. Nous apprenons comment l'évolution peut marcher vers un même but d'une manière extrêmement diverse et procéder tantôt de façon continue, tantôt sous forme de bonds. Déjà, au point de vue purement théorique, envisagée comme une histoire naturelle, l'étude psychologique de la vie religieuse a de l'importance.

La méthode psychologique est importante d'autre part pour l'intelligence du problème religieux. Les faits religieux semblent être des formes spéciales de faits, que l'on connaît aussi dans d'autres domaines psychiques, et ils obéissent à des lois qui nous sont encore connues par ailleurs. James renvoie ici aux études de Starbuck sur la conversion dans son rapport avec le développement organique et psychologique qui se produit pendant les années de transition. James met surtout en relief ce qui se meut sous le « seuil » de la conscience ou hors de sa « marge ». Il lui paraît très difficile de tracer ici une limite déterminée et il rejette la psychologie atomiste, qui conçoit la conscience comme étant composée d'éléments isolés, et même fixes et déterminés par eux-mêmes. En tout cas, les influences subliminales ou ultramarginales se font continuellement valoir, et James est personnellement porté à regarder ces influences comme les moyens par lesquels un ordre supérieur des choses agit dans notre fond intime. Ces manifestations intimes seraient le monde le plus près de nous, notre vrai monde ; nous n'appartiendrions pas aussi intimement au monde extérieur. James trouve ici un point où s'unissent la religion et la psychologie, mais il déclare qu'une détermination plus précise de ce point-là serait une interprétation qui n'aurait plus un caractère purement psychologique. Du reste, l'interprétation n'est pas ce qui est décisif; elle est constamment dérivée et la même expérience pourrait être l'objet de différentes interprétations religieuses[1]. Ce qui manque surtout à la plupart des hommes sur ce point, c'est la critique et la prudence, non la foi (*faith*). Ils sont trop portés même à attacher une croyance (*belief*) dogmatique, sans réflexion, à toute représentation vivace, notamment quand elle repose sur un intérêt involontaire.

Le troisième point de vue, le point de vue moral, entre en jeu dans l'estimation des phénomènes religieux. Aussi nettement qu'il a distingué l'expérience vécue de l'interprétation, James distingue aussi la description ou l'explication du vécu de la valeur qui lui est assignée. Même ce qui doit être appelé anormal, à un point de vue purement médical, peut avoir un grand prix en raison de son contenu. La valeur d'un état ne dépend pas de la manière dont il est né. Si nous estimons certains états plus élevés que d'autres, ce n'est pas en raison de ce que nous croyons savoir de leurs conditions organiques. Si les pensées de sainte Thérèse contiennent quelque chose de précieux, peu importe qu'elle ait été ou n'ait pas été hystérique. Nous évaluons une force d'après l'effet qu'elle produit, et non d'après son origine.

Dans l'évaluation, on ne saurait prendre pour base un système spéculatif ou théologique. Ici aussi il faut être empirique. Nous jugeons des phénomènes religieux par leurs fruits, et c'est d'ailleurs ainsi que les hommes ont toujours fait. Un culte divin cesse, quand il n'a plus d'effet sur l'âme et quand, par tout son caractère, il entre en lutte avec une chose dont nous avons si foncièrement éprouvé le prix qu'il ne nous est pas possible de le nier. Les dieux auxquels tiennent les hommes sont ceux qui peuvent leur servir et dont les préceptes confirment les exigences que les hommes ont pour eux-mêmes et pour les autres. Nous employons toujours des mesures humaines (*human standards*). Nous voulons savoir dans quelle mesure la vie religieuse se révèle comme une forme idéale de la vie humaine. La mesure varie naturellement avec les époques, mais nous n'en avons jamais d'autre. Seul l'examen doit être toujours répété, car il pourrait peut-être, dans des conditions nouvelles, conduire à de nouveaux résultats. L'appréciation peut aussi avoir un résultat différent pour différents hommes. Si l'étude psychologique montre qu'il existe parmi les hommes de grandes différences au point de vue de leur nature la plus intime, il faut admettre aussi que ces mêmes hommes ont besoin d'une nourriture spirituelle différente, en sorte que, au point de vue religieux, ils pourront différer les uns des autres.

Vis-à-vis de la religion, James a une attitude nettement sympathique. Les meilleurs fruits de l'expérience religieuse, suivant sa conviction, sont les meilleures choses que l'histoire puisse montrer. Ici il sent la vie intérieure se mouvoir avec sérieux et énergie, agir avec profondeur et concentration, en opposition avec tout ce qui pourrait la gêner et l'éparpiller. C'est comme si l'on était transporté dans une atmosphère plus élevée et plus pure. James renvoie sur ce point à l'appréciation faite par Sainte-Beuve des personnages religieux dans son œuvre célèbre sur Port-Royal.

Nous trouvons donc chez James les trois points de vue principaux de la discussion philosophique des questions religieuses. Il annonce que, dans un ouvrage ultérieur, il s'opposera aux tentatives, qui seraient faites encore de nos jours, de traiter la philosophie de la religion d'une manière plus spéculative, — tentatives qui, chose étrange, se présentent plus fréquemment en Angleterre et en Amérique que sur le continent. En attendant, son travail prouve avec ampleur qu'il faut appliquer les trois points de vue indiqués dans la philosophie de la religion. — Je regrette de n'avoir pas été capable, dans l'analyse que j'ai faite de la position occupée par James, de rendre aussi manifes s qu'ils le méritent, la sincérité, la vigueur et l'art d'expression dont dispose l'auteur.

b) *La nature de l'expérience religieuse.*

Le sentiment religieux n'est pas, selon James, un sentiment spécial ou élémentaire. Tout sentiment peut, sous certaines conditions, prendre un caractère religieux, et cela quand il collabore à la conclusion des expériences vitales humaines, conclusion que James appelle « réaction totale contre la vie ». Nous trouvons une détermination un peu plus précise de ce qu'est la religion dans le passage où il est dit que la religion est un des moyens qui peuvent introduire de l'unité dans notre vie. L'unité, dit James, est accompagnée d'un sentiment de paix et de bonheur, qui dépasse tout ce qu'on peut autrement éprouver. Cette unité peut se produire subitement ou être acquise par une lente évolution; c'est en quoi se manifestent les différences individuelles. Mais l'essentiel, c'est que l'individu qui se sentait antérieurement partagé et gêné, petit et malheureux, a maintenant le sentiment de l'harmonie, de la liberté et de l'élévation. Des pensées qui, auparavant, à titre de possibilités idéales, étaient à la périphérie de l'âme, en sont maintenant devenues la propriété centrale. C'est comme si une énergie nouvelle s'était répandue dans l'individu, une énergie provenant de sources placées en dehors de sa conscience, et qu'il n'aurait pas été en état de déclancher directement par un effort conscient. Cette importance subordonnée du conscient et du volontaire (the hopeless inferiority of voluntary to instinctive action) par rapport à l'inconscient et à l'involontaire, est un trait caractéristique de toute religiosité. Des formes maladives naissent, quand manquent la force intellectuelle et le goût nécessaires pour organiser et pour interpréter ces expériences.

L'expérience religieuse a un caractère mystique qui lui vient en partie de sa nature inexprimable, puisque chacun ici ne peut comprendre qu'indirectement les autres hommes, en partie de son caractère immédiat, puisque la pensée discussive n'y joue aucun rôle, en partie de la brève durée des états et de la difficulté qu'on éprouve à se les rappeler, et en partie enfin de l'attitude passive de l'individu par rapport à ces expériences. La vie consciente non religieuse ne connaît pas d'états semblables. Le caractère religieux provient, comme nous l'avons déjà indiqué, du fait que l'attitude de l'homme par rapport à la vie comme totalité entre en ligne de compte dans ces états ; par là ces états reçoivent une unité et une énergie qui leur font défaut autrement. Ce qu'on appelle spécialement mystique n'est qu'une forme déterminée, souvent extrême, de ce qui se présente dans toute expérience religieuse.

c) *Les types les plus importants.*

James déclare que le plus sérieux résultat qu'il ait atteint par ses recherches sur la conscience religieuse, ce sont les grandes variétés qu'elle offre. Une partie importante de son travail a donc tout naturellement pour but de ramener ces variétés à quelques types.

Il y a surtout *un* contraste qu'il met fortement en lumière, c'est celui qui existe entre les âmes saines et les âmes malades ou — pour nous servir d'une expression qu'il a empruntée à Francis Newman — entre ceux qui sont qui n'ont eu qu'à naître et ceux qui ont eu besoin d'une renaissance (*the once-born and the twice-born*). Les âmes malades ont besoin d'une métamorphose, d'une crise, d'une conversion pour arriver à l'unité et à la paix, tandis qu'il y a des âmes bien portantes qui atteignent le but par développement et dévouement immédiats. La religion des sains, James l'appelle le naturalisme, et il désigne celle des malades du nom de salvationisme. Mais dans chacun de ces deux groupes peuvent se rencontrer des personnalités et des courants très différents.

La religiosité des âmes bien portantes est un enthousiasme qui s'arrête au côté brillant de l'existence et qui peut-être même en tient les côtés sombres pour des illusions. Même quand elles ont des yeux pour ce qui est gênant et obscur, ces âmes sont persuadées que l'on peut en venir à bout ; tant est grande leur confiance immédiate en l'énergie et l'harmonie internes qui règnent dans l'univers. Ce courant est plus manifeste dans l'hellénisme que dans le christianisme, dans le catholicisme que dans le protestantisme, dans les races latines que dans les races germaniques. Dans les temps modernes, on le rencontre chez Spinoza et chez Rousseau, ainsi que dans la conception libérale du christianisme, surtout dans l'unitarisme (Emerson, Parker). En Amérique, il forme un contraste frappant avec le méthodisme et le mouvement de renaissance (*revival movement*). Dans ces tout derniers temps, ce qu'on nomme le mouvement de la cure spirituelle (*mind-cure*) en est un exemple caractéristique. Cette cure guérit aussi bien l'âme que le corps en suggérant et en maintenant toujours cette idée que la douleur est une illusion et que dans la réalité tout est clair et splendide. Craintes et soucis sont bannis. Elle opère par suggestions et tout autant par auto-suggestions. En acclamant continuellement l'univers, on se confirme dans l'idée que l'univers mérite des acclamations.

L'âme malade est soumise à la douleur et à la désharmonie. Le seuil de la conscience s'est abaissé une fois pour toutes pour des expériences de ce genre, tandis qu'au contraire il s'est élevé dans l'âme bien portante. Le monde paraît vide et vain ; on craint ce qu'apportera le cours de la vie ; l'âme se sent pécheresse et gâtée. Le sentiment du vide, le sentiment de la crainte et le sentiment du péché sont les trois formes principales de la maladie de l'âme. Le sentiment du vide prédomine chez Tolstoï ; chez Bunyan c'est le sentiment de la crainte et le sentiment du péché. Il y a ici une désharmonie originaire du tempérament, qui requiert une seconde naissance. Même après l'avoir obtenue, les natures de cette sorte arriveront pourtant difficilement à avoir le sentiment débordant de la vie, qui est l'apanage des bien portants.

Il y a naturellement dans le monde une multitude de formes intermédiaires entre ces deux types. Mais sous leurs formes extrêmes ils offrent un si grand contraste qu'ils peuvent difficilement se comprendre entre eux. Chacun d'eux veut considérer comme la seule exacte sa conception de la vie. Ainsi Wesley a soutenu que la conversion est la seule voie qui mène à la paix, tandis qu'Emerson a attribué à la nature qui n'a besoin que d'*une* naissance, une valeur plus grande qu'à celle qui est obligée de livrer aux démons, au fond d'elle-même, un rude combat. James est d'avis, pour sa part, que les expériences vitales sur lesquelles les deux fois nés pourraient s'appuyer sont plus profondes et plus complètes que celles du premier type. Aucun prophète ne pourrait porter aux hommes un message décisif, s'il ne disait des choses qui pour des hommes tels que Bunyan et Tolstoï pourraient sonner comme des réalités. Les religions les plus complètes devraient être celles qui connaîtraient et qui surmonteraient les éléments les plus ténébreux de la vie. A cela tient la supériorité du bouddhisme et du christianisme.

En comparaison de ce grand contraste, les autres contrastes qu'on peut montrer ne sont, d'après James, que de peu d'importance. Tels le contraste qui existe entre l'évolution à forme de bonds et l'évolution continue, — celui qui existe entre des natures dans lesquelles les éléments à surmonter doivent d'abord avoir perdu leur force vitale et d'autres natures dans lesquelles la vie nouvelle peut pénétrer avant que l'ancienne soit entièrement épuisée, — et le contraste qui existe entre une évolution qui exige un effort conscient (alors même que cet effort ne conduit pas directement au but) et une évolution qui s'effectue toujours involontairement.

Accidentellement, James, outre cette théorie des types généraux, donne aussi des indications sur sa propre foi, purement individuelle. Pendant un long état d'épuisement nerveux, il eut recours au mouvement de la cure spirituelle et il croit qu'elle l'a aidé à se remettre, ce qui cependant ne l'empêche pas de conserver vis-à-vis d'elle son attitude de critique. S'il dit que la mystique ne fait que donner sous une forme extrême ce que contient toute expérience religieuse, il ajoute que personnellement les états mystiques lui sont inconnus. Il caractérise sa foi en disant que, sans pouvoir se rallier au christianisme ordinaire ou au théisme spéculatif, il est convaincu que par les états dans lesquels l'homme se sent en union très intime avec l'être le plus élevé qu'il connaisse, une nouvelle force arrive dans le monde et de nouveaux points de départ sont donnés ; à ce titre, sa foi est supranaturelle et elle admet des actions divines à l'intérieur du domaine de l'expérience naturelle. Il ajoute qu'il sait fort bien que l'opinion régnante dans les milieux académiques est dans un sens tout opposé. — La foi en l'immortalité est pour lui d'importance secondaire (bien qu'il ait essayé de montrer dans un écrit spécial qu'on ne saurait la réfuter). Il dit à ce sujet : Pourvu que « dans toute l'éternité » on ait soin de nos idéaux, je ne vois pas pourquoi nous ne devrions pas consentir à les confier à d'autres mains qu'aux nôtres.

d) *L'idée religieuse fondamentale.*

Bien que la religion ait son fondement, suivant James, dans la vie sentimentale et dans ses expériences, et bien qu'elle revête des formes extrêmement diverses, il y a pourtant une idée fondamentale ou une hypothèse qui lui sert constamment de base. Cette hypothèse est que l'on peut atteindre un état d'harmonie, d'unité et de paix, dût-on même n'y parvenir qu'à travers des combats et des crises, et que l'on arrive à ce but grâce à un courant d'énergie supplémentaire qui provient d'un ordre des choses plus étendu et qui, psychologiquement, se manifeste en nous dans la nature inconsciente. Notre façon personnelle d'interpréter ce qui se passe ici n'est pas l'essentiel ; il s'y ajoutera toujours des amplifications et des compléments purement individuels (*over-beliefs*). Le principal, c'est que, pour la conscience religieuse, la tragédie, si souvent qu'elle soit présente au cours de la vie, soit toujours seulement provisoire et partielle. Les derniers mots de l'existence ne sont pas naufrage et dissolution. Toute religion, par suite, part, en définitive, d'une hypothèse cosmique. En revanche, la conservation de la religion ne dépend pas du tout d'une croyance dogmatique spéciale. Si l'on identifie la religion avec une conception animiste du monde, ou bien si on la fait dépendre d'une conception de ce genre, alors, et naturellement, son temps sera passé quand disparaîtra l'animisme ; et de même, si on en fait une magie ou un fétichisme. James pense que la dispute à laquelle on se livre ici peut facilement devenir une dispute purement verbale. Ce qui est pour lui péremptoire, c'est que les expériences intérieures, sur lesquelles la religion est essentiellement construite, sont les plus concrètes et les plus immédiates que nous ayons. En comparaison de ces expériences, toutes celles que nous pouvons avoir sur les rapports extérieurs du monde ont un caractère abstrait et général. Il n'y a aucune raison d'admettre que le temps doive être passé d'expériences de ce genre, même si l'on devait rompre les liens qui les rattachent à des éléments avec lesquels elles ont été jusqu'ici portées à se confondre.

c) *Remarques sur la philosophie religieuse de James.*

L'étude de l'œuvre de James, parue un an après mon propre essai de philosophie religieuse, a été pour moi d'un grand intérêt, non seulement parce qu'il y a longtemps que je n'avais pas lu un livre qui m'apprît, au même degré que l'ouvrage du philosophe américain à voir la vie et les hommes avec des yeux nouveaux et reposés, mais aussi parce que cet ouvrage eut pour moi une importance spéciale de ce fait que sa tendance générale et la méthode qui y est suivie, malgré des différences portant sur des points accessoires (relativement, par exemple, à ce que James appelle son « supranaturalisme »), sont fort analogues à ma méthode et à mon idée directrice. Ainsi j'ai une raison personnelle d'attirer l'attention sur ce livre. Par sa forme ingénieuse et par ses nombreuses particularités intéressantes il vaut d'ailleurs qu'on l'étudie, même si l'on est plus éloigné que moi de sa direction[2]. Je n'ajouterai ici que quelques remarques pour caractériser mon point de vue par rapport à celui de James.

A mes yeux, James a tout à fait raison de distinguer entre la religion personnelle et la religion établie. C'est là toutefois une distinction qu'il est plus facile de faire dans les religions supérieures que dans les religions inférieures, et c'est pour ce motif, peut-être, que les historiens de la religion se refusent parfois à l'admettre. Mais l'intérêt psychologique doit cependant, conformément à la nature de la chose, se porter tout d'abord sur l'élément personnel de la religion, tandis que le côté objectif, le côté « institutionnel », n'a de valeur qu'à titre de symptôme. La chose principale est bien que le problème religieux ne concerne vraiment que le côté subjectif. Les questions qu'on se pose sur la position — actuelle et future — de la religion dans la vie spirituelle de l'homme, ne portent immédiatement que sur ceci : le sentiment et les besoins de l'homme seront-ils capables de s'en tenir aux formes et aux symboles jusqu'à présent donnés, et des formes nouvelles pourront-elles être trouvées et créées si les formes actuelles se révélaient un jour insuffisantes. Pour qui sait voir la continuité de l'évolution spirituelle, c'est le domaine subjectif et personnel qui doit décidément garder la plus grande importance, quelque voilé qu'il ait été par la prépondérance historique des formes extérieures.

Mais il me semble que James passe trop aisément par-dessus les difficultés que présente ici le problème de la continuité. Il n'est nullement évident a priori que l'élément personnel de la religion puisse se maintenir, si les formes historiques disparaissent. Ainsi qu'on peut le voir dans ma philosophie religieuse, je me place ici à un autre point de vue : j'aperçois pour la profondeur et la concentration de la conception de la vie, profondeur et concentration qui ont trouvé un soutien essentiel dans les formes historiques de la religion, la *possibilité* de continuer à se maintenir, bien qu'il ne me soit pas possible d'apporter une preuve convaincante de leur nécessité, ni même de montrer qu'il peut y avoir des équivalents. Nous avons contre nous une autre possibilité : il se peut qu'ici des valeurs se perdent. L'histoire nous fait voir qu'il existe un rapport réciproque incessant entre le personnel et l' « institutionnel ». Si cette relation doit exister encore dans l'avenir, cela ne sera possible qu'à la condition que l'esprit humain, durant le cours de l'évolution, ait conservé la faculté de trouver ou de se créer, pour les expériences vitales les plus profondes, de grands symboles qui pourront conserver une valeur commune pour des groupes d'hommes plus ou moins grands. Nous pouvons l'espérer, mais non le prouver. Et pourtant, c'est une des questions les plus importantes pour ce qui touche à l'avenir de notre race. Il faudrait regarder d'un cœur très léger et avec des yeux très peu pénétrants les grands conflits de la vie pour ne pas sentir la menace de ce problème. — Quant à savoir si, dans ces conditions nouvelles, on garderait continuellement l'usage du *mot* « religion », c'est une question d'importance nulle et James la traite avec l'ironie qui lui appartient.

Si l'on compare la description que fait James de l'expérience religieuse avec celle que j'en ai donnée, on aperçoit que toutes les deux ont un point commun, en ce sens que ce sont les mêmes phénomènes que nous considérons tous les deux. Ce qui pour lui caractérise l'expérience religieuse, c'est qu'elle est une « réaction totale » de l'homme par rapport à la vie ; elle est une expérience de la paix, de l'unité et de l'énergie, où l'on arrive souvent par une crise qui pousse à se débarrasser des ténèbres et des discordances. Je regrette de ne pas voir accentuer d'une façon précise que cette discordance, que la conscience religieuse s'efforce de résoudre en luttant sous toutes ses formes, est une discordance entre valeur et réalité. La religion de l'homme est déterminée par la relation des valeurs qu'il connaît à la réalité qui lui est familière. La chose précieuse pour lui peut être la vie physique elle-même dans sa conservation et dans son développement, mais aussi des biens idéaux. Son sentiment total au sujet de la vie est toujours déterminé par l'aspect sous lequel le ciel des valeurs lui apparaît, assombri ou serein. En partant de ce point de vue, je suis arrivé à mon hypothèse que la conservation de la valeur est l'idée religieuse fondamentale ou l'axiome religieux. James insiste sur le sentiment d'unité intérieure et sur l'expérience de l'afflux d'énergie interne, sans remarquer suffisamment comment cette unité et cette augmentation de l'énergie ont cette importance pour l'homme de supprimer la discordance entre la valeur et la réalité. Je ne crois pourtant pas que James doive être en désaccord avec moi au sujet de mon hypothèse. Comme je l'ai déjà mentionné plus haut, il est d'avis que la religion se fonde, avant toutes choses, sur l'expérience subjective, mais qu'elle s'appuie, plus ou moins consciemment, sur la supposition que ce qu'il y a de tragique dans le monde ne peut être que partiel et transitoire, et que les derniers mots de l'existence ne peuvent pas être naufrage et dissolution. La conscience religieuse doit donc, conformément à sa nature, supposer quelque chose des rapports cosmiques, de la nature la plus intime de l'existence. C'est ici le point où la religion a toujours été portée à se transformer en métaphysique, comme inversement la métaphysique, sans en avoir toujours nettement conscience, est partie, dans ses constructions, de suppositions religieuses. Suivant James, toutes les fois que l'on essaie de formuler de façon précise et concrète ces suppositions dernières, on tombe dans l'« *over-belief* », c'est-à-dire qu'on passe du domaine de la pensée et de l'expérience dans celui de l'imagination et du mysticisme. Le « supranaturalisme » de James en est un exemple frappant. Il n'a pas le droit de dire autre chose des commencements nouveaux qu'il admet, sinon qu'on ne peut pas, pour le moment, en indiquer la cause ; il n'y a donc pas de motif, suivant sa propre conception, pour leur attribuer une cause « surnaturelle ».

 Il y a encore un autre point essentiel sur lequel je suis d'accord avec James, je veux parler de la grande importance qu'il attribue aux variétés individuelles au point de vue de l'expérience religieuse et de la foi religieuse. Sa magistrale description du contraste existant entre les âmes saines et les âmes malades dans la façon de concevoir le monde, est un puissant appui en faveur de ce que j'appelle le principe de personnalité. Ce contraste en effet correspond à celui que j'ai mis en relief entre les natures expansives et les natures discordantes (*Religionsphilosophie* § 36-37, cf. § 94). Mais James a donné tant de force et tant de clarté à son analyse que la question de savoir si des personnalités différentes peuvent réellement avoir « la même » religion se présente avec une nécessité plus grande encore qu'auparavant.

NOTES

1. P. 5. Cette peur du matérialisme peut entraîner des conséquences graves, car Wundt, pour garantir son indépendance à la psychologie, cherche tout naturellement à limiter les « éléments » au plus petit nombre possible, puisque ce n'est que pour les éléments, et non pour leur synthèse, qu'est nécessaire un corrélatif physiologique. Il trouve inquiétant, par exemple, que j'appelle la nouvelle propriété que reçoit une sensation, quand elle est reconnue, une qualité (la « qualité du déjà vu »), car il croit qu'ainsi je serai poussé à remplacer une explication psychologique par une explication physiologique. Il trouve en cela un signe du temps : « Ce penseur ne doit pas être rangé parmi les principaux représentants de la psychologie matérialiste. Mais c'est précisément ce qui me paraît bien marquer l'envahissement de la littérature actuelle par des essais d'explication physiologiques, hypothétiques et psychologiquement inféconds, de voir que même des psychologues aussi... libres de prévention que Höffding ne puissent pas s'en abstenir complètement. » (*Philos. Studien*, X, p. 61). A cela je réponds qu'à propos de tout fait psychique, j'estime qu'on doit se demander s'il est possible d'en trouver une explication physiologique ; et cela, aussi bien pour des synthèses et des comparaisons que pour les éléments et les qualités séparés. Mais en vertu de l'hypothèse de l'identité, que Wundt lui-même a l'habitude d'affirmer, une explication physiologique n'exclut pas l'explication psychologique ; tout phénomène, en tant que possible, doit être éclairé sous ces deux côtés. Je conçois psychologiquement la reconnaissance immédiate, par analogie avec l'association par ressemblance et avec la comparaison, comme un cas limite de ces actes, c'est-à-dire comme la forme la plus élémentaire sous laquelle le rapport de ressemblance se fait valoir dans la conscience. L'explication psychologique que Wundt donne, efface la différence qu'il y a entre les faits psychiques les plus élémentaires et les plus complexes, puisqu'il admet que des représentations libres participent même aux cas les plus simples de la reconnaissance. — Wundt garde dans la discussion de la loi de Weber la même position que dans les cas de reconnaissance immédiate, puisqu'il distingue entre les sensations mêmes et leur « comparaison » (*Physiologische Psychologie*, 5ᵉ éd. I, p. 541). C'est une grande question de savoir si cette distinction est soutenable pour ce qui concerne les faits les plus élémentaires de sensation. — Sur Wundt je renvoie surtout aux livres suivants : Edmond König, « *W. Wundt. Sa philosophie et sa psychologie* ». Stuttgart 1901 (Frommans « *Klassiker der philosophie* »). Allan Vannérus, « *Vid studiet af Wundts psykologi* » (Stockholm 1896). J'ai utilisé aussi une dissertation inédite sur Wundt en tant que psychologue de mon jeune ami Aug. Bjarnason, mag. art.

2. P. 14. Cf. p. ex. Wundt, *System der Psychologie* (1ʳᵉ éd.) p. 533 : « Comme le développement de l'énergie mentale ne consiste que dans le perfectionnement *qualitatif* des conformations organiques, la détermination quantitative de la masse des énergies physico-chimiques reste, par

conséquent, absolument intacte... Ainsi tout le progrès de l'évolution organique n'augmente pas plus la quantité des forces physiques que la quantité de la matière. Mais les forces physiques et leurs substrats ont démesurément augmenté de valeur par le développement de la vie organique. Il est certain que les déterminations de valeurs ne sont devenues possibles en général, et en même temps nécessaires, que par l'apparition d'actes volontaires ayant un but et des représentations et des sentiments qui s'y lient ». — Cf. aussi *Physiol. Psychol.*, 5ᵉ édit. III, p. 781.

3. P. 14. Le concept actuel de l'âme a été surtout mis en valeur par Fichte, mais il est déjà contenu dans le concept que donne Kant de la conscience comme synthèse. Ce concept a été soutenu en Danemark par F.-C. Sibbern et par moi. (Voyez notamment mon article. *Sur la reconnaissance, l'association et l'activité psychique*. Vierteljahrsschr. für wiss. Philos. XIV, p. 311-315).

4. P. 17. Wundt croit que, dans mon article cité ci-dessus (note 3), j'ai mal compris (p. 193) ce qu'il a dit sur l'aperception dans la 3ᵉ édition de sa « Physiologische Psychologie », si je conclus, du fait que la distinction qui existe entre l'association et l'aperception repose sur une abstraction, qu'il ne les considérait pas comme des processus distincts; cela signifie seulement « qu'en fait elles se présentent *toujours ensemble* » (« Philos. Studien » VII, p. 229 sq.). Mais dans la 4ᵉ édition de sa « Physiologische Psychologie », parue ultérieurement, il est dit (II, p. 447) des synthèses les plus simples de représentations : « Ces processus, par l'absence complète d'influence de la volonté sur leur mode de production, se distinguent très nettement des synthèses aperceptives de représentations que nous devrons expliquer dans la suite », et encore (p. 479) : « L'association se borne à amener les représentations dans les synthèses où, en vertu de leur nature propre, elles s'ordonnent sans l'influence d'aucune activité interne volontaire ». Si Wundt admet continuellement en outre, même dans la 5ᵉ édition de son grand ouvrage psychologique, qu'il existe dans le cerveau un centre spécial d'aperception, il semble bien résulter de cela que l'aperception et l'association n'ont pas besoin de se présenter toujours ensemble. — D'après Wundt, nous aurions une conscience immédiate de l'activité qui se manifeste dans l'aperception, grâce à un « sentiment d'activité » qui est commun à toute aperception (*Physiol. Psychol.*, 4ᵉ éd. II, p. 266, 270, 279). En d'autres endroits (p. ex. « Philos. Studien » X, p. 109) il dépeint l'aperception, ou en général l'activité volontaire, comme un objet d'intuition immédiate (Cf. également *Physiol. Psychol.*, 4ᵉ éd. II, p. 560 : « Le concept de l'activité ne provient tout d'abord que de nos propres actes volontaires, et c'est d'eux seulement qu'on l'a transporté à des objets extérieurs en mouvement »). Dans ses exposés antérieurs, Wundt reliait étroitement la conscience de l'activité avec la sensation immédiate de l'innervation, que plus tard il a rejetée. — Sur les difficultés qui sont liées à toute espèce de conscience de l'activité, Wundt, chose étrange, ne dit rien nulle part. Cf. sur cette question ma *Psychologie* VII, B. 4 et mon article. « Sur la reconnaissance » dans la « Vierteljahrsschr. f. wissensch. Philos. XIV, p. 272-310.

5. P. 19. Cf. l'article de Wundt *Sur la définition de la psychologie* (Philos. Studien XII) p. 517. Friedrich Paulsen. *Introduction à la philosophie*. Berlin, 1892, p. 116-132 (Psychologie intellectualiste et psychologie volontariste).

6. P. 19. Dans mon traité de psychologie je m'efforçais déjà dans la 1ʳᵉ édition (1882) de montrer une activité psychique dans la perception sensible, l'association des représentations, le plaisir et la peine, comme aussi dans ce qu'on appelle spécialement le vouloir, et je trouvais dans la volonté la nature la plus vraie et la plus intime de la vie psychique (IV, 7•).

Si je pouvais maintenant le remanier à fond j'en ferais aussi, dans la *forme* d'exposition, une psychologie de la volonté.

7. P. 26. On trouvera des passages caractéristiques de Wundt concernant la métaphysique dans les *Philos. Studien* XIII, p. 80, 428. « Introduction à la philosophie », p. 348-352.

8. P. 27. Le développement que fait Wundt de ce point se trouve dans son « System der Philosophie » IV, 1, 3 (1re éd., p. 361-367). Son raisonnement ne me paraît pas tout à fait clair ; je l'ai exposé comme je l'interprète.

9. P. 30. Cf. sur toute cette question ma *Psychologie* III, 10-11. *Religionsphilosophie* II, 6. *Philosophische Probleme* III, 4. — Dans son excellent éloge de Fechner, Wundt dit de la spéculation de Fechner qu'elle est construite sur l'analogie, à l'encontre de la méthode physique qui se base sur l'induction. Le rapport de l'analogie et de l'induction est tel d'après Wundt que la première se limite à un petit nombre de caractères, tandis que la seconde en exige le plus possible. (*Gustav Theodor Fechner*. Discours prononcé à l'occasion du centenaire de sa naissance. Leipzig, 1901, p. 70-73). Mais ce qu'il faut remarquer avant toutes choses dans l'analogie, c'est le point de départ (ce que Wundt appelle le « point de prise ») ou le point de ressemblance. L'analogie est une ressemblance relative, et le point décisif est de voir dans quelle mesure cette ressemblance relative peut être regardée comme l'indice d'une identité plus profonde. Dans la métaphysique et dans la religion, l'existence comme totalité est interprétée par la représentation d'une seule de ses parties (ou d'un seul côté), et l'analogie doit toujours ici demeurer incomplète.

10. P. 31. Cf. ma *Religionsphilosophie* § 80-91 ; 129.

11. P. 32. Par « hétérogénéité des fins » Wundt entend ce que j'appelle le déplacement objectif des valeurs (voyez mon *Ethik* XIII, 4). Il semble admettre que le déplacement des motifs (le déplacement subjectif des valeurs) suppose toujours que dans l'effet il y a quelque chose de plus que dans l'intention. Pourtant ce n'est pas toujours nécessaire, puisque d'une part l'habitude est le résultat de l'action et que d'autre part d'autres conditions nouvelles peuvent rendre possible l'apparition de nouveaux motifs. — Sous une forme purement psychologique le déplacement des motifs a été déjà décrit par Spinoza, Hartley et James Mill. Dans l'histoire de la philosophie Hegel insistait grandement sur la « métamorphose des fins ».

12. P. 34. Cf. mes remarques critiques sur l'*Ethique* de Wundt dans « The Monist », juillet 1891, p. 532 (où je montrais que, dans sa polémique contre la morale utilitaire, Wundt oublie sa propre théorie de la « métamorphose des fins ») et dans mon *Ethik* VIII, 4 ; XIII, 4.

13. P. 39. Pour l'histoire de la philosophie italienne avant Ardigò je renvoie à Louis Ferri, *Histoire de la philosophie en Italie au* XIXe *siècle* (Paris, 1869). Alfred Espinas, *La philosophie expérimentale en Italie* (Paris, 1880). Dans le manuel d'Ueberweg se trouve une vue d'ensemble rédigée par Luigi Credaro. Relativement à la mise à l'index du criticisme, cf. Rudolph Eucken, *Thomas d'Aquin et Kant*, un combat de deux mondes, Berlin, 1901.

14. P. 44. Les dernières remarques sur l'équivalence sont dans l'écrit. *L'unità della coscienza*, p. 410-413, qui a paru beaucoup plus tard que l'opuscule *La formazione naturale*. Elles ne me paraissent pas tout à fait précises, car si l'on admet que, pour qu'une « distinzione » se produise, outre des dispositions intérieures, il faut aussi que soient présentes des conditions extérieures, alors les formes spéciales n'ont pas, à proprement parler, leurs équivalents dans l'Indistinto seul, mais dans les dispositions de l'Indistinto, dans les conditions extérieures. Ce que je dis fait partie, à

vrai dire, de la théorie d'Ardigò, s'il donne tout Indistinto comme limite et s'il déclare relative la distinction entre indistinto et distinto.

15. P. 45. Quando il pensiero perdi di vista l'infinito, fissandosi nel distinto finito, esso infinito lo assiste inosservato, e costituisce la stessa forza della logica del suo discorso. *Formaz. nat.*, p. 136 (« Opere filos. » II).

16. P. 46. Ardigò se rend fort bien compte que la valeur ne dépend pas de la ressemblance de la pensée avec l'objet pensé, mais de la nature interne de la pensée (*La psicologia come scienza positiva*, p. 228, « Opere filos. » I). Mais cela n'explique pas la valeur. En un autre endroit (voyez *L'unità della coscienza*, p. 441, « Opere filos. » VII) il appelle la vérité une propriété de la pensée (una qualità del pensiero). Mais si la pensée est un phénomène au même titre que les autres phénomènes, qu'est-ce que cette qualité de la pensée a donc affaire avec ces derniers? — Il se présente ici chez Ardigò un certain dogmatisme.

17. P. 47. Dans une édition postérieure de sa *Psicologia* (1882) Ardigò fait suivre son exposé de la « réalité psychophysique » de la note suivante : « Questa espressione, sostanza psicofisica, non è altro che l'Indistinto naturale precedente e sottostante ai due fenomeni distinti del mondo della psiche e di quella della materia » (p. 387). — Le concept de l'Indistinto fut introduit pour la première fois dans l'opuscule *La formazione naturale* (1877).

18 P. 51. Ardigò polémique ici spécialement contre Mamiani. Voyez l'opuscule *La religione di T. Mamiani* dans les « Opere filos. » Tome II.

19. P. 52. William James a naguère exprimé chaudement son attachement absolu à la vieille école anglaise et déclaré qu'il bâtit sur son territoire (voir ci-dessus IV, 1). Mais cet attachement ne porte que sur certains principes généraux, qui sont actuellement reconnus par la plupart des philosophes et qui d'ailleurs se présentent chez James même avec des modifications qui ne peuvent pas découler des principes de la vieille école anglaise.

20. P. 55. Outre les écrits indiqués, Bradley a aussi fait paraître toute une série d'articles dans la revue *Mind*. J'ai utilisé quelques-uns de ces travaux pour l'exposé que l'on va lire.

21. P. 63. Bradley est nettement contre le volontarisme. Il résulte de tout son point de vue qu'il ne peut pas trouver une solution à ses énigmes en faisant appel à la volonté. « Ce que nous connaissons comme volonté suppose un rapport et un processus, en même temps qu'un désaccord inconcevable d'éléments. Il en est de même de l'énergie ou de l'activité ou d'autres choses de même genre » (*Appearance and Reality*, p. 483). Bradley part ici de ce point que l'idée sur laquelle nous fondons notre conception du monde, doit être définitive et achevée et ne pas conduire, par suite, à des questions nouvelles. Il fait, ainsi que Gœthe, du « phénomène originaire » un quelque chose qui n'a pas besoin d'explication (Cf. mes *Philosophische Probleme*, p. 38 sq.). Que la volonté soit une idée qui soulève de nouvelles questions, Bradley a, sans nul doute, raison de l'affirmer. Schopenhauer, le père du volontarisme du xix° siècle, a négligé cela. Mais n'en est-il pas de même de tous les concepts desquels on essaie de montrer qu'ils mènent à une conclusion définitive? Cela n'est-il pas vrai, avant toutes choses, du concept de l'expérience que Bradley veut prendre pour fondement? — Je fais abstraction ici du côté purement psychologique de la chose. Bradley n'a pas publié jusqu'ici sa psychologie. Par ses articles du « Mind » (*On active attention*, 1902. — *The definition of will*, 1902-1903) on peut voir cependant, que sa psychologie a principalement un caractère intellectualiste.

Contre James Ward, qui critique Bradley du point de vue du volontarisme, A.-E. Taylor, un penseur ami de Bradley, remarque qu'il faut bien se rendre à l'évidence et voir que l'activité ne peut pas servir d'expression pour le très haut ou l'absolu, puisque l'activité suppose toujours une résistance (« Mind », 1900, p. 258. Cf. ma « Religionsphilosophie » §§ 18, 22). Cette objection ne laisse à coup sûr qu'une échappatoire, celle à laquelle ont si souvent recours les philosophes théistes et qui consiste à regarder la divinité comme limitée, ainsi que le fait, p. ex., Rashdall dans son article *Personality human and divine* (dans *Personal Idealism*). Le problème du mal a notamment conduit plusieurs penseurs à ce résultat. On voit alors évidemment, de la manière la plus nette, comment les problèmes se représentent constamment. Suivant Rashdall « l'absolu » n'est pas Dieu, mais « une société, qui comprend Dieu et tous les esprits ». — Il ne sert manifestement de rien de faire passer les problèmes et leur discussion dans le domaine de la mythologie.

22. P. 69. Je suis redevable de quelques traits de mon analyse de Taine à Boutmy (*Taine, Renan, Schérer*, Paris, 1900) et à l'éloge de Taine fait par Albert Sorel dans son discours de réception à l'Académie française (1895).

23. P. 74. Charles Renouvier, *Esquisse d'une classification systématique des doctrines philosophiques*, Paris, 1886. II, p. 395. — Cf. du reste sur Renan G. Séailles, « *Ernest Renan*. Essai de biographie psychologique », Paris, 1894. M⁽ᵐᵉ⁾ Darmesteter, *La vie d'Ernest Renan*, Paris, 1898. Ed. Platzhoff. « *Ernest Renan*. Ein Lebensbild. » Leipzig, 1900.

24. P. 76. Cf. mon article sur la *reconnaissance, l'association et l'activité psychique* (« Vierteljahrsschrift für wissensch. Philos. XIV, p. 307 sq. *Psychologie*, VII B, 4).

25. P. 80. Renouvier est mort en 1903.

26. P. 81. *Le personnalisme* parut dans la dernière année de sa vie (1903).

27. P. 83. Renouvier a reçu cette idée de son ami Jules Lequier, mort prématurément, auquel il renvoie fréquemment. Dans l'article *Doute ou croyance* (« L'année philosophique », 1896) p. 44-51, il la développe longuement. — Toute cette façon de voir rappelle la philosophie de Fichte. La dispute entre le dogmatisme et l'idéalisme ne peut se terminer, d'après Fichte, que par un choix, et le choix dépendra de l'espèce d'homme qu'on est. Voir sur ce choix particulièrement l'écrit de Fichte *die Bestimmung des Menschen* (Berlin, 1800) p. 186, 193.

28. P. 85. *Le personnalisme* en donne un exposé nouveau.

29. P. 88. On trouvera plus de détails dans ma *Psychologie*, VD et dans mes *Philosophische Probleme*, p. 72-75. — Sur les derniers jours de Renouvier voir L. Prat, *Les derniers entretiens* (de Ch. Renouvier). Paris, 1904.

30. P. 96. Voyez l'introduction de l'opuscule de Maxwell sur les lignes de force de Faraday (traduction allemande par Boltzman dans les Ostwalds Klassiker der Naturwissenschaft, n° 69, p. 4). L'idée que l'application de la théorie numérique à des phénomènes physiques repose sur l'analogie fut plus tard développée par Helmholtz dans un article du livre d'or en l'honneur de Zeller (1887) *Zählen und Messen, erkenntnistheoretisch betrachtet*, et par Ernst Mach dans son écrit « *Die Principien der Wärmelehre*, historisch-kritisch erläutert » (1896). — Jusqu'à quel point le concept de l'analogie occupait Maxwell, on peut le voir en ce que, à la même époque où il écrivait l'opuscule sur la théorie de la force de Faraday, on a de sa main un projet d'étude où est discutée la question de savoir s'il y a dans la nature de réelles analogies (Ce plan est imprimé dans Campbell and Garnett, *The life of James Clerk Maxwell*. London, 1882, p. 235-241. Il ne me paraît pas tout à fait clair, pour ce qui est du résultat définitif. Ce n'est, à vrai dire, qu'une esquisse qui indique les analogies différentes qui peuvent avoir de la valeur pour la connaissance. Une preuve de

l'influence de la philosophie critique sur les idées de Maxwell se trouve dans une remarque sur l'analogie qui existe entre principe et cause : « Reasons, when spoken of with relation to objects, get the name of causes, which are reasons, analogically refered to objects instead of thougts » (p. 238).

31. P. 96. Cournot (*De l'enchaînement des idées fondamentales*, 1861) a déjà développé des idées analogues.

32. P. 99. Dans une assemblée de l'University College Christian Association, au mois de mai 1903, Lord Kelvin émettait l'avis que, pour ce qui regarde l'origine de la vie, on ne peut pas dire que la science n'affirme ni ne nie une force créatrice ; non, la science *affirme positivement* une force créatrice et directrice, puisque les forces purement physiques ne seraient pas capables d'expliquer la vie. Cette communication donna lieu à une vive discussion à laquelle Thiselton-Dyer, Karl Pearson, Ray-Lancaster et plusieurs autres prirent nettement parti contre l'assertion de Kelvin (« Times weekly », 8, 15 et 22 mai). C'est seulement à l'autorité du grand physicien dans son domaine propre que cette communication dépourvue de toute critique dut la grande sensation qu'elle provoqua.

33. P. 102. Voici comment Boltzmann (*Gustav Robert Kirchhoff*. Panégyrique 1888, p. 25) expose la conception de Kirchhoff : « Former des hypothèses hardies sur l'essence de la matière et deviner le mouvement des corps d'après le mouvement des molécules, ce n'est pas le but qu'il poursuit ; il cherche au contraire à former des équations qui, dégagées de toute hypothèse, correspondent le plus fidèlement possible et d'une manière quantitative au vrai monde phénoménal, sans se préoccuper de l'essence des choses et des forces. Et, bien plus, dans son livre sur la mécanique, Kirchhoff veut même bannir tous les concepts métaphysiques, tels que ceux de la force, de la cause d'un mouvement ; il cherche simplement les équations qui correspondent le plus fidèlement possible aux mouvements observés ».

34. P. 109. Cf. *Philosophische Probleme*, p. 55-57.

35. P. 109. Au congrès de philosophie tenu à Paris en 1900, à l'occasion de la discussion d'un article se rattachant au point de vue de Mach et de Kirchhoff, il fut dit que si dans les sciences on emploie l'accélération au lieu de la force, c'est pour remplacer des symboles musculaires par des symboles visuels, ce qui est fondé sur cette raison que ces derniers sont exactement mesurables.

36. P. 109. Cf. sur ce concept dynamico-symbolique de la vérité *Philosophische Probleme*, p. 45 sq.

37. P. 118. Cf. *Philosophische Probleme*, p. 18-22. — Fr. Carstanjen, un élève d'Avenarius, a donné un résumé du premier volume de la « Critique de l'expérience pure » dans son écrit *Richard Avenarius'biomechanische Grundelegung der neuen allgemeinen Erkenntnistheorie* (Muenchen, 1894). Sur plusieurs points l'exposé de cette grande œuvre est rendu plus distinct par l'interprétation de Carstanjen, — mais il n'arrive à cette plus grande clarté qu'en empruntant au deuxième volume des exemples psychologiques dont strictement il ne devrait pas se servir. En outre Carstanjen ajoute lui-même plusieurs « symptômes » que j'ai appliqués dans mon étude. La communication verbale je que cite d'Avenarius se trouve dans l'article *Richard Avenarius. Ein Nachruf* von Fr. Carstanjen (« Vierteljahrsschrift für wissenschaftliche Philosophie » XX). — C'est à tort que, dans sa critique d'ailleurs si remarquable d'Avenarius (« Ueber naiven und kritischen Realismus », Philos. Studien XIII, p. 331), Wundt qualifie sa théorie de matérialisme.

38. P. 122. Cf. ma *Religionsphilosophie*, § 88 (à la fin).

39. P. 122. Alors qu'Avenarius a donné une histoire naturelle des problèmes, je me suis proposé dans mon petit livre *Philosophische Probleme*, de trouver les traits caractéristiques du contenu des divers problèmes fondamentaux. Mon étude confirme celle d'Avenarius, en tant qu'il est prouvé que le rapport entre la discontinuité et la continuité se fait de nouveau jour dans chacun des problèmes. Ce qui nous distingue essentiellement, c'est que je mets l'accent sur le caractère inépuisable de l'expérience (de l'existence), tandis qu'Avenarius opère avec la représentation d'un état terminal. Par conséquent j'insiste davantage et plus fortement sur l'irrationalité constante de notre attitude intellectuelle par rapport à l'existence.

40. P. 130. C'est d'un point de vue analogue au nôtre que la théorie de Guyau a été critiquée dans un article pénétrant de Ch. Christophle, « *Le principe de la vie comme mobile moral selon J.-M. Guyau*. Étude critique » (1901). (Extrait de la « Revue de Métaphysique et de Morale »).

41. P. 135. Cf. sur ce point ma *Religionsphilosophie*, § 31. — Fouillée (*Le mouvement idéaliste*, p. XXII) nomme l' « irréligion » de Guyau une religion de l'avenir, bien que Guyau lui-même ne l'eût pas appelée ainsi. F. Buisson (*L'éducation morale et l'éducation religieuse*, dans le recueil *Questions de morale*, Paris, 1900, p. 329) est d'avis qu'elle peut mériter avant tout le nom de « religion ». — Le nom naturellement ne dit pas grand chose. — Fouillée, le beau-père de Guyau, dans son écrit *La morale, l'art et la religion d'après Guyau*. Paris, 1889, a bien marqué les traits caractéristiques de Guyau et donné un bon aperçu de ses idées. Josiah Royce, le philosophe religieux américain, a également donné une étude très sympathique sur Guyau (dans un article de ses *Studies in Good and Evil*. New-York, 1898, p. 379-384.

42. P. 140. Dans son livre *Richard Wagner, poète et penseur* (4e éd., p. 429-432) Henri Lichtenberger a cherché à montrer que Nietzsche est injuste vis-à-vis de Wagner, quand il croit que Wagner s'est « converti ». Malgré des nuances diverses, on trouve de la continuité dans la conception que Wagner avait de la vie. Si, vers la fin, il plaçait le christianisme au-dessus du bouddhisme, tandis qu'auparavant il considérait ces deux religions comme égales, c'était là essentiellement l'expression de la réaction qu'il opérait contre le pessimisme — contre lequel Nietzsche lui-même réagissait à sa manière. Il n'a jamais été « confessionnel » dans sa conception religieuse.

43. P. 140. La sœur de Nietzsche, Mme Elisabeth Förster-Nietzsche a commencé la publication d'une biographie dont jusqu'ici deux volumes sont parus (*Das Leben Friedrich Nietzsches*, I et II, 1. Leipzig, 1895-1897). Ils arrivent à l'année 1890. A cela s'ajoutent des lettres de Nietzsche (2 volumes, 1900-1902). [Le dernier volume de la Biographie (II, 2) et le troisième volume de lettres sont parus depuis.] Dans la Biographie d'Erwin Rohdes par Crusius se trouvent plusieurs passages qui nous donnent des renseignements sur Nietzsche et nous le rendent plus compréhensible ; j'en dis autant du livre gracieux de Paul Deussen, *Erinnerungen an Nietzsche* (Leipzig, 1902). Malvida von Meysenburg, maternelle amie de Nietzsche, a donné dans son livre *Individualitäten* (1901), p. 1-41, une intéressante esquisse de la personnalité de Nietzsche.

44. P. 152. Vis-à-vis de Socrate, Nietzsche est en général rigoureux et injuste. Il ne peut pas trouver pour lui assez de termes de mépris. Dans la *Naissance de la tragédie*, Socrate se voit reprocher, outre son intellectualisme, sa foi optimiste en la vie. Plus tard (*La gaie science*, Aphor. 340) il est blâmé à cause du pessimisme que Nietzsche croit trouver dans les derniers mots que Platon lui prête, dans sa demande d'immoler un coq à

Esculape. Il a, dit-il, considéré la vie comme une maladie ! — Nietzsche adopte ici l'interprétation traditionnelle, néoplatonicienne de la phrase célèbre. Le professeur Heiberg a montré qu'on peut l'expliquer d'une façon beaucoup plus simple et moins mystique, en se reportant à l'ensemble dont elle fait partie. [Voyez le compte rendu des séances de l'Académie royale des sciences de Danemark, 1902.] J.-L. Heiberg : *Sokrates'sidste Ord* (Les derniers mots de Socrate).

45. P. 153. Dans son dernier écrit « La volonté de puissance », Nietzsche qualifie lui-même sa conception d'aristocratisme (Œuvres, XV, p. 427). Dans le passage cité, Nietzsche semble discuter avec Guyau et Fouillée, qui attribuent un si grand poids à la méthode sociologique et à son importance pour la conception de la vie.

46. P. 155. La conception de Nietzsche a subi sur ce point de vue une modification, car dans les *Considérations inactuelles* (troisième partie, § 5) il dit que la tâche de *tous* les hommes est de travailler à l'avènement du grand homme. Ici le dualisme n'est pas encore aussi accentué ni le problème si compliqué.

47. P. 157. Les exemplaires des livres de Guyau avec les remarques marginales de Nietzsche se trouvent dans les Archives de Nietzsche à Weimar; une copie des plus importantes de ces remarques a été communiquée à Fouillée, qui s'en est servi dans un chapitre intéressant de son écrit *Nietzsche et l'Immoralisme* (1902). Livre III : « Les jugements de Nietzsche sur Guyau d'après des documents inédits ».

48. P. 158. Cf. ma *Morale*, X, 3 (vers la fin) sur l'importance des prototypes par analogie avec l'importance des variations pour la biologie.

49. P. 163. Je ne m'engage pas ici dans les indications de tendance théorétique et métaphysique que Nietzsche a données notamment dans le troisième livre de la « Volonté de puissance ». Dans sa conception des principes de la connaissance, il rappelle la théorie de la connaissance économico-biologique, et plus nettement encore il rappelle, dans sa métaphysique de la volonté, la philosophie de Schopenhauer (avec cette différence qu'il parle de la « Volonté de puissance » et non pas de la « Volonté de vivre »).

50. P. 166. L'idée du retour de toutes les choses n'est pas nouvelle. Nietzsche l'a vraisemblablement connue par ses études classiques. C'est une idée antique qui est étroitement liée à la représentation du monde comme un tout limité. Si l'on admet en même temps que les éléments et les forces sont impérissables, un recommencement rythmique est alors nécessaire. Chez les stoïciens un recommencement de ce genre se présentait après chaque conflagration du monde, aussi bien pour les dieux que pour les hommes. Tout devait alors se passer de nouveau de la même manière : Socrate épouse de nouveau Xantippe, etc. C'était pour les stoïciens un soutien de leur tranquillité d'âme (voyez principalement Marc Aurèle, *Comm.* XI, 1) de savoir qu'il ne se produirait rien de nouveau ; nos descendants ne verraient rien de très essentiellement nouveau, et nos ancêtres n'avaient pas vu un autre monde que le nôtre. — Dans les temps modernes, ce recommencement a été souvent regardé comme la conséquence prétendue de la conception physique, par des penseurs comme Blanqui, Le Bon, Nägeli, Guyau (Cf. Fouillée, *Nietzsche et l'Immoralisme*, IV, 4 : « Le retour éternel »). Cette idée se présente même, chez Dostojewski, — comme une tentation de la part du démon (Cf. Merejkowskij, *Tolstoï et Dostojewskij*, Paris, 1903, p. 300). — Naturellement le retour n'est nécessaire que si l'on présuppose la limitation du monde et si l'on a, en même temps, une confiance dogmatique dans la valeur absolue des principes scientifiques. Si, au contraire, il nous est impossible de concevoir,

par rapport au temps, à l'espace et à l'énergie, une limite absolue du monde, et si ces principes nous servent seulement d'hypothèses directrices dans notre recherche, la possibilité n'est alors pas exclue de l'apparition d'éléments nouveaux et de combinaisons nouvelles. La loi de la relativité nous conduit tout naturellement dans cette direction et nous met ainsi en face de la possibilité de l'irrationnalité de l'existence. Cf. sur ce point mes *Philosophische Probleme*, ch. II et III. Par conséquent, Gœthe a parfaitement raison de dire que « l'expérience est toujours nouvelle ». — Chez Nietzsche la théorie de la nécessité du retour n'est pas conséquente. En effet, dans sa théorie de la connaissance, il insiste vivement sur ceci, que le principe d'identité et les autres principes fondamentaux sont des postulats de notre volonté, et expriment notre désir de soumettre la nature à notre pouvoir. C'est nous-mêmes qui introduisons, d'après lui, l'identité dans la nature. « Il ne faut pas interpréter la contrainte qui nous pousse à former des concepts, des espèces, des formes, des fins et des lois (un monde des cas identiques) en ce sens que, par là, nous serions à même de fixer le véritable monde ; c'est au contraire la nécessité d'apprêter à notre usage un monde où notre existence serait rendue possible : — nous créons ainsi un monde qui est déterminable, simplifié, compréhensible pour nous, etc. » *La volonté de puissance*, Aphor. 279). Si Nietzsche admet qu'en fait il n'y a pas de cas identiques, il doit alors, pour être conséquent, renoncer à la foi en un retour absolu. Et du reste l'expérience ne montre qu'une approximation de l'identité absolue et du retour absolu. La métaphysique de Nietzsche et sa théorie de la connaissance ne sont pas d'accord entre elles. Au surplus, il discute même quelquefois contre la physique, parce qu'elle introduit cette égalité devant la loi dans la nature!

51. P. 185. Sur ce point James se rattache à Leuba. « Leuba is undoubtedly right in contending that the conceptual *belief*... although so often efficacious and antecedent, is really accessory and non-essential, and that the joyous conviction can also come by far other channels than this conception. It is to the joyous conviction itself, the assurance that all is well with one, that he would give the name *of faith* par excellence » (*Varieties of religious belief*, p. 246 sq.). — Cf. *The will to believe*, p. x : « What mankind at large most lacks is criticism and caution, not faith. Its cardinal weakness is to let belief follow recklessly upon lively conception, especially when the conception has instinctive liking as its back. » James ajoute que s'il s'adressait à l'armée du salut ou à des milieux analogues, il ne mettrait pas l'accent sur la volonté et sur le droit de croire ; des milieux de ce genre auraient plutôt besoin de la « froide bise de la science » pour balayer leur état maladif et leur barbarie. Mais il s'adresse à des milieux académiques, qui ont d'autres besoins : « Paralysis of their native capacity for faith and timorous abulia in the religions field are their special forms of mental weakness. »

52. P. 193. Je citerai ici deux critiques philosophiques parmi celles qui ont paru sur le livre de James, l'une du psychologue genevois Th. Flournoy dans la « Revue philosophique » (novembre 1902) et l'autre de J.-M. Muirhead (professeur à Birmingham) dans l' « International Journal of Ethics » (janvier 1903). Flournoy donne à James son assentiment avec enthousiasme ; Muirhead l'apprécie comme psychologue, mais il est mécontent de lui à cause de sa métaphysique.

TABLE DES MATIÈRES

Introduction 1

PREMIER GROUPE
COURANT OBJECTIVO-SYSTÉMATIQUE
I. — Wilhelm Wundt

1. Évolution de sa philosophie. 5
2. Le problème psychologique. 11
   a) Physiologie et psychologie 12
   b) Le caractère spécial de la vie psychique. 14
   c) Les éléments de la vie psychique 16
3. Le problème de la connaissance. 19
   a) Réalisme naïf et réalisme critique 20
   b) Perception, entendement, raison. 21
4. Le problème de l'existence 25
   a) Métaphysique et empirisme. 25
   b) Les idées. 26
   c) Remarques critiques 29
5. Le problème moral 31
   a) Histoire et morale. 31
   b) Esprit collectif et bouddhisme 33
   c) Morale et métaphysique. 35

II. — Roberto Ardigò

1. La philosophie italienne après la Renaissance. 37
2. L'évolution des idées d'Ardigò. 39
3. Théorie de l'évolution et théorie de la connaissance . . . 43
4. Psychologie. 46
5. Morale 49

III. — Francis Herbert Bradley

1. L'idéalisme dans la philosophie anglaise contemporaine. . . 52
2. Bradley et la philosophie 53
3. Phénomène et réalité 57
4. Appréciation et critique. 61

IV. — Alfred Fouillée et la philosophie française contemporaine

1. Introduction (Taine, Renan). 65
2. La philosophie évolutionniste de Fouillée 74

3. La philosophie de la discontinuité. 79
4. Charles Renouvier 80
5. Émile Boutroux 89

DEUXIÈME GROUPE
COURANT BIOLOGIQUE DANS LA THÉORIE DE LA CONNAISSANCE

INTRODUCTION. 93

I. — LES SAVANTS PHILOSOPHES

1. James Clerk Maxwell 95
2. Ernst Mach 100
3. Heinrich Hertz 106
4. Wilhelm Ostwald 109

II. — L'HISTOIRE NATURELLE DES PROBLÈMES

Richard Avenarius 113

TROISIÈME GROUPE
LA PHILOSOPHIE DES VALEURS

INTRODUCTION 123

I. — JEAN MARIE GUYAU

a) Critique de la morale anglaise 127
b) Morale 129
c) Esthétique 131
d) Philosophie religieuse 132

II. — FRIEDRICH NIETZSCHE

a) Étude critique et biographie 136
b) Les écrits de Nietzsche 145
c) Point de départ dans l'histoire de la civilisation 150
d) Le but de l'histoire et le dualisme social 152
e) L'insurrection des esclaves dans la morale 157
f) Raisons philosophiques du dualisme social 161
g) Le dernier oui — et la mort de Zarathoustra 163

III. — RUDOLPH EUCKEN 169

IV. — WILLIAM JAMES

a) Les trois points de vue 182
b) La nature de l'expérience religieuse 187
c) Les types les plus importants 188
d) L'idée religieuse fondamentale 191
e) Remarques sur la philosophie religieuse de James . . . 192

NOTES 197

ÉVREUX, IMPRIMERIE CH. HÉRISSEY ET FILS

FÉLIX ALCAN, ÉDITEUR

108, BOULEVARD SAINT-GERMAIN, PARIS (6e)

ŒUVRES DES AUTEURS CITÉS DANS LE PRÉSENT OUVRAGE

BINET (A.), directeur du laboratoire de psych. physiol. de la Sorbonne. *La Psychologie du raisonnement*, expériences par l'hypnotisme. 4e édit., 1 vol. in-18. . . . .   2 fr. 50
— *Les révélations de l'écriture*, avec 67 gr., 1 vol. in-8. . .   5 fr. »
— *De l'idée de loi naturelle dans la science et la philosophie*. 1 vol. in-8. . . . .   2 fr. 50
— *Etudes d'histoire de la philosophie*. 2e éd. 1 vol. in-8. . .   7 fr. 50
— *De la contingence des lois de la nature*. 5e édition 1905, 1 vol. in-18 . . . .   2 fr. 50

ESPINAS (A.), de l'Institut, professeur à la Sorbonne. *La Philosophie sociale du XVIIIe siècle et la Révolution française*. 1 vol. in-8.
   7 fr. 50
— *La Philosophie expérimentale en Italie*. 1 vol. in-18 . .   2 fr. 50

Essai d'une philosophie de la solidarité, par MM. Darlu, Rauh, F. Buisson, Gide, X. Léon, La Fontaine, E. Boutroux (*Ecole des Hautes Etudes sociales*). 2e édit. 1 vol. in-8, cartonné .   6 fr. »

FERRI (Louis). *La Psychologie de l'association*, depuis Hobbes. 1 vol. in-8 . . . .   7 fr. 50

FOUILLÉE (Alf.), de l'Institut. *La Liberté et le Déterminisme*. 4e édit. 1 vol. in-8 . . . .   7 fr. 50
— *Critique des systèmes de morale contemporains*. 4e édit. 1 vol. in-8 . . . .   7 fr. 50
— *La Morale, l'Art, la Religion*, d'après Guyau. 5e édit. augm. 1 vol. in-8 . . . .   3 fr. 75
— *L'Avenir de la Métaphysique fondée sur l'expérience*. 2e édit. 1 vol. in-8. . . . .   5 fr. »
— *L'Evolutionnisme des idées-forces*. 3e édit. 1 vol. in-8.   7 fr. 50

— *La Psychologie des idées-forces*, 2º édit. 2 vol. in-8 . 15 fr. »
— *Tempérament et caractère*. 3ª édit. 1 vol. in-8. . . . . 7 fr. 50
— *Le Mouvement positiviste et la conception sociologiste du monde*. 2º édit. 1 vol. in-8 . . . . 7 fr. 50
— *Le Mouvement idéaliste et la réaction contre la science positive*. 2º édit. 1 vol. in-8 . . . . 7 fr. 50
— *Psychologie du peuple français*. 3º édit. 1 vol. in-8 . . 7 fr. 50
— *La France au point de vue moral*. 2º édit. 1 vol. in-8 . 7 fr. 50
— *Esquisse psychologique des peuples européens*. 2º édition. 1 vol. in-8 . . . . 10 fr. »
— *Nietzsche et l'immoralisme*. 2º édit. 1 vol. in-8 . . . . 5 fr. »
— *Le moralisme de Kant et l'amoralisme contemporain*. 1 vol. in-8. 7 fr. 50
— *Les éléments sociologiques de la morale*. 1 vol. in-8 . 7 fr. 50
— *La propriété sociale et la démocratie*. Nouvelle édition. 1906. 1 vol. in-18 . . . . 2 fr. 50
— *Philosophie de Socrate*. 2 vol. in-8. . . . . 16 fr. »

GUYAU (M.). *La Morale anglaise contemporaine*. 5º édit., 1 vol. in-8. 7 fr. 50
— *Les Problèmes de l'esthétique contemporaine*. 6º édit., 1 vol. in-8. 5 fr. »
— *Esquisse d'une morale sans obligation ni sanction*. 6º édit., 1 vol. in-8 . . . . 5 fr. »
— *L'Irréligion de l'avenir*, étude de sociologie. 9º édit., 1 vol. in-8. 7 fr. 50
— *L'Art au point de vue sociologique*. 6º édit., 1 vol. in-8. 7 fr. 50
— *Education et Hérédité*, étude sociologique. 7º édit, 1 vol. in-8. 5 fr. »
— *La Genèse de l'idée de temps*. 2º édit. 1 vol. in-18. . . 2 fr. 50
— *Vers d'un philosophe*. 3º édit., 1 vol. in-18 . . . . . . 3 fr. 50
— *La Morale d'Epicure* et ses rapports avec les doctrines contemporaines. 5º édit., 1 vol. in-8 . . . . 7 fr. 50

JAMES (W.). *L'Expérience religieuse*, traduit par F. Abauzit, agrégé de philosophie. 1 vol. in-8, 2º édit. Cour. par l'Académie française. . . . . 10 fr. »
— *La théorie de l'émotion*, préface de G. Dumas, chargé de cours à la Sorbonne. Traduit de l'anglais. 1 vol. in-18 . . . . 2 fr. 50
— *Causeries pédagogiques*, traduit par L. Pidoux, préface de M. Payot, recteur de l'Académie de Chambéry. 1 vol. in-16. . . 2 fr. 50

JANET (Pierre), professeur au collège de France. *L'Automatisme psychologique*. 5º édit. 1907. 1 vol. in-8 . . . . 7 fr. 50

LICHTENBERGER (H.), maître de conférences à la Sorbonne. *Richard Wagner, poète et penseur*. 4° édit. Revue. 1907. (Couronné par l'Académie française). 1 vol. in-8 . . . . 10 fr. »
— *La philosophie de Nietzsche*. 10° édit. 1 vol. in-18. . . 2 fr. 50
— *Friedrich Nietzsche. Aphorismes et fragments choisis*. 3° édit. 1905. 1 vol. in-18 . . . . 2 fr. 50
Morale sociale, par MM. G. BELOT, MARCEL BERNÈS, BRUNSCHVICG, F. BUISSON, DARLU, DAURIAC, DELBET, CH. GIDE, M. KOVALEVSKY, MALAPERT, le R. P. MAUMUS, DE ROBERTY, G. SOREL, le PASTEUR WAGNER. Préface de M. E. BOUTROUX. 1 vol. in-8 cart. . . . . . 6 fr. »
Questions de Morale, par MM. BELOT, BERNÈS, F. BUISSON, A. CROISET, DARLU, DELBOS, FOURNIÈRE, MALAPERT, MOCH, PARODI, G. SOREL (*Ecole de morale*). 2° édit. 1 vol. in-8 cart. . . . . 6 fr. »
RENOUVIER (CH.) de l'Institut. *Les Dilemmes de la métaphysique pure*. 1900. 1 vol. in-8 . . . . 5 fr. »
— *Histoire et solution des problèmes métaphysiques*. 1901. 1 vol. in-8. 7 fr. 50
— *Le personnalisme*, avec une étude sur la *perception externe et la force*. 1903. 1 vol. in-8. . . . . 10 fr. »
— *Critique de la doctrine de Kant*. 1906. 1 vol. in-8. . . 7 fr. 50
— *Uchronie. Utopie dans l'Histoire*. 2° édit. 1901. 1 vol. in-8. 7 fr. 50
RIBOT (TH.), de l'Institut. *L'Hérédité psychologique*. 8° édit. 1 vol. in-8 . . . . 7 fr. 50
— *La Psychologie anglaise contemporaine*. 3° édit. 1 vol. in-8 7 fr. 50
— *La Psychologie allemande contemporaine*. 6° édit. 1 vol. in-8. 7 fr. 50
— *La Psychologie des sentiments*. 6° édit. 1906. 1 vol in-8. 7 fr. 50
— *L'Evolution des idées générales*. 2° édit. 1904. 1 vol. in-8. 5 fr. »
— *Essai sur l'Imagination créatrice*. 2° édit. 1905. 1 vol. in-8. 5 fr. »
— *La logique des sentiments*. 2° édit. 1907. 1 vol. in-8. . 3 fr. 75
— *Essai sur les passions*. 1907. 1 vol. in-8 . . . . 3 fr. 75
— *La Philosophie de Schopenhauer*. 10° édit. 1 vol. in-18. 2 fr. 50
— *Les Maladies de la mémoire*. 18° édit. 1 vol. in-18. . . 2 fr. 50
— *Les Maladies de la volonté*. 21 édit. 1 vol. in-18. . . . 2 fr. 50
— *Les Maladies de la personnalité*. 11° édit. 1 vol. in-18 . 2 fr. 50
— *La Psychologie de l'attention*. 6° édit. 1 vol. in-18. . . 2 fr. 50
WUNDT. *Hypnotisme et Suggestion*. Etude critique, traduit par M. Keller. 3° édit. 1905. 1 vol. in-18. . . . . 2 fr. 50
— *Psychologie physiologique*. 2 vol. in-8. (*Epuisé*.)

REVUE PHILOSOPHIQUE
DE LA FRANCE ET DE L'ÉTRANGER
32ᵉ année, 1907
PARAISSANT TOUS LES MOIS
Dirigée par TH. RIBOT
Membre de l'Institut, Professeur honoraire au Collège de France.

Chaque numéro contient :

1º Plusieurs articles de fond ;
2º Des analyses et comptes rendus des nouveaux ouvrages philosophiques français et étrangers ;
3º Un compte rendu aussi complet que possible des *publications périodiques* de l'étranger pour tout ce qui concerne la philosophie ;
4º Des notes, documents, observations pouvant servir de matériaux ou donner lieu à des vues nouvelles.

Prix d'abonnement : Un an : 30 francs ; départements et étranger 33 francs. — Le numéro : 3 francs.

JOURNAL DE PSYCHOLOGIE
NORMALE ET PATHOLOGIQUE
4ᵉ année 1907

DIRECTEURS :

Dʳ Pierre JANET
Professeur au Collège de France.

Dʳ Georges DUMAS
Chargé de cours à la Sorbonne.

PROGRAMME

Les travaux concernant les études psychologiques sont disséminés en France et à l'étranger dans un grand nombre de recueils spéciaux. Les uns ne sont lus que par les philosophes, les autres que par les médecins, les jurisconsultes, les psychologues de l'éducation ou les sociologues. Il a paru important de grouper les analyses de ces divers travaux dans un seul journal, sorte de *Centralblatt* pour tous ceux qui s'intéressent aux études de psychologie normale et pathologique. Les médecins et en particulier les aliénistes y trouvent toutes les études et les recherches faites par les psychologues de laboratoire et les physiologistes ; ceux-ci, à leur tour, y trouvent toutes les observations pathologiques indispensables pour leurs études. Un chapitre spécial tient le lecteur au courant des recherches curieuses entreprises aujourd'hui de tous côtés sur ces phénomènes dits supranormaux situés sur les frontières de la science.

Une première partie du *Journal*, la plus courte, rapporte des expériences pathologiques et des observations relatives aux psychoses et aux névrosés particulièrement intéressantes pour l'étude des problèmes actuels de la psychologie.

Conditions d'abonnement : Un an : **14 fr.** — Le numéro : **2 fr. 60**.

Paraît tous les deux mois, avec figures dans le texte et forme à la fin de l'année un volume de 600 pages environ.

FÉLIX ALCAN, Éditeur
LIBRAIRIES FÉLIX ALCAN ET GUILLAUMIN RÉUNIES

PHILOSOPHIE — HISTOIRE

CATALOGUE
DES
Livres de Fonds

	Pages.		Pages.
BIBLIOTHÈQUE DE PHILOSOPHIE CONTEMPORAINE.		ANNALES DE L'UNIVERSITÉ DE LYON	21
Format in-16	2	RECUEIL DES INSTRUCTIONS DIPLOMATIQUES	21
Format in-8	5		
COLLECTION HISTORIQUE DES GRANDS PHILOSOPHES	12	INVENTAIRE ANALYTIQUE DES ARCHIVES DU MINISTÈRE DES AFFAIRES ÉTRANGÈRES	21
Philosophie ancienne	12	REVUE PHILOSOPHIQUE	22
Philosophie médiévale et moderne	12	REVUE GERMANIQUE	22
Philosophie anglaise	13	JOURNAL DE PSYCHOLOGIE	22
Philosophie allemande	13	REVUE HISTORIQUE	22
Philosophie anglaise contemporaine	14	ANNALES des SCIENCES POLITIQUES	22
Philosophie allemande contemporaine	14	JOURNAL DES ÉCONOMISTES	22
Philosophie italienne contemporaine	14	REVUE DE L'ÉCOLE D'ANTHROPOLOGIE	22
LES MAITRES DE LA MUSIQUE	14	REVUE ÉCONOMIQUE INTERNATIONALE	22
LES GRANDS PHILOSOPHES	14		
MINISTRES ET HOMMES D'ÉTAT	14	SOCIÉTÉ POUR L'ÉTUDE PSYCHOLOGIQUE DE L'ENFANT	22
BIBLIOTHÈQUE GÉNÉRALE DES SCIENCES SOCIALES	15	BIBLIOTHÈQUE SCIENTIFIQUE INTERNATIONALE	23
BIBLIOTHÈQUE D'HISTOIRE CONTEMPORAINE	16	RÉCENTES PUBLICATIONS NE SE TROUVANT PAS DANS LES COLLECTIONS PRÉCÉDENTES	26
PUBLICATIONS HISTORIQUES ILLUSTRÉES	19		
BIBLIOTHÈQUE DE LA FACULTÉ DES LETTRES DE PARIS	19	TABLE DES AUTEURS	31
TRAVAUX DE L'UNIVERSITÉ DE LILLE	20	TABLE DES AUTEURS ÉTUDIÉS	32

On peut se procurer tous les ouvrages qui se trouvent dans ce Catalogue par l'intermédiaire des libraires de France et de l'Étranger.

On peut également les recevoir franco par la poste, sans augmentation des prix désignés, en joignant à la demande des TIMBRES-POSTE FRANÇAIS ou un MANDAT sur Paris.

108, BOULEVARD SAINT-GERMAIN, 108
PARIS, 6e

MARS 1907

F. ALCAN.

Les titres précédés d'un *astérisque* sont recommandés par le Ministère de l'Instruction publique pour les Bibliothèques des élèves et des professeurs et pour les distributions de prix des lycées et collèges.

BIBLIOTHÈQUE DE PHILOSOPHIE CONTEMPORAINE
Volumes in-16, brochés, à 2 fr. 50.
Cartonnés toile, 3 francs. — En demi-reliure, plats papier, 4 francs.

La *psychologie*, avec ses auxiliaires indispensables, l'anatomie et la *physiologie du système nerveux*, la *pathologie mentale*, la *psychologie des races inférieures et des animaux*, les *recherches expérimentales de laboratoires*; — la *logique*; — les *théories générales fondées sur les découvertes scientifiques*; — l'*esthétique*; — les *hypothèses métaphysiques*; — la *criminologie et la sociologie*; — l'*histoire des principales théories philosophiques*; tels sont les principaux sujets traités dans cette Bibliothèque.

ALAUX (V.), prof. à l'École des Lettres d'Alger. La philosophie de Victor Cousin.
ALLIER (R.). *La Philosophie d'Ernest Renan. 2ᵉ édit. 1903.
ARRÉAT (L.). *La Morale dans le drame, l'épopée et le roman. 3ᵉ édition.
— *Mémoire et imagination (Peintres, Musiciens, Poètes, Orateurs). 2ᵉ édit.
— Les Croyances de demain. 1898.
— Dix ans de philosophie. 1900.
— Le Sentiment religieux en France. 1903.
— Art et Psychologie individuelle. 1906.
BALLET (G.). Le Langage intérieur et les diverses formes de l'aphasie. 2ᵉ édit.
BAYET (A.). La morale scientifique. 2ᵉ édit. 1906.
BEAUSSIRE, de l'Institut. *Antécédents de l'hégél. dans la philos. française.
BERGSON (H.), de l'Institut, professeur au Collège de France. *Le Rire. Essai sur la signification du comique. 3ᵉ édition. 1904.
BERTAULD. De la Philosophie sociale.
BINET (A.), directeur du lab. de psych. physiol. de la Sorbonne. La Psychologie du raisonnement, expériences par l'hypnotisme. 4ᵉ édit.
BLONDEL. Les Approximations de la vérité. 1900.
BOS (C.), docteur en philosophie. *Psychologie de la croyance. 2ᵉ édit. 1905.
BOUCHER (M.). L'hyperespace, le temps, la matière et l'énergie. 2ᵉ édit. 1903.
BOUGLÉ, prof. à l'Univ. de Toulouse. Les Sciences sociales en Allemagne. 2ᵉ éd. 1902.
— Qu'est-ce que la Sociologie ? 1907.
BOURDEAU (J.). Les Maîtres de la pensée contemporaine. 4ᵉ édit. 1906.
— Socialistes et sociologues. 2ᵉ éd. 1907.
BOUTROUX, de l'Institut. *De la contingence des lois de la nature. 5ᵉ éd. 1905.
BRUNSCHVICG, professeur au lycée Henri IV, docteur ès lettres. *Introduction à la vie de l'esprit. 2ᵉ édit. 1906.
— *L'Idéalisme contemporain. 1905.
COSTE (Ad.). Dieu et l'âme. 2ᵉ édit. précédée d'une préface par R. Worms. 1903.
CRESSON (A.), docteur ès lettres. La Morale de Kant. 2ᵉ édit. (Cour. par l'Institut.)
— Le Malaise de la pensée philosophique. 1905.
DANVILLE (Gaston). Psychologie de l'amour. 4ᵉ édit. 1907.
DAURIAC (L.). La Psychologie dans l'Opéra français (Auber, Rossini, Meyerbeer).
DELVOLVÉ (J.), docteur ès lettres, agrégé de philosophie. *L'organisation de la conscience morale. *Esquisse d'un art moral positif*. 1906.
DUGAS, docteur ès lettres. *Le Psittacisme et la pensée symbolique. 1896.
— La Timidité. 3ᵉ édit. 1903.
— Psychologie du rire. 1902.
— L'absolu. 1904.
DUMAS (G.), chargé de cours à la Sorbonne. Le Sourire, avec 19 figures. 1906.
DUNAN, docteur ès lettres. La théorie psychologique de l'Espace.
DUPRAT (G.-L.), docteur ès lettres. Les Causes sociales de la Folie. 1900.
— Le Mensonge. *Étude psychologique*. 1903.

Suite de la *Bibliothèque de philosophie contemporaine*, format in-16, à 2 fr. 50 le vol.

DURAND (de Gros). *Questions de philosophie morale et sociale. 1902.
DURKHEIM (Émile), professeur à la Sorbonne. * Les règles de la méth. de sociologique. 3ᵉ édit. 1904.
D'EICHTHAL (Eug.) (de l'Institut). Les Problèmes sociaux et le Socialisme. 1899.
ENCAUSSE (Papus). L'occultisme et le spiritualisme. 2ᵉ édit. 1903.
ESPINAS (A.), de l'Institut, prof. à la Sorbonne. * La Philosophie expérimentale en Italie.
FAIVRE (E.). De la Variabilité des espèces.
FÉRÉ (Ch.). Sensation et Mouvement. Étude de psycho-mécanique, avec fig. 2ᵉ éd.
— Dégénérescence et Criminalité, avec figures. 3ᵉ édit. 1907.
FERRI (E.). *Les Criminels dans l'Art et la Littérature. 2ᵉ édit. 1902.
FIERENS-GEVAERT. Essai sur l'Art contemporain. 2ᵉ éd. 1903. (Cour. par l'Ac. fr.).
— La Tristesse contemporaine, essai sur les grands courants moraux et intellectuels du XIXᵉ siècle. 4ᵉ édit. 1904. (Couronné par l'Institut.)
— *Psychologie d'une ville. *Essai sur Bruges.* 2ᵉ édit. 1902.
— Nouveaux essais sur l'Art contemporain. 1903.
FLEURY (Maurice de). L'Ame du criminel. 1898.
FONSEGRIVE, professeur au lycée Buffon. La Causalité efficiente. 1893.
FOUILLÉE (A.), de l'Institut. La propriété sociale et la démocratie. 4ᵉ édition. 1904.
FOURNIÈRE (E.). Essai sur l'individualisme. 1901.
FRANCK (Ad.), de l'Institut. * Philosophie du droit pénal. 5ᵉ édit.
GAUCKLER. Le Beau et son histoire.
GELEY (Dʳ G.). L'être subconscient. 2ᵉ édit. 1905.
GOBLOT (E.), professeur à l'Université de Lyon. Justice et liberté. 2ᵉ éd. 1907.
GODFERNAUX (G.), docteur ès lettres. Le Sentiment et la Pensée, 2ᵉ éd. 1906.
GRASSET (J.), professeur à la Faculté de médecine de Montpellier. Les limites de la biologie. 3ᵉ édit. 1906. Préface de Paul BOURGET.
GREEF (de). Les Lois sociologiques. 3ᵉ édit.
GUYAU. * La Genèse de l'idée de temps. 2ᵉ édit.
HARTMANN (E. de). La Religion de l'avenir. 5ᵉ édit.
— Le Darwinisme, ce qu'il y a de vrai et de faux dans cette doctrine. 6ᵉ édit.
HERBERT SPENCER. *Classification des sciences. 6ᵉ édit.
— L'Individu contre l'État. 5ᵉ édit.
HERCKENRATH. (C.-R.-C.) Problèmes d'Esthétique et de Morale. 1897.
JAELL (Mᵐᵉ). L'intelligence et le rythme dans les mouvements artistiques, avec fig. 1904.
JAMES (W.). La théorie de l'émotion, préf. de G. DUMAS, chargé de cours à la Sorbonne. Traduit de l'anglais. 1902.
JANET (Paul), de l'Institut. * La Philosophie de Lamennais.
JANKELEWITCH (S. J.). Nature et Société. *Essai d'une application du point de vue finaliste aux phénomènes sociaux.* 1906.
LACHELIER, de l'Institut. Du fondement de l'induction, suivi de psychologie et métaphysique. 5ᵉ édit. 1907.
LAISANT (C.). L'Éducation fondée sur la science. Préface de A. NAQUET. 2ᵉ éd. 1905.
LAMPÉRIÈRE (Mᵐᵉ A.). * Rôle social de la femme, son éducation. 1898.
LANDRY (A.), agrégé de philos., docteur ès lettres. La responsabilité pénale. 1902.
LANGE, professeur à l'Université de Copenhague. *Les Émotions, étude psycho-physiologique, traduit par G. Dumas. 3ᵉ édit. 1902.
LAPIE, professeur à l'Univ. de Bordeaux. La Justice par l'État. 1899.
LAUGEL (Auguste). L'Optique et les Arts.
LE BON (Dʳ Gustave). * Lois psychologiques de l'évolution des peuples. 7ᵉ édit.
— *Psychologie des foules. 10ᵉ édit.
LECHALAS. * Etude sur l'espace et le temps. 1895.
LE DANTEC, chargé du cours d'Embryologie générale à la Sorbonne. Le Déterminisme biologique et la Personnalité consciente. 2ᵉ édit.
— * L'Individualité et l'Erreur individualiste. 2ᵉ édit. 1905.
— Lamarckiens et Darwiniens, 2ᵉ édit. 1904.
LEFÈVRE (G.), prof. à l'Univ. de Lille. Obligation morale et idéalisme. 1895.

F. ALCAN. — 4 —

Suite de la *Bibliothèque de philosophie contemporaine*, format in-16, à 2 fr. 50 le vol.

LIARD, de l'Inst., vice-rect. de l'Acad. de Paris. *Les Logiciens anglais contemp. 4ᵉ éd.
— Des définitions géométriques et des définitions empiriques. 3ᵉ édit.
LICHTENBERGER (Henri), maître de conférences à la Sorbonne. *La philosophie de Nietzsche. 9ᵉ édit. 1906.
— *Friedrich Nietzsche. Aphorismes et fragments choisis. 3ᵉ édit. 1905.
LOMBROSO. L'Anthropologie criminelle et ses récents progrès. 4ᵉ édit. 1901.
LUBBOCK (Sir John). * Le Bonheur de vivre. 2 volumes. 9ᵉ édit. 1903.
— *L'Emploi de la vie. 6ᵉ éd. 1905.
LYON (Georges), recteur de l'Académie de Lille. * La Philosophie de Hobbes.
MARGUERY (E.). L'Œuvre d'art et l'évolution. 2ᵉ édit. 1905.
MAUXION, professeur à l'Université de Poitiers. * L'éducation par l'instruction et les *Théories pédagogiques de Herbart*. 1900.
— *Essai sur les éléments et l'évolution de la moralité. 1904.
MILHAUD (G.), professeur à l'Université de Montpellier. * Le Rationnel. 1898.
— *Essai sur les conditions et les limites de la Certitude logique. 2ᵉ édit. 1898.
MOSSO. *La Peur. Étude psycho-physiologique (avec figures). 3ᵉ édit.
— * La Fatigue intellectuelle et physique, trad. Langlois. 5ᵉ édit.
MURISIER (E.), professeur à la Faculté des lettres de Neuchâtel (Suisse). *Les Maladies du sentiment religieux. 2ᵉ édit. 1903.
NAVILLE (E.), prof. à la Faculté des lettres et sciences sociales de l'Université de Genève. Nouvelle classification des sciences. 2ᵉ édit. 1901.
NORDAU (Max). *Paradoxes psychologiques, trad. Dietrich. 5ᵉ édit. 1904.
— Paradoxes sociologiques, trad. Dietrich. 4ᵉ édit. 1904.
— * Psycho-physiologie du Génie et du Talent, trad. Dietrich. 3ᵉ édit. 1902.
NOVICOW (J.). L'Avenir de la Race blanche. 2ᵉ édit. 1903.
OSSIP-LOURIÉ, lauréat de l'Institut. Pensées de Tolstoï. 2ᵉ édit. 1902.
— * Nouvelles Pensées de Tolstoï. 1903.
— * La Philosophie de Tolstoï. 2ᵉ édit. 1903.
— * La Philosophie sociale dans le théâtre d'Ibsen. 1900.
— Le Bonheur et l'Intelligence. 1904.
PALANTE (G.), agrégé de l'Université. Précis de sociologie. 2ᵉ édit. 1903.
PAULHAN (Fr.). Les Phénomènes affectifs et les lois de leur apparition. 2ᵉ éd. 1901.
— * Joseph de Maistre et sa philosophie. 1893.
— *Psychologie de l'invention. 1900.
— * Analystes et esprits synthétiques. 1903.
— *La fonction de la mémoire et le souvenir affectif. 1904.
PHILIPPE (J.). *L'Image mentale, avec fig. 1903.
PHILIPPE (J.) et PAUL-BONCOUR (J.). Les anomalies mentales chez les écoliers. (*Ouvrage couronné par l'Institut*). 2ᵉ éd. 1907.
PILLON (F.). * La Philosophie de Ch. Secrétan. 1898.
PIOGER (Dʳ Julien). Le Monde physique, essai de conception expérimentale. 1898.
QUEYRAT, prof. de l'Univ. * L'Imagination et ses variétés chez l'enfant. 2ᵉ édit.
— *L'Abstraction, son rôle dans l'éducation intellectuelle. 2ᵉ édit. 1907.
— * Les Caractères et l'éducation morale. 2ᵉ éd. 1901.
— * La logique chez l'enfant et sa culture. 2ᵉ édit. 1907.
— *Les jeux des enfants. 1905.
REGNAUD (P.), professeur à l'Université de Lyon. Logique évolutionniste. *L'Entendement dans ses rapports avec le langage*. 1897.
— Comment naissent les mythes. 1897.
RENARD (Georges), professeur au Conservatoire des arts et métiers. Le régime socialiste, *son organisation politique et économique*. 6ᵉ édit. 1907.
RÉVILLE (A.), professeur au Collège de France. Histoire du dogme de la Divinité de Jésus-Christ. 4ᵉ édit. 1907.
RIBOT (Th.), de l'Institut, professeur honoraire au Collège de France, directeur de la *Revue philosophique*. La Philosophie de Schopenhauer. 10ᵉ édition.
— * Les Maladies de la mémoire. 18ᵉ édit.
— * Les Maladies de la volonté. 21ᵉ édit.

Suite de la *Bibliothèque de philosophie contemporaine*, format in-16 à 2 fr. 50 le vol.

RIBOT (Th.), de l'Institut, professeur honoraire au Collège de France, directeur de la *Revue philosophique*. * Les Maladies de la personnalité. 11ᵉ édit.
— * La Psychologie de l'attention. 6ᵉ édit.
RICHARD (G.), chargé du cours de sociologie à l'Université de Bordeaux. * Socialisme et Science sociale. 2ᵉ édit.
RICHET (Ch.). Essai de psychologie générale. 5ᵉ édit. 1903.
ROBERTY (E. de). L'Inconnaissable, sa métaphysique, sa psychologie.
— L'Agnosticisme. Essai sur quelques théories pessim. de la connaissance. 2ᵉ édit.
— La Recherche de l'Unité. 1893.
— * Le Bien et le Mal. 1896.
— Le Psychisme social. 1897.
— Les Fondements de l'Ethique. 1898.
— Constitution de l'Éthique. 1901.
— Frédéric Nietzsche. 3ᵉ édit. 1903.
ROISEL. De la Substance.
— L'Idée spiritualiste. 2ᵉ éd. 1901.
ROUSSEL-DESPIERRES. L'Idéal esthétique. *Philosophie de la beauté*. 1904.
SCHOPENHAUER. * Le Fondement de la morale, trad. par M. A. Burdeau. 7ᵉ édit.
— * Le Libre arbitre, trad. par M. Salomon Reinach, de l'Institut. 8ᵉ éd.
— Pensées et Fragments, avec intr. par M. J. Bourdeau. 18ᵉ édit.
— Écrivains et style. Traduct. Dietrich. 1905.
— Sur la Religion. Traduct. Dietrich. 1906.
SOLLIER (Dʳ P.). Les Phénomènes d'autoscopie, avec fig. 1903.
SOURIAU (P.), prof. à l'Université de Nancy. La Rêverie esthétique. *Essai sur la psychologie du poète*. 1906.
STUART MILL. * Auguste Comte et la Philosophie positive. 6ᵉ édit.
— * L'Utilitarisme. 4ᵉ édit.
— Correspondance inédite avec Gust. d'Eichthal (1828-1842)—(1864-1871). 1899. Avant-propos et trad. par Eug. d'Eichthal.
SULLY PRUDHOMME, de l'Académie française. Psychologie du libre arbitre suivi de *Définitions fondamentales des idées les plus générales et des idées les plus abstraites*. 1907.
— et Ch. RICHET, professeur à l'Université de Paris. Le problème des causes finales. 2ᵉ édit. 1904.
SWIFT. L'Éternel conflit. 1901.
TANON (L.). * L'Évolution du droit et la Conscience sociale. 2ᵉ édit. 1905.
TARDE, de l'Institut. La Criminalité comparée. 6ᵉ édit. 1907.
— * Les Transformations du Droit. 5ᵉ édit. 1906.
— * Les Lois sociales. 4ᵉ édit. 1904.
THAMIN (R.), recteur de l'Acad. de Bordeaux. * Éducation et Positivisme 2ᵉ édit.
THOMAS (P. Félix). * La suggestion, son rôle dans l'éducation. 2ᵉ édit. 1898.
— * Morale et éducation. 2ᵉ édit. 1905.
TISSIÉ. * Les Rêves, avec préface du professeur Azam. 2ᵉ éd. 1898.
WUNDT. Hypnotisme et Suggestion. Étude critique, traduit par M. Keller. 3ᵉ édit. 1905.
ZELLER. Christian Baur et l'École de Tubingue, traduit par M. Ritter.
ZIEGLER. La Question sociale est une Question morale, trad. Palante. 3ᵉ édit.

BIBLIOTHÈQUE DE PHILOSOPHIE CONTEMPORAINE

Volumes in-8, brochés à 3 fr. 75, 5 fr., 7 fr. 50, 10 fr., 12 fr. 50 et 15 fr.
Cart. angl., 1 fr. en plus par vol.; Demi-rel. en plus, 2 fr. par vol.

ADAM (Ch.), recteur de l'Académie de Nancy. * La Philosophie en France (première moitié du xixᵉ siècle). 7 fr. 50
ALENGRY (Franck), docteur ès lettres, inspecteur d'académie. * Essai historique et critique sur la Sociologie chez Aug. Comte. 1900. 10 fr.
ARNOLD (Matthew). La Crise religieuse. 7 fr. 50
ARRÉAT. * Psychologie du peintre. 5 fr.

F. ALCAN.

Suite de la *Bibliothèque de philosophie contemporaine*, format in-8.

AUBRY (D' P.). La Contagion du meurtre. 1896. 3° édit. 5 fr.
BAIN (Alex.). La Logique inductive et déductive. Trad. Compayré. 2 vol. 3° éd. 20 fr.
— * Les Sens et l'Intelligence. Trad. Cazelles. 3° édit. 10 fr.
BALDWIN (Mark), professeur à l'Université de Princeton (États-Unis). Le Développement mental chez l'enfant et dans la race. Trad. Nourry. 1897. 7 fr. 50
BARDOUX (J.). *Essai d'une psychologie de l'Angleterre contemporaine. Les crises belliqueuses. (Couronné par l'Académie française). 1900. 7 fr. 50
BARTHÉLEMY-SAINT-HILAIRE, de l'Institut. La Philosophie dans ses rapports avec les sciences et la religion. 5 fr.
BARZELOTTI, prof. à l'Univ. de Rome. *La Philosophie de H. Taine. 1900. 7 fr. 50
BAZAILLAS (A.), docteur ès lettres, professeur au lycée Condorcet. *La Vie personnelle, Étude sur quelques illusions de la perception extérieure. 1905. 5 fr.
BELOT (G.), agrégé de philosophie. Etudes de morale positive. 1907. 7 fr. 50
BERGSON (H.), de l'Institut, professeur au Collège de France. * Matière et mémoire, essai sur les relations du corps à l'esprit. 2° édit. 1900. 5 fr.
— Essai sur les données immédiates de la conscience. 4° édit. 1904. 3 fr. 75
BERTRAND, prof. à l'Université de Lyon. * L'Enseignement intégral. 1898. 5 fr.
— Les Études dans la démocratie. 1900. 5 fr.
BINET (A.), directeur de laboratoire à la Sorbonne. Les révélations de l'écriture, avec 67 grav. 5 fr.
BOIRAC (Émile), recteur de l'Académie de Dijon. * L'Idée du Phénomène. 5 fr.
BOUGLÉ, prof. à l'Univ. de Toulouse. *Les Idées égalitaires. 1899. 3 fr. 75
BOURDEAU (L.). Le Problème de la mort. 4° édition. 1904. 5 fr.
— Le Problème de la vie. 1901. 7 fr. 50
BOURDON, professeur à l'Université de Rennes. *L'Expression des émotions et des tendances dans le langage. 7 fr. 50
BOUTROUX (E.), de l'Inst. Etudes d'histoire de la philosophie. 2° éd. 1901. 7 fr. 50
BRAUNSCHVIG (M.), docteur ès lettres, prof. au lycée de Toulouse. Le sentiment du beau et le sentiment poétique. *Essai sur l'esthétique du vers.* 1904. 3 fr. 75
BRAY (L.). Du beau. 1902. 5 fr.
BROCHARD (V.), de l'Institut. De l'Erreur. 2° édit. 1897. 5 fr.
BRUNSCHVICG (E.), prof. au lycée Henri IV, doct. ès lett. La Modalité du jugement. 5 fr.
— *Spinoza. 2° édit. 1906. 3 fr. 75
CARRAU (Ludovic), professeur à la Sorbonne. La Philosophie religieuse en Angleterre, depuis Locke jusqu'à nos jours. 5 fr.
CHABOT (Ch.), prof. à l'Univ. de Lyon. * Nature et Moralité. 1897. 5 fr.
CLAY (R.). * L'Alternative, *Contribution à la Psychologie.* 2° édit. 10 fr.
COLLINS (Howard). *La Philosophie de Herbert Spencer, avec préface de Herbert Spencer, traduit par H. de Varigny. 4° édit. 1904. 10 fr.
COMTE (Aug.). La Sociologie, résumé par E. Rigolage. 1897. 7 fr. 50
COSENTINI (F.). La Sociologie génétique. *Essai sur la pensée et la vie sociale préhistoriques.* 1905. 3 fr. 75
COSTE. Les Principes d'une sociologie objective. 3 fr. 75
— L'Expérience des peuples et les prévisions qu'elle autorise. 1900. 10 fr.
COUTURAT (L.). Les principes des mathématiques, suivis d'un appendice sur *La philosophie des mathématiques de Kant.* 1906. 5 fr.
CRÉPIEUX-JAMIN. L'Écriture et le Caractère. 4° édit. 1897. 7 fr. 50
CRESSON, doct. ès lettres. La Morale de la raison théorique. 1903. 5 fr.
DAURIAC (L.). *Essai sur l'esprit musical. 1904. 5 fr.
DE LA GRASSERIE (R.), lauréat de l'Institut. Psycologie des religions. 1899. 5 fr.
DELBOS (V.), maître de conf. à la Sorbonne. *La philosophie pratique de Kant. 1905. (Ouvrage couronné par l'Académie française.) 12 fr. 50
DELVAILLE (J.), agr. de philosophie. La vie sociale et l'éducation. 1907. 3 fr. 75
DELVOLVE (J.), docteur ès lettres, agrégé de philosophie. *Religion, critique et philosophie positive chez Pierre Bayle. 1906. 7 fr. 50
DEWAULE, docteur ès lettres. * Condillac et la Psychol. anglaise contemp. 5 fr.
DRAGHICESCO (D.), chargé de cours à l'Université de Bucarest. L'Individu dans le déterminisme social. 1904. 7 fr. 50
— Le problème de la conscience. 1907. 3 fr. 75

F. ALCAN.

Suite de la *Bibliothèque de philosophie contemporaine*, format in-8.

DUMAS (G.), chargé de cours à la Sorbonne. *La Tristesse et la Joie. 1900. 7 fr. 50
— Psychologie de deux messies. *Saint-Simon et Auguste Comte*. 1905. 5 fr.
DUPRAT (G. L.), docteur ès lettres. L'Instabilité mentale. 1899. 5 fr.
DUPROIX (P.), prof. à la Fac. des lettres de l'Univ. de Genève. * Kant et Fichte et le problème de l'éducation. 2ᵉ édit. 1897. (Ouv. cour. par l'Acad. franç.) 5 fr.
DURAND (DE GROS). Aperçus de taxinomie générale. 1898. 5 fr.
— Nouvelles recherches sur l'esthétique et la morale. 1899. 5 fr.
— Variétés philosophiques. 2ᵉ édit. revue et augmentée. 1900. 5 fr.
DURKHEIM, professeur à la Sorbonne. * De la division du travail social. 2ᵉ édit. 1901. 7 fr. 50
— Le Suicide, *étude sociologique*. 1897. 7 fr. 50
— * L'année sociologique : 9 années parues.
  1ʳᵉ Année (1896-1897). — DURKHEIM : La prohibition de l'inceste et ses origines. — G. SIMMEL : Comment les formes sociales se maintiennent. — *Analyses* des travaux de sociologie publiés du 1ᵉʳ Juillet 1896 au 30 Juin 1897. 10 fr.
  2ᵉ Année (1897-1898). — DURKHEIM : De la définition des phénomènes religieux. — HUBERT et MAUSS : *La nature et la fonction du sacrifice*. — *Analyses*. 10 fr.
  3ᵉ Année (1898-1899). — RATZEL : Le sol, la société, l'État. — RICHARD : Les crises sociales et la criminalité. — STEINMETZ : Classification des types sociaux. — *Analyses*. 10 fr.
  4ᵉ Année (1899-1900). — BOUGLÉ : Remarques sur le régime des castes. — DURKHEIM : Deux lois de l'évolution pénale. — CHARMONT : Notes sur les causes d'extinction de la propriété corporative. *Analyses*. 10 fr.
  5ᵉ Année (1900-1901). — F. SIMIAND : Remarques sur les variations du prix du charbon au XIXᵉ siècle. — DURKHEIM : Sur le Totémisme. — *Analyses*. 10 fr.
  6ᵉ Année (1901-1902). — DURKHEIM et MAUSS : De quelques formes primitives de classification. Contribution à l'étude des représentations collectives. — BOUGLÉ : Les théories récentes sur la division du travail. — *Analyses*. 12 fr. 50
  7ᵉ Année (1902-1903). — H. HUBERT et MAUSS : Esquisse d'une théorie générale de la magie. — *Analyses*. 12 fr. 50
  8ᵉ Année (1903-1904). — H. BOURGIN : La boucherie à Paris au XIXᵉ siècle. — E. DURKHEIM : L'organisation matrimoniale australienne. — *Analyses*. 12 fr. 50
  9ᵉ Année (1904-1905). — A. MEILLET : Comment les noms changent de sens. — M. MAUSS et H. BEUCHAT : Les variations saisonnières des sociétés eskimos. — *Analyses*. 12 fr. 50
EGGER (V.), prof. à la Fac. des lettres de Paris. La parole intérieure. 2ᵉ éd. 1904. 5 fr.
ESPINAS (A.), de l'Institut, professeur à la Sorbonne. *La Philosophie sociale du XVIIIᵉ siècle et la Révolution française. 1898. 7 fr. 50
FERRERO (G.). Les Lois psychologiques du symbolisme. 1895. 5 fr.
FERRI (Enrico). La Sociologie criminelle. Traduction L. TERRIER. 1905. 10 fr.
FERRI (Louis). La Psychologie de l'association, depuis Hobbes. 7 fr. 50
FINOT (J.). Le préjugé des races. 2ᵉ édit. 1905. 7 fr. 50
— La philosophie de la longévité. 11ᵉ édit. refondue. 1906. 5 fr.
FONSEGRIVE, prof. au lycée Buffon. * Essai sur le libre arbitre. 2ᵉ édit. 1895. 10 fr.
FOUCAULT, maître de conf. à l'Univ. de Montpellier. La psychophysique. 1903. 7 fr. 50
— Le Rêve. 1906. 5 fr.
FOUILLÉE (Alf.), de l'Institut. *La Liberté et le Déterminisme. 4ᵉ édit. 7 fr. 50
— Critique des systèmes de morale contemporains. 4ᵉ édit. 7 fr. 50
— *La Morale, l'Art, la Religion, d'après GUYAU. 5ᵉ édit. augm. 3 fr. 75
— L'Avenir de la Métaphysique fondée sur l'expérience. 2ᵉ Édit. 5 fr.
— *L'Évolutionnisme des idées-forces. 3ᵉ édit. 7 fr. 50
— *La Psychologie des idées-forces. 2 vol. 2ᵉ édit. 15 fr.
— *Tempérament et caractère. 3ᵉ édit. 7 fr. 50
— Le Mouvement positiviste et la conception social. du monde. 2ᵉ édit. 7 fr. 50
— Le Mouvement idéaliste et la réaction contre la science posit. 2ᵉ édit. 7 fr. 50
— *Psychologie du peuple français. 3ᵉ édit. 7 fr. 50
— *La France au point de vue moral. 2ᵉ édit. 7 fr. 50
— *Esquisse psychologique des peuples européens. 2ᵉ édit. 1903. 10 fr.
— *Nietzsche et l'immoralisme. 2ᵉ édit. 1903. 5 fr.
— *Le moralisme de Kant et l'immoralisme contemporain. 1905. 7 fr. 50
— *Les éléments sociologiques de la morale. 1906. 7 fr. 50

F. ALCAN. — 8 —

Suite de la *Bibliothèque de philosophie contemporaine*, format in-8.

FOURNIÈRE (E.). *Les théories socialistes au XIX° siècle, de BABEUF à PROUDHON. 1904. 7 fr. 50
FULLIQUET. Essai sur l'Obligation morale. 1898. 7 fr. 50
GAROFALO, prof. à l'Université de Naples. La Criminologie. 5° édit. refondue. 7 fr. 50
— La Superstition socialiste. 1895. 5 fr.
GÉRARD-VARET, prof. à l'Univ. de Dijon. L'Ignorance et l'Irréflexion. 1899. 5 fr.
GLEY (D° E.), professeur agrégé à la Faculté de médecine de Paris. Études de psychologie physiologique et pathologique, avec fig. 1903. 5 fr.
GOBLOT (E.), Prof. à l'Université de Caen. *Classification des sciences. 1898. 5 fr.
GORY (G.). L'Immanence de la raison dans la connaissance sensible. 5 fr.
GRASSET (J.), professeur à la Faculté de médecine de Montpellier. Demifous et demiresponsables. 1907. 5 fr.
GREEF (de), prof. à l'Univ. nouvelle de Bruxelles. Le Transformisme social. 7 fr. 50
— La Sociologie économique. 1904. 3 fr. 75
GROOS (K.), prof. à l'Université de Bâle. *Les jeux des animaux. 1902. 7 fr. 50
GURNEY, MYERS et PODMORE. Les Hallucinations télépathiques, préf. de CH. RICHET. 4° édit. 7 fr. 50
GUYAU (M.). *La Morale anglaise contemporaine. 5° édit. 7 fr. 50
— Les Problèmes de l'esthétique contemporaine. 6° édit. 5 fr.
— Esquisse d'une morale sans obligation ni sanction. 6° édit. 5 fr.
— L'Irréligion de l'avenir, étude de sociologie. 9° édit. 7 fr. 50
— *L'Art au point de vue sociologique. 6° édit. 7 fr. 50
— *Éducation et Hérédité, étude sociologique. 7° édit. 5 fr.
HALÉVY (Élie), docteur ès lettres, professeur à l'École des sciences politiques. *La Formation du radicalisme philosophique, 3 vol., chacun 7 fr. 50
HANNEQUIN, prof. à l'Univ. de Lyon. L'hypothèse des atomes. 2° édit. 1899. 7 fr. 50
HARTENBERG (D° Paul). Les Timides et la Timidité. 2° édit. 1904. 5 fr.
HÉBERT (Marcel), prof. à l'Université nouvelle de Bruxelles. L'Évolution de la foi catholique. 1905. 5 fr.
— Le divin. *Expériences et hypothèses. Études psychologiques*. 1907. 5 fr.
HÉMON (C.), agrégé de philosophie. La philosophie de M. Sully Prudhomme. Préface de M. SULLY PRUDHOMME. 1907. 7 fr. 50
HERBERT SPENCER. *Les premiers Principes. Traduc. Cazelles. 9° édit. 10 fr.
— *Principes de biologie. Traduct. Cazelles. 4° édit. 2 vol. 20 fr.
— *Principes de psychologie. Trad. par MM. Ribot et Espinas. 2 vol. 20 fr.
— *Principes de sociologie. 5 vol., traduits par MM. Cazelles, Gerschel et de Varigny: Tome I. *Données de la sociologie*. 10 fr. — Tome II. *Inductions de la sociologie. Relations domestiques*. 7 fr 50 — Tome III. *Institutions cérémonielles et politiques*. 5 fr. — Tome IV. *Institutions ecclésiastiques*. 3 fr. 75. — Tome V. *Institutions professionnelles*. 7 fr. 50.
— *Essais sur le progrès. Trad. A. Burdeau. 5° édit. 7 fr. 50
— Essais de politique. Trad. A. Burdeau. 4° édit. 7 fr. 50
— Essais scientifiques. Trad. A. Burdeau. 3° édit. 7 fr. 50
— *De l'Éducation physique, intellectuelle et morale. 10° édit. 5 fr.
— Justice. Traduc. Castelot. 7 fr. 50
— Le rôle moral de la bienfaisance. Trad. Castelot et Martin St-Léon. 7 fr. 50
— La Morale des différents peuples. Trad. Castelot et Martin St-Léon. 7 fr. 50
— Une Autobiographie. Trad. et adaptation H. de Varigny. 10 fr.
HIRTH (G.). *Physiologie de l'Art. Trad. et introd. de L. Arréat. 5 fr.
HOFFDING, prof. à l'Univ. de Copenhague. Esquisse d'une psychologie fondée sur l'expérience. Trad. L. POITEVIN. Préf. de Pierre JANET. 2° éd. 1903. 7 fr. 50
— *Histoire de la Philosophie moderne. Traduit de l'allemand par M. BORDIER, préf. de M. V. DELBOS. 1906. 2 vol. Chacun 10 fr.
ISAMBERT (G.). Les idées socialistes en France (1815-1848). 1905. 7 fr. 50
JACOBY (D° P.). Études sur la sélection chez l'homme. 2° édition. 1904. 10 fr.
JANET (Paul), de l'Institut. *Œuvres philosophiques de Leibniz. 2° édition. 2 vol. 1900. 20 fr.
JANET (Pierre), professeur au Collège de France. *L'Automatisme psychologique. 5° édit. 1907. 7 fr. 50
JAURÈS (J.), docteur ès lettres. De la réalité du monde sensible. 2° éd. 1902. 7 fr. 50
KARPPE (S.), docteur ès lettres. Essais de critique d'histoire et de philosophie. 1902. 3 fr. 75

F. ALCAN.

Suite de la *Bibliothèque de philosophie contemporaine*, format in-8.

LACOMBE (P.). La psychologie des individus et des sociétés chez Taine. 1906. 7 fr. 50

LALANDE (A.), maître de conférences à la Sorbonne. *La Dissolution opposée à l'évolution, dans les sciences physiques et morales. 1899. 7 fr. 50

LANDRY (A.), docteur ès lettres, agrégé de philosophie. *Principes de morale rationnelle. 1906. 5 fr.

LANESSAN (J.-L. de). *La Morale des religions. 1905. 10 fr.

LANG (A.). *Mythes, Cultes et Religion. Introduc. de Léon Marillier. 1896. 10 fr.

LAPIE (P.), professeur à l'Univ. de Bordeaux. Logique de la volonté 1902. 7 fr. 50

LAUVRIÈRE, docteur ès lettres, prof. au lycée Charlemagne. Edgar Poë. *Sa vie son œuvre. Essai de psychologie pathologique.* 1904. 10 fr.

LAVELEYE (de). *De la Propriété et de ses formes primitives. 5ᵉ édit. 10 fr.
— *Le Gouvernement dans la démocratie. 2 vol. 3ᵉ édit. 1896. 15 fr.

LE BON (Dʳ Gustave). *Psychologie du socialisme. 5ᵉ éd. refondue. 1907. 7 fr. 50

LECHALAS (G.). *Études esthétiques. 1902. 5 fr.

LECHARTIER (G.). David Hume, moraliste et sociologue. 1900. 5 fr.

LECLÈRE (A.), docteur ès lettres. Essai critique sur le droit d'affirmer. 1901. 5 fr.

LE DANTEC, chargé de cours à la Sorbonne. L'unité dans l'être vivant. 1902. 7 fr. 50
— Les Limites du connaissable, *la vie et les phénom. naturels.* 2ᵉ éd. 1904. 3 fr. 75

LÉON (Xavier). *La philosophie de Fichte, *ses rapports avec la conscience contemporaine*, Préface de E. BOUTROUX, de l'Institut. 1902. (Couronné par l'Institut.) 10 fr.

LEROY (E. Bernard). Le Langage. *La fonction normale et pathologique de cette fonction.* 1905. 5 fr.

LÉVY (A.), maître de conf. à l'Un. de Nancy. La philosophie de Feuerbach. 1904. 10 fr.

LÉVY-BRUHL (L.), prof. adjoint à la Sorbonne.*La Philosophie de Jacobi. 1894. 5 fr.
— *Lettres inédites de J.-S. Mill à Auguste Comte, *publiées avec les réponses de Comte et une introduction.* 1899. 10 fr.
— *La Philosophie d'Auguste Comte. 2ᵉ édit. 1905. 7 fr. 50
— *La Morale et la Science des mœurs. 2ᵉ édit. 1905. 5 fr.

LIARD, de l'Institut, vice-recteur de l'Acad. de Paris. *Descartes, 2ᵉ éd. 1903. 5 fr.
— * La Science positive et la Métaphysique, 5ᵉ édit. 7 fr. 50

LICHTENBERGER (H.), maître de conférences à la Sorbonne. *Richard Wagner, poète et penseur. 3ᵉ édit. 1902. (Couronné par l'Académie française.) 10 fr.
— Henri Heine penseur. 1905. 3 fr. 75

LOMBROSO. * L'Homme criminel (criminel-né, fou-moral, épileptique), précédé d'une préface de M. le docteur LETOURNEAU. 3ᵉ éd., 2 vol. et atlas. 1895. 36 fr.
— Le Crime. *Causes et remèdes.* 2ᵉ édit. 10 fr.

LOMBROSO et FERRERO. La femme criminelle et la prostituée. 15 fr.

LOMBROSO et LASCHI. Le Crime politique et les Révolutions. 2 vol. 15 fr.

LUBAC, agrégé de philosophie. * Esquisse d'un système de psychologie rationnelle. Préface de H. BERGSON. 1904. 3 fr. 75

LUQUET (G.-H.), agrégé de philosophie. Idées générales de psychologie. 1906. 5 fr.

LYON (Georges), recteur de l'Académie de Lille. * L'Idéalisme en Angleterre au XVIIIᵉ siècle. 7 fr. 50

MALAPERT (P.), docteur ès lettres, prof. au lycée Louis-le-Grand. * Les Éléments du caractère et leurs lois de combinaison. 2ᵉ édit. 1906. 5 fr.

MARION (H.), prof. à la Sorbonne. *De la Solidarité morale. 6ᵉ édit. 1907. 5 fr.

MARTIN (Fr.), docteur ès lettres, prof. au lycée Voltaire. * La Perception extérieure et la Science positive, essai de philosophie des sciences. 1894. 5 fr.

MAXWELL (J.), docteur en médecine, avocat général près la Cour d'appel de Bordeaux. Les Phénomènes psychiques. Recherches, Observations, méthodes, Préface de Ch. RICHET. 3ᵉ édit. 1906. 5 fr.

MULLER (MAX), prof. à l'Univ. d'Oxford.*Nouvelles études de mythologie. 1898. 12 fr. 50

MYERS. La personnalité humaine. *Sa survivance après la mort, ses manifestations supra-normales.* Traduit par le docteur JANKÉLÉVITCH. 1905. 7 fr. 50

NAVILLE (E.), correspondant de l'Institut. La Physique moderne. 2ᵉ édit. 5 fr.
— * La Logique de l'hypothèse. 2ᵉ édit. 5 fr.
— * La Définition de la philosophie. 1894. 5 fr.
— Le libre Arbitre. 2ᵉ édit. 1898. 5 fr.
— Les Philosophies négatives. 1899. 5 fr.

F. ALCAN — 10 —

Suite de la *Bibliothèque de philosophie contemporaine*, format in-8.

NAYRAC (J.-P.). **Physiologie et Psychologie** de l'attention. Préface de M. Th. RIBOT. (Récompensé par l'Institut.) 1906. — 3 fr. 75
NORDAU (Max). *Dégénérescence, 7ᵉ éd. 1904. 2 vol. Tome I. 7 fr. 50. Tome II. 10 fr.
— Les Mensonges conventionnels de notre civilisation. 7ᵉ édit. 1904. 5 fr.
— *Vus du dehors. *Essais de critique sur quelques auteurs français contemp.* 1903. 5 fr.
NOVICOW. Les Luttes entre Sociétés humaines. 3ᵉ édit. 10 fr.
— *Les Gaspillages des sociétés modernes. 2ᵉ édit. 1899. 5 fr.
— *La Justice et l'expansion de la vie. *Essai sur le bonheur des sociétés.* 1905. 7 fr. 50
OLDENBERG, professeur à l'Université de Kiel. *Le Bouddha, sa Vie, sa Doctrine, sa Communauté, trad. par P. FOUCHER, maître de conférences à l'École des Hautes Études. Préf. de SYLVAIN LÉVI, prof. au Collège de France. 2ᵉ éd. 1903. 7 fr. 50
— *La religion du Véda. Traduit par V. HENRY, prof. à la Sorbonne. 1903. 10 fr.
OSSIP-LOURIÉ. La philosophie russe contemporaine. 2ᵉ édit. 1905. 5 fr.
— *La Psychologie des romanciers russes au XIXᵉ siècle. 1905. 7 fr. 50
OUVRÉ (H.), professeur à l'Université de Bordeaux. *Les Formes littéraires de la pensée grecque. 1900. (Couronné par l'Académie française.) 10 fr.
PALANTE (G.), agrégé de philos. Combat pour l'individu. 1904. 3 fr. 75
PAULHAN. L'Activité mentale et les Éléments de l'esprit. 10 fr.
— *Les Caractères. 2ᵉ édit. 5 fr.
— Les Mensonges du caractère. 1905. 5 fr.
— Le mensonge de l'Art. 1907. 5 fr.
PAYOT (J.), recteur de l'Académie de Chambéry. La croyance. 2ᵉ édit. 1905. 5 fr.
— *L'Éducation de la volonté. 26ᵉ édit. 1907. 5 fr.
PÉRÈS (Jean), professeur au lycée de Caen. *L'Art et le Réel. 1898. 3 fr. 75
PÉREZ (Bernard). Les Trois premières années de l'enfant. 5ᵉ édit. 5 fr.
— L'Éducation morale dès le berceau. 4ᵉ édit. 1901. 5 fr.
— *L'Éducation intellectuelle dès le berceau. 2ᵉ éd. 1901. 5 fr.
PIAT (C.). La Personne humaine. 1898. (Couronné par l'Institut). 7 fr. 50
— *Destinée de l'homme. 1898. 5 fr.
PICAVET (E.), secrét. général du Collège de France, chargé de cours à la Sorbonne. *Les Idéologues. (Couronné par l'Académie française.) 10 fr.
PIDERIT. La Mimique et la Physiognomonie. Trad. par M. Girot. 5 fr.
PILLON (F.). *L'Année philosophique, 17 années : 1890, 1891, 1892, 1893 (épuisée), 1894, 1895, 1896, 1897, 1898, 1899, 1900 à 1906. 16 vol. Chac. 5 fr.
PIOGER (J.). La Vie et la Pensée, essai de conception expérimentale. 1894. 5 fr.
— La Vie sociale, la Morale et le Progrès. 1894. 5 fr.
PRAT (L.), doct. ès lettres. Le caractère empirique et la personne 1906. 7 fr. 50
PREYER, prof. à l'Université de Berlin. Éléments de physiologie. 5 fr.
PROAL, conseiller à la Cour de Paris. * La Criminalité politique. 1895. 5 fr.
— *Le Crime et la Peine. 3ᵉ édit. (Couronné par l'Institut.) 10 fr.
— Le Crime et le Suicide passionnels. 1900. (Couronné par l'Ac. française.) 10 fr.
RAGEOT (G.), prof. au Lycée St-Louis. *Le Succès. *Auteurs et Public.* 1906. 5 fr.
RAUH, chargé de cours à la Sorbonne. *De la méthode dans la psychologie des sentiments. 1899. (Couronné par l'Institut.) 5 fr.
— *L'Expérience morale. 1903. (Récompensé par l'Institut.) 3 fr. 75
RÉCÉJAC, doct. ès lett. Les Fondements de la Connaissance mystique. 1897. 5 fr.
RENARD (G.), professeur au Conservatoire des arts et métiers. *La Méthode scientifique de l'histoire littéraire. 1900. 10 fr.
RENOUVIER (Ch.) de l'Institut. *Les Dilemmes de la métaphysique pure. 1900. 5 fr.
— *Histoire et solution des problèmes métaphysiques. 1901. 7 fr. 50
— Le personnalisme, avec une étude sur la *perception externe et la force.* 1903. 10 fr.
— *Critique de la doctrine de Kant. 1906. 7 fr. 50
RIBERY, doct. ès lett. Essai de classification naturelle des caractères. 1903. 3 fr. 75
RIBOT (Th.), de l'Institut. * L'Hérédité psychologique. 8ᵉ édit. 7 fr. 50
— *La Psychologie anglaise contemporaine. 3ᵉ édit. 7 fr. 50
— *La Psychologie allemande contemporaine. 6ᵉ édit. 7 fr. 50
— La Psychologie des sentiments. 6ᵉ édit. 1906. 7 fr. 50
— L'Évolution des idées générales. 2ᵉ édit. 1904. 5 fr.
— * Essai sur l'Imagination créatrice. 2ᵉ édit. 1905. 5 fr.
— *La logique des sentiments. 2ᵉ édit. 1907. 3 fr. 75

Suite de la *Bibliothèque de philosophie contemporaine*, format in-8.

RIBOT (Th.), de l'Institut. **Essai sur les passions.** 1907. 3 fr. 75
RICARDOU (A.), docteur ès lettres. *****De l'Idéal.** (Couronné par l'Institut.) 5 fr.
RICHARD (G.), chargé du cours de sociologie à l'Univ. de Bordeaux. *****L'idée d'évolution dans la nature et dans l'histoire.** 1903. (Couronné par l'Institut.) 7 fr. 50
RIEMANN (H.), prof. à l'Université de Leipzig. **Les éléments de l'esthétique musicale.** Trad. de l'allemand par M. G. Humbert. 1906. 5 fr.
RIGNANO (E.). **Sur la transmissibilité des caractères acquis.** *Hypothèse d'une centro-epigenèse.* 1906. 5 fr.
RIVAUD (A.), maître de conf. à l'Univ. de Rennes. **Les notions d'essence et d'existence dans la philosophie de Spinoza.** 1906. 3 fr. 75
ROBERTY (E. de). **L'Ancienne et la Nouvelle philosophie.** 7 fr. 50
— *****La Philosophie du siècle** (positivisme, criticisme, évolutionnisme). 5 fr.
— **Nouveau Programme de sociologie.** 1904. 5 fr.
ROMANES. *****L'Évolution mentale chez l'homme.** 7 fr. 50
RUYSSEN (Th.), chargé de cours à l'Université de Dijon. *****Essai sur l'évolution psychologique du jugement.** 5 fr.
SAIGEY (E.). *****Les Sciences au XVIII° siècle. La Physique de Voltaire.** 5 fr.
SAINT-PAUL (D' G.). **Le Langage intérieur et les paraphasies.** 1901. 5 fr.
SANZ Y ESCARTIN. **L'Individu et la Réforme sociale**, trad. Dietrich. 7 fr. 50
SCHOPENHAUER. **Aphor. sur la sagesse dans la vie.** Trad. Cantacuzène. 7° éd. 5 fr.
— *****Le Monde comme volonté et comme représentation.** 3° éd. 3 vol., chac. 7 fr. 50
SÉAILLES (G.), prof. à la Sorbonne. **Essai sur le génie dans l'art.** 2° édit. 5 fr.
— *****La Philosophie de Ch. Renouvier.** *Introduction au néo-criticisme.* 1905. 7 fr. 50
SIGHELE (Scipio). **La Foule criminelle.** 2° édit. 1901. 5 fr.
SOLLIER. **Le Problème de la mémoire.** 1900. 3 fr. 75
— **Psychologie de l'idiot et de l'imbécile**, avec 12 pl. hors texte. 2° éd. 1902. 5 fr.
— **Le Mécanisme des émotions.** 1905. 5 fr.
SOURIAU (Paul), prof. à l'Univ. de Nancy. **L'Esthétique du mouvement.** 5 fr.
— **La Beauté rationnelle.** 1904. 10 fr.
STAPFER (P.), doyen honoraire de la Faculté des lettres de Bordeaux. **Questions esthétiques et religieuses.** 1906. 3 fr. 75
STEIN (L.), professeur à l'Université de Berne. *****La Question sociale au point de vue philosophique.** 1900. 10 fr.
STUART MILL. *****Mes Mémoires.** Histoire de ma vie et de mes idées. 3° éd. 5 fr.
— *****Système de Logique déductive et inductive.** 4° édit. 2 vol. 20 fr.
— *****Essais sur la Religion.** 3° édit. 5 fr.
— **Lettres inédites à Aug. Comte et réponses d'Aug. Comte.** 1899. 10 fr.
SULLY (James). **Le Pessimisme.** Trad. Bertrand. 2° édit. 7 fr. 50
— *****Études sur l'Enfance.** Trad. A. Monod, préface de G. Compayré. 1898. 10 fr.
— **Essai sur le rire.** Trad. Terrier. 1904. 7 fr. 50
SULLY PRUDHOMME, de l'Acad. franç. **La vraie religion selon Pascal.** 1905. 7 fr. 50
TARDE (G.), de l'Institut, prof. au Coll. de France.*****La Logique sociale.** 3° éd. 1898. 7 fr. 50
— *****Les Lois de l'imitation.** 3° édit. 1900. 7 fr. 50
— **L'Opposition universelle.** *Essai d'une théorie des contraires.* 1897. 7 fr. 50
— *****L'Opinion et la Foule.** 2° édit. 1904. 5 fr.
— *****Psychologie économique.** 1902. 2 vol. 15 fr.
TARDIEU (E.). **L'Ennui.** *Étude psychologique.* 1903. 5 fr.
THOMAS (P.-F.), docteur ès lettres. *****Pierre Leroux, sa philosophie.** 1904. 5 fr.
— *****L'Éducation des sentiments.** (Couronné par l'Institut.) 3° édit. 1904. 5 fr.
VACHEROT (Et.), de l'Institut. *****Essais de philosophie critique.** 7 fr. 50
— **La Religion.** 7 fr. 50
WEBER (L.). *****Vers le positivisme absolu par l'idéalisme.** 1903. 7 fr. 50

F. ALCAN.

COLLECTION HISTORIQUE DES GRANDS PHILOSOPHES

PHILOSOPHIE ANCIENNE

ARISTOTE. **La Poétique d'Aristote**, par HATZFELD (A.), et M. DUFOUR. 1 vol. in-8. 1900. 6 fr.

SOCRATE. *Philosophie de Socrate, par A. FOUILLÉE. 2 v. in-8. 16 fr.

— **Le Procès de Socrate**, par G. SOREL. 1 vol. in-8, ... 3 fr. 50

PLATON. **La Théorie platonicienne des Sciences**, par ÉLIE HALÉVY. In-8. 1895 . . . . 5 fr.

— Œuvres, traduction VICTOR COUSIN revue par J. BARTHÉLEMY-SAINT-HILAIRE : *Socrate et Platon ou le Platonisme — Eutyphron — Apologie de Socrate — Criton — Phédon*. 1 vol. in-8. 1896. 7 fr. 50

ÉPICURE. *La Morale d'Épicure et ses rapports avec les doctrines contemporaines, par M. GUYAU. 1 volume in-8. 5ᵉ édit. . . . . . 7 fr. 50

BÉNARD. **La Philosophie ancienne, ses systèmes.** *La Philosophie et la Sagesse orientales. — La Philosophie grecque avant Socrate. Socrate et les socratiques. — Les sophistes grecs*. 1 v. in-8 . . . 9 fr.

FAVRE (Mᵐᵉ Jules), née VELTEN. **La Morale de Socrate**. In-18. 3 50

— **Morale d'Aristote**. In-18. 3 fr. 50

OUVRÉ (H.) **Les formes littéraires de la pensée grecque**. In-8. 10 fr.

GOMPERZ. **Les penseurs de la Grèce**. Trad. REYMOND. (*Trad. cour. par l'Acad. franç.*).
I. *La philosophie antésocratique*. 1 vol. gr. in-8 . . . . 10 fr.
II. *Athènes, Socrate et les Socratiques*. 1 vol. gr. in-8 . . . . 12 fr.
III. *Sous presse*).

RODIER (G.). *La Physique de Straton de Lampsaque. In-8. 3 fr.

TANNERY (Paul). **Pour la science hellène**. In-8. . . . . 7 fr. 50

MILHAUD (G.).* **Les philosophes géomètres de la Grèce**. In-8. 1900. (*Couronné par l'Inst.*). 6 fr.

FABRE (Joseph). **La Pensée antique De Moïse à Marc-Aurèle**. 2ᵉ éd. In-8. 5 fr.

— **La Pensée chrétienne. *Des Evangiles à l'Imitation de J.-C.* In-8. 9 fr.

LAFONTAINE (A.). **Le Plaisir, d'après Platon et Aristote**. In-8. 6 fr.

RIVAUD (A.), maître de conf. à l'Univ. de Rennes. **Le problème du devenir et la notion de la matière**, *des origines jusqu'à Théophraste*. In-8. 1906. 10 fr.

GUYOT (H.), docteur ès lettres. **L'Infinité divine depuis Philon le Juif jusqu'à Plotin**. In-8. 1906. 5 fr.

— **Les réminiscences de Philon le Juif chez Plotin**. *Etude critique*. Broch. in-8 . . . . 2 fr.

PHILOSOPHIE MÉDIÉVALE ET MODERNE

* DESCARTES, par L. LIARD, de l'Institut 2ᵉ éd. 1 vol. in-8. 5 fr.

— **Essai sur l'Esthétique de Descartes**, par E. KRANTZ. 1 vol. in-8. 2ᵉ éd. 1897 . . . . 6 fr.

— **Descartes, directeur spirituel**, par V. de SWARTE. Préface de E. BOUTROUX. 1 vol. in-16 avec pl. (*Couronné par l'Institut*). 4 fr. 50

LEIBNIZ. *Œuvres philosophiques, pub. par P. JANET. 2ᵉ éd. 2 vol. in-8. 20 fr.

— *La logique de Leibniz, par L. COUTURAT. 1 vol. in-8. 12 fr.

— **Opuscules et fragments inédits de Leibniz**, par L. COUTURAT. 1 vol. in-8 . . . . 25 fr.

— **Leibniz et l'organisation religieuse de la Terre**, *d'après des documents inédits*, par JEAN BARUZI. 1 vol. in-8 . . . . . 10 fr.

PICAVET, chargé de cours à la Sorbonne. **Histoire générale et comparée des philosophies médiévales**. 1 vol. in-8. 2ᵉ éd. 1907. 7 fr. 50

WULF (M. de) **Histoire de la philos. médiévale**. 2ᵉ éd In-8. 10 fr.

FABRE (JOSEPH). *L'Imitation de Jésus-Christ. Trad. nouvelle avec préface. In-8 . . . . 7 fr.

SPINOZA. **Benedicti de Spinoza opera, quotquot reperta sunt, recognoverunt J. Van Vloten et J.-P.-N. Land**. 2 forts vol. in-8 sur papier de Hollande . . . . 45 fr.

Le même en 3 volumes. 18 fr.

FIGARD (L.), docteur ès lettres. **Un Médecin philosophe au XVIᵉ siècle**. *La Psychologie de Jean*

Fernel. 1 v. in-8. 1903. 7 fr. 50

GASSENDI. **La Philosophie de Gassendi**, par P.-F. Thomas. In-8. 1889 .... 6 fr.

MALEBRANCHE. * **La Philosophie de Malebranche**, par Ollé-Laprune, de l'Institut. 2 v. in-8. 16 fr.

PASCAL. **Le scepticisme de Pascal**, par Droz. 1 vol. in-8 ...... 6 fr.

VOLTAIRE. **Les Sciences au XVIIIe siècle**. Voltaire physicien, par Em. Saigey. 1 vol. in-8. 5 fr.

DAMIRON. **Mémoires pour servir à l'histoire de la philosophie au XVIIIe siècle**. 3 vol. in-8, 15 fr.

J.-J. ROUSSEAU *Du Contrat social*, édition comprenant avec le texte définitif les versions primitives de l'ouvrage d'après les manuscrits de Genève et de Neuchâtel, avec introduction par Edmond Dreyfus-Brisac. 1 fort volume grand in-8. 12 fr.

ERASME. *Stultitiæ laus des. Erasmi Rot. declamatio*. Publié et annoté par J.-B. Kan, avec les figures de Holbein. 1 v. in-8. 6 fr. 75

PHILOSOPHIE ANGLAISE

DUGALD STEWART. * **Éléments de la philosophie de l'esprit humain**. 3 vol. in-16 .... 9 fr.

— * **Philosophie de François Bacon**, par Ch. Adam. (Couronné par l'Institut). In-8 ..... 7 fr. 50

BERKELEY. Œuvres choisies. *Essai d'une nouvelle théorie de la vision. Dialogues d'Hylas et de Philonoüs.* Trad. de l'angl. par MM. Beaulavon (G.) et Parodi (D.). In-8. 5 fr.

PHILOSOPHIE ALLEMANDE

FEUERBACH. **Sa philosophie**, par A. Lévy. 1 vol. in-8 ..... 10 fr.

JACOBI. **Sa Philosophie**, par L. Lévy-Bruhl. 1 vol. in-8 .... 5 fr.

KANT. **Critique de la raison pratique**, traduction nouvelle avec introduction et notes, par M. Picavet. 2e édit. 1 vol. in-8.. 6 fr.

— * **Critique de la raison pure**, traduction nouvelle par MM. Pacaud et Tremesaygues. Préface de M. Hannequin. 1 vol. in-8.. 12 fr.

— **Éclaircissements sur la Critique de la raison pure**, trad. Tissot. 1 vol. in-8 .... 6 fr.

— **Doctrine de la vertu**, traduction Barni. 1 vol. in-8 .... 8 fr.

— * **Mélanges de logique**, traduction Tissot. 1 v. in-8 ..... 6 fr.

— * **Prolégomènes à toute métaphysique future qui se présentera comme science**, traduction Tissot. 1 vol. in-8 .... 6 fr.

— *Essai critique sur l'Esthétique de Kant, par V. Basch. 1 vol. in-8. 1896 .... 10 fr.

— **Sa morale**, par Cresson. 2e éd. 1 vol. in-12 .... 2 fr. 50

— **L'Idée ou critique du Kantisme**, par C. Piat, D^r ès lettres. 2e édit. 1 vol. in-8 .... 6 fr.

KANT et FICHTE et **le problème de l'éducation**, par Paul Duproix. 1 vol. in-8. 1897 ...... 5 fr.

SCHELLING. **Bruno, ou du principe divin**. 1 vol. in-8 .... 3 fr. 50

HEGEL. *Logique. 2 vol. in-8. 14 fr.

— * **Philosophie de la nature**. 3 vol. in-8 .... 25 fr.

— *Philosophie de l'esprit. 2 vol. in-8 .... 18 fr.

— *Philosophie de la religion. 2 vol. in-8 .... 20 fr.

— **La Poétique**, trad. par M. Ch. Bénard. Extraits de Schiller, Gœthe, Jean-Paul, etc., 2 v. in-8. 12 fr.

— **Esthétique**. 2 vol. in-8, trad. Bénard .... 16 fr.

— **Antécédents de l'hégélianisme dans la philos. franç.**, par E. Beaussire. In-18. 2 fr. 50

— **Introduction à la philosophie de Hegel**, par Véra. 6 fr. 50

— * **La logique de Hegel**, par Eug. Noël. In-8. 1897 .... 8 fr.

HERBART. * **Principales œuvres pédagogiques**, trad. A. Pinloche. In-8. 1894 .... 7 fr. 50

La métaphysique de Herbart et la critique de Kant, par M. Mauxion. 1 vol. in-8 ... 7 fr. 50

MAUXION (M.). **L'éducation par l'instruction et les théories pédagogiques de Herbart.** 2e éd. In-12. 1906 .... 2 fr. 50

SCHILLER. **Sa Poétique**, par V. Basch. 1 vol. in-8. 1902 ... 4 fr.

Essai sur le mysticisme spéculatif en Allemagne au XIVe siècle, par Delacroix (H.), maître de conf. à l'Univ. de Caen. 1 vol. in-8. 1900 ...... 5 fr.

F. ALCAN.

PHILOSOPHIE ANGLAISE CONTEMPORAINE
(Voir *Bibliothèque de philosophie contemporaine*, pages 2 à 11.)

PHILOSOPHIE ALLEMANDE CONTEMPORAINE
(Voir *Bibliothèque de philosophie contemporaine*, pages 2 à 11.)

PHILOSOPHIE ITALIENNE CONTEMPORAINE
(Voir *Bibliothèque de philosophie contemporaine*, pages 2 à 11.)

LES MAITRES DE LA MUSIQUE
Études d'histoire et d'esthétique,
Publiées sous la direction de M. JEAN CHANTAVOINE

Chaque volume in-16 de 250 pages environ.................. 3 fr. 50
Collection honorée d'une souscription du Ministre de l'Instruction publique et des Beaux-Arts.

Volumes parus :
* J.-S. BACH, par André PIRRO (2ᵉ *édition*).
* CÉSAR FRANCK, par Vincent D'INDY (3ᵉ *édition*).
* PALESTRINA, par Michel BRENET.
BEETHOVEN, par Jean CHANTAVOINE (2ᵉ *édition*).

En préparation : **Grétry**, par PIERRE AUBRY. — **Mendelssohn**, par CAMILLE BELLAIGUE. — **Moussorgsky**, par J.-D. CALVOCORESSI. — **Orlande de Lassus**, par HENRY EXPERT. — **Wagner**, par HENRI LICHTENBERGER. — **Berlioz**, par ROMAIN ROLLAND. — **Gluck**, par JULIEN TIERSOT. — **Schubert**, par A. SCHWEITZER, etc., etc.

LES GRANDS PHILOSOPHES
Publié sous la direction de M. C. PIAT

Agrégé de philosophie, docteur ès lettres, professeur à l'École des Carmes.

Chaque étude forme un volume in-8° carré de 300 pages environ, dont le prix varie de 5 francs à 7 fr. 50.

*Kant, par M. RUYSSEN, chargé de cours à l'Université de Dijon, 2ᵉ édition. 1 vol. in-8. (Couronné par l'Institut.) . . . . 7 fr. 50
*Socrate, par l'abbé C. PIAT. 1 vol. in-8. . . . . 5 fr.
*Avicenne, par le baron CARRA DE VAUX. 1 vol. in-8. . . . . 5 fr.
*Saint Augustin, par l'abbé JULES MARTIN. 1 vol. in-8. . . . . 5 fr.
*Malebranche, par Henri JOLY, de l'Institut. 1 vol. in-8. . . . . 5 fr.
*Pascal, par A. HATZFELD. 1 vol. in-8. . . . . 5 fr.
*Saint Anselme, par DOMET DE VORGES. 1 vol. in-8. . . . . 5 fr.
Spinoza, par P.-L. COUCHOUD, agrégé de l'Université. 1 vol. in-8. (*Couronné par l'Académie Française*). . . . . 5 fr.
Aristote, par l'abbé C. PIAT. 1 vol. in-8. . . . . 5 fr.
Gazali, par le baron CARRA DE VAUX. 1 vol. in-8. (*Couronné par l'Académie Française*). . . . . 5 fr.
*Maine de Biran, par Marius COUAILHAC. 1 vol. in-8. (*Récompensé par l'Institut*). . . . . 7 fr. 50
Platon, par l'abbé C. PIAT. 1 vol. in-8. . . . . 7 fr. 50
Montaigne, par F. STROWSKI, professeur à l'Université de Bordeaux. 1 vol. in-8. . . . . 6 fr.

MINISTRES ET HOMMES D'ÉTAT

HENRI WELSCHINGER, de l'Institut. — *Bismarck. 1 v. in-16. 1900. 2 fr. 50
H. LÉONARDON. — *Prim. 1 vol. in-16. 1901. . . . . 2 fr. 50
M. COURCELLE. — *Disraëli. 1 vol. in-16. 1901. . . . . 2 fr. 50
M. COURANT. — Okoubo. 1 vol. in-16, avec un portrait. 1904 . . . 2 fr. 50
A. VIALLATE. — Chamberlain. Préface de E. BOUTMY. 1 vol. in-16. 2 fr. 50

F. ALCAN.

BIBLIOTHÈQUE GÉNÉRALE
des
SCIENCES SOCIALES

SECRÉTAIRE DE LA RÉDACTION: DICK MAY, secrétaire général de l'École des Hautes Études sociales.
Chaque volume in-8 de 300 pages environ, cartonné à l'anglaise, **6 fr.**

1. L'Individualisation de la peine, par R. SALEILLES, professeur à la Faculté de droit de l'Université de Paris.
2. L'Idéalisme social, par Eugène FOURNIÈRE.
3. *Ouvriers du temps passé (xv° et xvi° siècles), par H. HAUSER, professeur à l'Université de Dijon. 2° édit.
4. *Les Transformations du pouvoir, par G. TARDE, de l'Institut.
5. Morale sociale, par MM. G. BELOT, MARCEL BERNÈS, BRUNSCHVICG, F. BUISSON, DARLU, DAURIAC, DELBET, CH. GIDE, M. KOVALEVSKY, MALAPERT, le R. P. MAUMUS, DE ROBERTY, G. SOREL, le PASTEUR WAGNER. Préface de M. E. BOUTROUX.
6. Les Enquêtes, pratique et théorie, par P. DU MAROUSSEM. (*Ouvrage couronné par l'Institut.*)
7. *Questions de Morale, par MM. BELOT, BERNÈS, F. BUISSON, A. CROISET, DARLU, DELBOS, FOURNIÈRE, MALAPERT, MOCH, PARODI, G. SOREL (*École de morale*). 2° édit.
8. Le développement du Catholicisme social depuis l'encyclique *Rerum novarum*, par Max TURMANN.
9. *Le Socialisme sans doctrines. *La Question ouvrière et la Question agraire en Australie et en Nouvelle-Zélande*, par Albert METIN, agrégé de l'Université, professeur à l'École Coloniale.
10. *Assistance sociale. *Pauvres et mendiants*, par PAUL STRAUSS, sénateur.
11. *L'Éducation morale dans l'Université. (*Enseignement secondaire.*) Par MM. LÉVY-BRUHL, DARLU, M. BERNÈS, KORTZ, CLAIRIN, ROCAFORT, BIOCHE, Ph. GIDEL, MALAPERT, BELOT. (*École des Hautes Études sociales*, 1900-1901).
12. *La Méthode historique appliquée aux Sciences sociales, par Charles SEIGNOBOS, professeur à l'Université de Paris.
13. *L'Hygiène sociale, par E. DUCLAUX, de l'Institut, directeur de l'instit. Pasteur.
14. Le Contrat de travail. *Le rôle des syndicats professionnels*, par P. BUREAU, prof. à la Faculté libre de droit de Paris.
15. *Essai d'une philosophie de la solidarité, par MM. DARLU, RAUH, F. BUISSON, GIDE, X. LÉON, LA FONTAINE, E. BOUTROUX (*École des Hautes Études sociales*). 2° édit.
16. *L'exode rural et le retour aux champs, par E. VANDERVELDE, professeur à l'Université nouvelle de Bruxelles.
17. *L'Éducation de la démocratie, par MM. E. LAVISSE, A. CROISET, Ch. SEIGNOBOS, P. MALAPERT, G. LANSON, J. HADAMARD (*École des Hautes Études soc.*).
18. *La Lutte pour l'existence et l'évolution des sociétés, par J.-L. DE LANNESSAN, député, prof. agr. à la Fac. de méd. de Paris.
19. *La Concurrence sociale et les devoirs sociaux, par le MÊME.
20. *L'Individualisme anarchiste, Max Stirner, par V. BASCH, professeur à l'Université de Rennes.
21. *La démocratie devant la science, par C. BOUGLÉ, prof. de philosophie sociale à l'Université de Toulouse. (*Récompensé par l'Institut.*)
22. *Les Applications sociales de la solidarité, par MM. P. BUDIN, Ch. GIDE, H. MONOD, PAULET, ROBIN, SIEGFRIED, BROUARDEL. Préface de M. Léon BOURGEOIS (*École des Hautes Études soc.*, 1902-1903).
23. La Paix et l'enseignement pacifiste, par MM. Fr. PASSY, Ch. RICHET, d'ESTOURNELLES DE CONSTANT, E. BOURGEOIS, A. WEISS, H. LA FONTAINE, G. LYON (*École des Hautes Études soc.*, 1902-1903).
24. *Études sur la philosophie morale au XIX° siècle, par MM. BELOT, A. DARLU, M. BERNÈS, A. LANDRY, Ch. GIDE, E. ROBERTY, R. ALLIER, H. LICHTENBERGER, L. BRUNSCHVICG (*École des Hautes Études soc.*, 1902-1903).
25. *Enseignement et démocratie, par MM. APPELL, J. BOITEL, A. CROISET, A. DEVINAT, Ch.-V. LANGLOIS, G. LANSON, A. MILLERAND, Ch. SEIGNOBOS (*École des Hautes Études soc.*, 1903-1904).
26. *Religions et Sociétés, par MM. TH. REINACH, A. PUECH, R. ALLIER, A. LEROY-BEAULIEU, le baron CARRA DE VAUX, H. DREYFUS (*École des Hautes Études soc.*, 1903-1904).
27. *Essais socialistes. *La religion, l'art, l'alcool*, par E. VANDERVELDE.
28. Le surpeuplement et les habitations à bon marché, par H. TUROT, conseiller municipal de Paris, et H. BELLAMY.
29. L'individu, la société et l'état, par E. FOURNIÈRE.

BIBLIOTHÈQUE
D'HISTOIRE CONTEMPORAINE

Volumes in-12 brochés à 3 fr. 50. — Volumes in-8 brochés de divers prix

EUROPE

DEBIDOUR, professeur à la Sorbonne. * Histoire diplomatique de l'Europe, de 1815 à 1878. 2 vol. in-8. (*Ouvrage couronné par l'Institut.* 18 fr.

DOELLINGER (I. de). La papauté, ses origines au moyen âge, son influence jusqu'en 1870. Traduit par A. GIRAUD-TEULON, 1904. 1 vol. in-8. 7 fr.

SYBEL (H. de). * Histoire de l'Europe pendant la Révolution française, traduit de l'allemand par Mlle DOSQUET. Ouvrage complet en 6 vol. in-8. 42 fr.

TARDIEU (A.). *Questions diplomatiques de l'année 1904. 1 vol. in-12. (*ouvrage couronné par l'Académie française*). 3 fr. 50

FRANCE
Révolution (et Empire)

AULARD, professeur à la Sorbonne. * Le Culte de la Raison et le Culte de l'Être suprême, étude historique (1793-1794). 2e édit. 1 vol. in-12. 3 fr. 50
— *Études et leçons sur la Révolution française. 5 v. in-12. Chacun. 3 fr. 50

DUMOULIN (Maurice).*Figures du temps passé. 1 vol. in-16. 1906. 3 fr. 50

MOLLIEN (Cte). Mémoires d'un ministre du trésor public (1780-1815), publiés par M. Ch. GOMEL. 3 vol. in-8. 15 fr.

BOITEAU (P.). État de la France en 1789. Deuxième éd. 1 vol. in-8, 10 fr.

BORNARD (E.), doct ès-lettres. Cambon et la Révolution française. In-8. 7 fr.

CAHEN (L.), agrégé d'histoire, docteur ès lettres. * Condorcet et la Révolution française. 1 vol. in-8. (*Récompensé par l'Institut.*) 10 fr.

DESPOIS (Eug.). * Le Vandalisme révolutionnaire. Fondations littéraires, scientifiques et artistiques de la Convention. 4e édit. 1 vol. in-12. 3 fr. 50

DEBIDOUR, professeur à la Sorbonne. *Histoire des rapports de l'Église et de l'État en France (1789-1870). 1 fort vol. in-8. 1898. (*Couronné par l'Institut.*) 12 fr.

— *L'Église catholique et l'État en France sous la troisième République (1870-1906). — I. (1870-1889), 1 vol. in-8. 1906. 7 fr. — II. (1889-1906), paraîtra en 1907.

GOMEL (G.). Les causes financières de la Révolution française. Les ministères de Turgot et de Necker. 1 vol. in-8. 8 fr.
— Les causes financières de la Révolution française ; les derniers contrôleurs généraux. 1 vol. in-8. 8 fr.
— Histoire financière de l'Assemblée Constituante (1789-1791). 2 vol. in-8, 16 fr. — Tome I : (1789), 8 fr. ; tome II : (1790-1791), 8 fr.
— Histoire financière de la Législative et de la Convention. 2 vol. in-8, 15 fr. — Tome I : (1792-1793), 7 fr. 50 ; tome II : (1793-1795), 7 fr. 50

MATHIEZ (A.), agrégé d'histoire, docteur ès lettres. La théophilanthropie et le culte décadaire, 1796-1801. 1 vol. in-8. 12 fr.
— Contributions à l'histoire religieuse de la Révolution française. In-16, 1906. 3 fr. 50

ISAMBERT (G.). * La vie à Paris pendant une année de la Révolution (1791-1792). In-16. 1896. 3 fr. 50

MARCELLIN PELLET, ancien député. Variétés révolutionnaires. 3 vol. in-12, précédés d'une préface de A. RANC. Chaque vol. séparém. 3 fr. 50

CARNOT (H.), sénateur. * La Révolution française, résumé historique. In-16. Nouvelle édit. 3 fr. 50

DRIAULT (E.), professeur au lycée de Versailles. La politique orientale de Napoléon. SÉBASTIANI et GARDANE (1806-1808). 1 vol. in-8. (*Récompensé par l'Institut.*) 7 fr.
— *Napoléon en Italie (1800-1812). 1 vol. in-8, 1906. 10 fr.

SILVESTRE, professeur à l'École des sciences politiques. De Waterloo à Sainte-Hélène (20 Juin-16 Octobre 1815). 1 vol. in-16. 3 fr. 50

BONDOIS (P.), agrégé de l'Université. *Napoléon et la société de son temps (1793-1821). 1 vol. in-8. 7 fr.

VALLAUX (C.). *Les campagnes des armées françaises (1792-1815). In-16, avec 17 cartes dans le texte. 3 fr. 50

F. ALCAN

Epoque contemporaine

SCHEFER (Ch.), professeur à l'Ecole des sciences politiques. *La France moderne et le problème colonial. I. (1815-1830). 1 vol. in-8. 7 fr.

WEILL (G.), maître de conf. à l'Université de Caen. Histoire du parti républicain en France, de 1814 à 1870. 1 vol. in-8. 1900. (*Récompensé par l'Institut.*) 10 fr.

— *Histoire du mouvement social en France (1852-1902). 1 v. in-8. 1905. 7 fr.

— L'Ecole saint-simonienne, son histoire, son influence jusqu'à nos jours. In-16 1898. 3 fr. 50

BLANC (Louis). *Histoire de Dix ans (1830-1840). 5 vol. in-8. 25 fr.

GAFFAREL (P.), professeur à l'Université d'Aix. * Les Colonies françaises. 1 vol. in-8. 6e édition revue et augmentée. 5 fr.

LAUGEL (A.). * La France politique et sociale. 1 vol. in-8. 5 fr.

SPULLER (E.), ancien ministre de l'Instruction publique. *Figures disparues, portraits contemp., littér. et politiq. 3 vol. in-16. Chacun. 3 fr. 50

— Hommes et choses de la Révolution. In-16. 1896. 3 fr. 50

TAXILE DELORD. *Histoire du second Empire (1848-1870). 6 v. in-8. 42 fr.

TCHERNOFF (J.). Associations et Sociétés secrètes sous la deuxième République (1848-1851). 1 vol. in-8. 1905. 7 fr.

ZEVORT (E.), recteur de l'Académie de Caen. Histoire de la troisième République :
   Tome I. *La présidence de M. Thiers. 1 vol. in-8. 3e édit. 7 fr.
   Tome II. *La présidence du Maréchal. 1 vol. in-8. 2e édit. 7 fr.
   Tome III. *La présidence de Jules Grévy. 1 vol. in-8. 2e édit. 7 fr.
   Tome IV. La présidence de Sadi Carnot. 1 vol. in-8. 7 fr.

LANESSAN (J.-L. de). L'Etat et les Eglises de France. *Histoire de leurs rapports, des origines jusqu'à la Séparation.* 1 vol. in-16. 1906. 3 fr. 50

— Les Missions et leur protectorat. 1 vol. in-16. 1907. 3 fr. 50

WAHL, inspect. général, A. BERNARD, professeur à la Sorbonne. *L'Algérie. 1 vol. in-8. 4e édit., 1903. (*Ouvrage couronné par l'Institut.*) 5 fr.

NOEL (O.). Histoire du commerce extérieur de la France depuis la Révolution. 1 vol. in-8. 6 fr.

DUVAL (J.). L'Algérie et les colonies françaises, avec une notice biographique sur l'auteur, par J. LEVASSEUR, de l'Institut. 1 vol. in-8. 7 fr. 50

VIGNON (L.), professeur à l'Ecole coloniale. La France dans l'Afrique du nord. 2e édition. 1 vol. in-8. (*Récompensé par l'Institut.*) 7 fr.

— Expansion de la France. 1 vol. in-18. 3 fr. 50

LANESSAN (J.-L. de). *L'Indo-Chine française. Étude économique, politique et administrative. 1 vol. in-8, avec 5 cartes en couleurs hors texte. 15 fr.

PIOLET (J.-B.). La France hors de France, notre émigration, sa nécessité, ses conditions. 1 vol. in-8. 1900. (*Couronné par l'Institut.*) 10 fr.

LAPIE (P.), professeur à l'Université de Bordeaux. * Les Civilisations tunisiennes (Musulmans, Israélites, Européens). In-16. 1898. (*Couronné par l'Académie française.*) 3 fr. 50

LEBLOND (Marius-Ary). La société française sous la troisième République. 1905. 1 vol. 5 fr.

GAISMAN (A.). *L'Œuvre de la France au Tonkin. Préface de M. J.-L. de LANESSAN. 1 vol. in-16 avec 4 cartes en couleurs. 1906. 3 fr. 50

ANGLETERRE

METIN (Albert), Prof. à l'Ecole Coloniale. * Le Socialisme en Angleterre. In-16. 3 fr. 50

ALLEMAGNE

SCHMIDT (Ch.), docteur ès lettres. Le grand duché de Berg (1806-1813) 1905. 1 vol. in-8. 10 fr.

VERON (Eug.). * Histoire de la Prusse, depuis la mort de Frédéric II. In-18. 6e édit. 8 fr. 50

— * Histoire de l'Allemagne, depuis la bataille de Sadowa jusqu'à nos jours. In-16. 3e éd., mise au courant des événements par P. BONDOIS. 8 fr. 50

ANDLER (Ch.), prof. à la Sorbonne. *Les origines du socialisme d'État en Allemagne. 1 vol. in-8. 1897. 7 fr.

GUILLAND (A.), professeur d'histoire à l'Ecole polytechnique suisse.* L'Allemagne nouvelle et ses historiens. (NIEBUHR, RANKE, MOMMSEN, SYBEL, TREITSCHKE.) 1 vol. in-8. 1899. 5 fr.

MILHAUD (G.), professeur à l'Université de Genève. *La Démocratie socialiste allemande. 1 vol. in-8. 1903. 10 fr.

MATTER (P.), doct. en droit, substitut au tribunal de la Seine. *La Prusse et la révolution de 1848. In-16. 1903. 3 fr. 50
— *Bismarck et son temps. I. *La préparation* (1815-1863). 1 vol. in-8. 10 fr.
II. *L'action (1863-1870). 1 vol. In-8. 10 fr.

AUTRICHE-HONGRIE

BOURLIER (J.). * Les Tchèques et la Bohême contemporaine. In-16. 1897. 3 fr. 50
AUERBACH, professeur à l'Université de Nancy. *Les races et les nationalités en Autriche-Hongrie. In-8. 1898. 5 fr.
SAYOUS (Ed.), professeur à la Faculté des lettres de Besançon. Histoire des Hongrois et de leur littérature politique, de 1790 à 1815. In-16. 3 fr. 50
*RECOULY (R.), agrégé de l'Univ. Le pays magyar. 1903. In-16. 3 fr. 50

RUSSIE

COMBES DE LESTRADE (Vte). La Russie économique et sociale à l'avènement de Nicolas II. 1 vol. in-8. 6 fr.

ITALIE

COMBES DE LESTRADE (Vte). La Sicile sous la maison de Savoie. 1 vol. in-18. 3 fr. 50
SORIN (Élie). *Histoire de l'Italie, depuis 1815 jusqu'à la mort de Victor-Emmanuel. In-16. 1888. 3 fr. 50
GAFFAREL (P.), professeur à l'Université d'Aix. *Bonaparte et les Républiques italiennes (1796-1799). 1895. 1 vol. in-8. 5 fr.
BOLTON KING (M. A.). *Histoire de l'unité italienne. Histoire politique de l'Italie, de 1814 à 1871, traduit de l'anglais par M. MACQUART; introduction de M. Yves GUYOT. 1900. 2 vol. in-8. 15 fr.

ESPAGNE

REYNALD (H.). * Histoire de l'Espagne, depuis la mort de Charles III. In-16. 3 fr. 50

ROUMANIE

DAMÉ (Fr.). *Histoire de la Roumanie contemporaine, depuis l'avènement des princes indigènes jusqu'à nos jours. 1 vol. in-8. 1900. 7 fr.

SUISSE

DAENDLIKER. *Histoire du peuple suisse. Trad. de l'allem. par Mme Jules FAVRE et précédé d'une Introduction de Jules FAVRE. 1 vol. in-8. 5 fr.

SUÈDE

SCHEFER (C.). * Bernadotte roi (1810-1818-1844). 1 vol. in-8. 1899. 5 fr.

GRÈCE, TURQUIE, ÉGYPTE

BÉRARD (V.), docteur ès lettres. * La Turquie et l'Hellénisme contemporain. (*Ouvrage cour. par l'Acad. française*). In-16 5e éd. 3 fr. 50
RODOCANACHI (E.). *Bonaparte et les îles Ioniennes (1797-1816). 1 volume in-8. 1899. 5 fr.
MÉTIN (Albert), professeur à l'École coloniale. *La Transformation de l'Égypte. In-16. 1903. (Cour. par la Soc. de géogr. comm.) 3 fr. 50

INDE

PIRIOU (E.), agrégé de l'Université. *L'Inde contemporaine et le mouvement national. 1905. 1 vol. in-16. 3 fr. 50

CHINE

CORDIER (H.), professeur à l'École des langues orientales. *Histoire des relations de la Chine avec les puissances occidentales (1860-1902), avec cartes. 3 vol. in-8, chacun séparément. 10 fr.
— L'Expédition de Chine de 1857-58. Histoire diplomatique, notes et documents. 1905. 1 vol. in-8. 7 fr.
— *L'Expédition de Chine de 1860. Histoire diplomatique, notes et documents. 1906. 1 vol. in-8. 7 fr.
COURANT (M.), maître de conférences à l'Université de Lyon. En Chine. Mœurs et institutions. Hommes et faits. 1 vol. in-16. 3 fr. 50

AMÉRIQUE

ELLIS STEVENS. Les Sources de la constitution des États-Unis. 1 vol. in-8. 7 fr. 50
DEBERLE (Alf.). * Histoire de l'Amérique du Sud, in-16, 3e éd. 3 fr. 50

BARNI (Jules). * Histoire des idées morales et politiques en France au XVIII° siècle. 1 vol. in-16. Chaque volume. 3 fr. 50
— * Les Moralistes français au XVIII° siècle. In-16. 3 fr. 50
BEAUSSIRE (Émile), de l'Institut. La Guerre étrangère et la Guerre civile. In-16. 3 fr. 50
LOUIS BLANC. Discours politiques (1848-1881). 1 vol. in-8. 7 fr. 50
BONET-MAURY. *Histoire de la liberté de conscience (1598-1870). In-8. 1900. 5 fr.
BOURDEAU (J.). * Le Socialisme allemand et le Nihilisme russe. In-16. 2° édit. 1894. 3 fr. 50
— *L'évolution du Socialisme. 1901. 1 vol. in-16. 3 fr. 50
D'EICHTHAL (Eug.). Souveraineté du peuple et gouvernement. In-16. 1895. 3 fr. 50
DESCHANEL (E.), sénateur, professeur au Collège de France. *Le Peuple et la Bourgeoisie. 1 vol. in-8. 2° édit. 5 fr.
DEPASSE (Hector), député. Transformations sociales. 1894. In-16. 3 fr. 50
— Du Travail et de ses conditions (Chambres et Conseils du travail). In-16. 1895. 3 fr. 50
DRIAULT (E.), prof. agr. au lycée de Versailles. * Les problèmes politiques et sociaux à la fin du XIX° siècle. In-8. 1900. 7 fr.
— *La question d'Orient, préface de G. Monod, de l'Institut. 1 vol. in-8. 8° édit. 1905. (Ouvrage couronné par l'Institut). 7 fr.
GUÉROULT (G.). * Le Centenaire de 1789. In-16. 1889. 3 fr. 50
LAVELEYE (E. de), correspondant de l'Institut. Le Socialisme contemporain. In-16. 11° édit. augmentée. 3 fr. 50
LICHTENBERGER (A.). *Le Socialisme utopique, étude sur quelques précurseurs du Socialisme. In-16. 1898. 3 fr. 50
— * Le Socialisme et la Révolution française. 1 vol. in-8. 5 fr.
MATTER (P.). La dissolution des assemblées parlementaires, étude de droit public et d'histoire. 1 vol. in-8. 1898. 5 fr.
NOVICOW. La Politique internationale. 1 vol. in-8. 7 fr.
PAUL LOUIS. L'ouvrier devant l'Etat. Etude de la législation ouvrière dans les deux mondes. 1904. 1 vol. in-8. 7 fr.
— Histoire du mouvement syndical en France (1789-1906). 1 vol in-16. 1907. 3 fr. 50
REINACH (Joseph), député. Pages républicaines. In-16. 3 fr 50
— *La France et l'Italie devant l'histoire. 1 vol. in-8. 5 fr.
SPULLER (E.).* Éducation de la démocratie. In-16. 1892. 3 fr. 50
— L'Évolution politique et sociale de l'Église. 1 vol. in-12. 1893. 3 fr. 50

PUBLICATIONS HISTORIQUES ILLUSTRÉES

*DE SAINT-LOUIS A TRIPOLI PAR LE LAC TCHAD, par le lieutenant-colonel MONTEIL. 1 beau vol. in-8 colombier, précédé d'une préface de M. DE VOGÜÉ, de l'Académie française, illustrations de RIOU. 1895. Ouvrage couronné par l'Académie française (Prix Montyon), broché 20 fr., relié amat., 28 fr.

*HISTOIRE ILLUSTRÉE DU SECOND EMPIRE, par Taxile DELORD. 6 vol. in-8, avec 500 gravures. Chaque vol. broché, 8 fr.

BIBLIOTHÈQUE DE LA FACULTÉ DES LETTRES
DE L'UNIVERSITÉ DE PARIS

HISTOIRE et LITTÉRATURE ANCIENNES

*De l'authenticité des épigrammes de Simonide, par M. le Professeur H. HAUVETTE, 1 vol. in-8. 5 fr.
*Les Satires d'Horace, par M. le Prof. A. CARTAULT. 1 vol. in-8. 11 fr.
*De la flexion dans Lucrèce, par M. le Prof. A. CARTAULT. 1 vol. in-8. 4 fr.
*La main-d'œuvre industrielle dans l'ancienne Grèce, par M. le Prof. GUIRAUD. 1 vol. in-8. 7 fr.

*Recherches sur le Discours aux Grecs de Tatien, suivies d'une *traduction française du discours*, avec notes, par A. PUECH, professeur adjoint à la Sorbonne. 1 vol. in-8. 1903. 6 fr.

*Les « Métamorphoses » d'Ovide et leurs modèles grecs, par A. LAFAYE, professeur adjoint à la Sorbonne. 1 vol. in-8. 1904. 8 fr. 50

MOYEN AGE

*Premiers mélanges d'histoire du Moyen Age, par MM. le Prof. A. LUCHAIRE, DUPONT-FERRIER et POUPARDIN. 1 vol. in-8. 3 fr. 50

Deuxièmes mélanges d'histoire du Moyen Age, publiés sous la direct. de M. le Prof. A. LUCHAIRE, par MM. LUCHAIRE, HALPHEN et HUCKEL. 1 vol. in-8. 6 fr.

Troisièmes mélanges d'histoire du Moyen Age, par MM. le Prof. LUCHAIRE, BEYSSIER, HALPHEN et CORDEY. 1 vol. in-8. 8 fr. 50

Quatrièmes mélanges d'histoire du Moyen Age, par MM. JACQUEMIN, FARAL, BEYSSIER. 1 vol. in-8. 7 fr. 50

*Essai de restitution des plus anciens Mémoriaux de la Chambre des Comptes de Paris, par MM. J. PETIT, GAVRILOVITCH, MAURY et TÉODORU, préface de M. CH.-V. LANGLOIS, prof. adjoint. 1 vol. in-8. 9 fr.

Constantin V, empereur des Romains (740-775). *Étude d'histoire byzantine*, par A. LOMBARD, licencié ès lettres. Préface de M. Ch. DIEHL, prof. adjoint. 1 vol. in-8. 6 fr.

Étude sur quelques manuscrits de Rome et de Paris, par M. le Prof. A. LUCHAIRE, membre de l'Institut. 1 vol. in-8. 6 fr.

Les archives de la cour des comptes, aides et finances de Montpellier, par L. MARTIN-CHABOT, archiviste-paléographe. 1 vol. in-8. 8 fr.

PHILOLOGIE et LINGUISTIQUE

*Le dialecte alaman de Colmar (Haute-Alsace) en 1870, grammaire et lexique, par M. le Prof. VICTOR HENRY. 1 vol. in-8. 8 fr.

*Études linguistiques sur la Basse-Auvergne, phonétique historique du patois de Vinzelles (Puy-de-Dôme), par ALBERT DAUZAT. Préface de M. le Prof. A. THOMAS. 1 vol. in-8. 6 fr.

*Antinomies linguistiques, par M. le Prof. VICTOR HENRY. 1 v. in-8. 2 fr.

Mélanges d'étymologie française, par M. le Prof. A. THOMAS. In-8. 7 fr.

A propos du corpus Tibullianum. *Un siècle de philologie latine classique*, par M. le Prof. A. CARTAULT. 1 vol. in-8. 18 fr.

PHILOSOPHIE

L'imagination et les mathématiques selon Descartes, par P. BOUTROUX, licencié ès lettres. 1 vol. in-8. 2 fr.

GÉOGRAPHIE

La rivière Vincent-Pinzon. *Étude sur la cartographie de la Guyane*, par M. le Prof. VIDAL DE LA BLACHE, de l'Institut. In-8, avec grav. et planches hors texte. 6 fr.

LITTÉRATURE MODERNE

*Mélanges d'histoire littéraire, par MM. FREMINET, DUPIN et DES COGNETS. Préface de M. le prof. LANSON. 1 vol. in-8. 6 fr. 50

HISTOIRE CONTEMPORAINE

*Le treize vendémiaire an IV, par HENRY ZIVY. 1 vol. in-8. 4 fr.

TRAVAUX DE L'UNIVERSITÉ DE LILLE

PAUL FABRE. La polyptyque du chanoine Benoît. In-8. 3 fr. 50
A. PINLOCHE. *Principales œuvres de Herbart. 7 fr. 50
A. PENJON. Pensée et réalité, de A. SPIR, trad. de l'allem. In-8. 10 fr.
— L'énigme sociale. 1902, 1 vol. in-8. 2 fr. 50
G. LEFÈVRE. *Les variations de Guillaume de Champeaux et la question des Universaux. Étude suivie de documents originaux. 1898. 3 fr.
J. DEROCQUIGNY. Charles Lamb. *Sa vie et ses œuvres*. 1 vol. in-8 12 fr.

ANNALES DE L'UNIVERSITÉ DE LYON

Lettres intimes de J.-M. Alberoni adressées au comte J. Rocca, par Emile BOURGEOIS, 1 vol. in-8. 10 fr.
La républ. des Provinces-Unies, France et Pays-Bas espagnols, de 1630 à 1650, par A. WADDINGTON. 2 vol. in-8. 12 fr.
Le Vivarais, essai de géographie régionale, par BURDIN. 1 vol. in-8. 6 fr.

*RECUEIL DES INSTRUCTIONS
DONNÉES AUX AMBASSADEURS ET MINISTRES DE FRANCE
DEPUIS LES TRAITÉS DE WESTPHALIE JUSQU'A LA RÉVOLUTION FRANÇAISE

Publié sous les auspices de la Commission des archives diplomatiques au Ministère des Affaires étrangères.

Beaux vol. in-8 rais., imprimés sur pap. de Hollande, avec Introduction et notes.

I. — AUTRICHE, par M. Albert SOREL, de l'Académie française. *Épuisé.*
II. — SUÈDE, par M. A. GEFFROY, de l'Institut............... 20 fr.
III. — PORTUGAL, par le vicomte DE CAIX DE SAINT-AYMOUR..... 20 fr.
IV et V. — POLOGNE, par M. Louis FARGES. 2 vol............. 30 fr.
VI. — ROME, par M. G. HANOTAUX, de l'Académie française..... 20 fr.
VII. — BAVIÈRE, PALATINAT ET DEUX-PONTS, par M. André LEBON. 25 fr.
VIII et IX. — RUSSIE, par M. Alfred RAMBAUD, de l'Institut. 2 vol.
 Le 1er vol. 20 fr. Le second vol.......................... 25 fr.
X. — NAPLES ET PARME, par M. Joseph REINACH, député....... 20 fr.
XI. — ESPAGNE (1649-1750), par MM. MOREL-FATIO et LÉONARDON (t. I). 20 fr.
XII et XII bis. — ESPAGNE (1750-1789) (t. II et III), par les mêmes.... 40 fr.
XIII. — DANEMARK, par M. A. GEFFROY, de l'Institut........... 14 fr.
XIV et XV. — SAVOIE-MANTOUE, par M. HORRIC de BEAUCAIRE. 2 vol. 40 fr.
XVI. — PRUSSE, par M. A. WADDINGTON. 1 vol. (Couronné par l'Institut.) 28 fr.

*INVENTAIRE ANALYTIQUE
DES ARCHIVES DU MINISTÈRE DES AFFAIRES ÉTRANGÈRES

Publié sous les auspices de la Commission des archives diplomatiques

Correspondance politique de MM. de CASTILLON et de MARILLAC, ambassadeurs de France en Angleterre (1537-1542), par M. JEAN KAULEK, avec la collaboration de MM. Louis Farges et Germain Lefèvre-Pontalis. 1 vol. in-8 raisin.............. 15 fr.
Papiers de BARTHÉLEMY, ambassadeur de France en Suisse, de 1792 à 1797 par M. Jean KAULEK. 4 vol. in-8 raisin.
 I. Année 1792, 15 fr. — II. Janvier-août 1793, 15 fr. — III. Septembre 1793 à mars 1794, 18 fr. — IV. Avril 1794 à février 1795, 20 fr. — V. Septembre 1794 à Septembre 1796..................... 20 fr.
Correspondance politique de ODET DE SELVE, ambassadeur de France en Angleterre (1546-1549), par M. G. LEFÈVRE-PONTALIS. 1 vol. in-8 raisin........................ 15 fr.
Correspondance politique de GUILLAUME PELLICIER, ambassadeur de France à Venise (1540-1542), par M. Alexandre TAUSSERAT-RADEL. 1 fort vol. in-8 raisin.................. 40 fr.

Correspondance des Deys d'Alger avec la Cour de France (1759-1823), recueillie par Eug. PLANTET, attaché au Ministère des Affaires étrangères. 2 vol. in-8 raisin avec 2 planches en taille-douce hors texte. 30 fr.
Correspondance des Beys de Tunis et des Consuls de France avec la Cour (1577-1830), recueillie par Eug. PLANTET, publiée sous les auspices du Ministère des Affaires étrangères. 3 vol. in-8 raisin. TOME I (1577-1700). *Épuisé.* — TOME II (1700-1770). 20 fr. — TOME III (1770-1830). 20 fr.

Les Introducteurs des Ambassadeurs (1580-1900). 1 vol. in-4, avec figures dans le texte et planches hors texte. 20 fr.

*REVUE PHILOSOPHIQUE
DE LA FRANCE ET DE L'ÉTRANGER

Dirigée par Th. RIBOT, Membre de l'Institut, Professeur honoraire au Collège de France.
(32ᵉ année, 1907.) — Paraît tous les mois.
Abonnement : Un an : Paris, 30 fr. — Départements et Etranger, 33 fr.
La livraison, 3 fr.
Les années écoulées, chacune 30 francs, et la livraison, 3 fr.
Tables des matières (1876-1887), in-8. 3 fr.—(1888-1895), in-8. 3 fr. — (1896-1905), in-8. 3 fr.

---

*REVUE GERMANIQUE (ALLEMAGNE — ANGLETERRE / ÉTATS-UNIS — PAYS SCANDINAVES)

Première année, 1905. — Paraît tous les deux mois (*Cinq numéros par an*).
Secrétaire général : M. PIQUET, professeur à l'Université de Lille.
Abonnement : Paris, 14 fr. — Départements et Etranger, 16 fr.
La livraison, 4 fr.

---

*Journal de Psychologie Normale et Pathologique
DIRIGÉ PAR LES DOCTEURS
Pierre JANET — et — Georges DUMAS
Professeur au Collège de France. — Chargé de cours à la Sorbonne.
(4ᵉ année, 1907.) — Paraît tous les deux mois.
Abonnement : France et Etranger, 14 fr. — La livraison, 2 fr. 60.
Le prix d'abonnement est de 12 fr. pour les abonnés de la Revue philosophique.

---

*REVUE HISTORIQUE

Dirigée par MM. G. MONOD, Membre de l'Institut, et Ch. BÉMONT
(32ᵉ année, 1907.) — Paraît tous les deux mois.
Abonnement : Un an : Paris, 30 fr. — Départements et Etranger, 33 fr.
La livraison, 6 fr.
Les années écoulées, chacune 30 fr.; le fascicule, 6 fr. Les fascicules de la 1ʳᵉ année, 9 fr.

TABLES GÉNÉRALES DES MATIÈRES
I. 1876 à 1880. 3 fr.; pour les abonnés, 1 fr. 50 | III. 1886 à 1890. 5 fr.; pour les abonnés, 2 fr. 50
II. 1881 à 1885. 3 fr.; — 1 fr. 50 | IV. 1891 à 1895. 3 fr.; — 1 fr. 50
V. 1896 à 1900. 3 fr.; pour les abonnés, 1 fr. 50

---

*ANNALES DES SCIENCES POLITIQUES

Revue bimestrielle publiée avec la collaboration des professeurs
et des anciens élèves de l'École libre des Sciences politiques
(22ᵉ année, 1907.)
Rédacteur en chef : M. A. VIALLATE, Prof. à l'École.
Abonnement. — Un an : Paris, 18 fr.; Départements et Etranger, 19 fr.
La livraison, 3 fr. 50.

---

*JOURNAL DES ÉCONOMISTES

Revue mensuelle de la science économique et de la statistique
Paraît le 15 de chaque mois par fascicules grand in-8 de 10 à 12 feuilles
Rédacteur en chef : G. DE MOLINARI, correspondant de l'Institut
Abonnement : Un an, France et Algérie, 36 fr. Six mois, 19 fr.
Union postale : Un an, 38 fr. Six mois, 20 fr. — Le numéro, 3 fr. 50
Les abonnements partent de janvier ou de juillet.
Tables des matières (1841 à 1865), in-8. 20 fr. — (1866 à 1904), in-8. 20 fr.

---

*Revue de l'École d'Anthropologie de Paris

Recueil mensuel publié par les professeurs. — (17ᵉ année, 1907).
Abonnement : France et Étranger, 10 fr. — Le numéro, 1 fr.
TABLE GÉNÉRALE DES MATIÈRES, 1891-1900. . . . 2 fr.

REVUE ÉCONOMIQUE INTERNATIONALE
(4ᵉ année, 1907) Mensuelle
Abonnement : Un an, France et Belgique, 50 fr.; autres pays, 56 fr.

Bulletin de la Société libre pour l'Étude psychologique de l'Enfant
10 numéros par an. — Abonnement du 1ᵉʳ octobre : 3 fr.

F. ALCAN.

BIBLIOTHÈQUE SCIENTIFIQUE
INTERNATIONALE

Publiée sous la direction de M. Émile ALGLAVE

Les titres marqués d'un astérisque * sont adoptés par le *Ministère de l'Instruction publique de France* pour les bibliothèques des lycées et des collèges.

LISTE PAR ORDRE D'APPARITION

109 VOLUMES IN-8, CARTONNÉS A L'ANGLAISE, OUVRAGES A 6, 9 ET 12 FR.

1. TYNDALL (J.). * **Les Glaciers et les Transformations de l'eau**, avec figures. 1 vol. in-8. 7ᵉ édition. 6 fr.
2. BAGEHOT. * **Lois scientifiques du développement des nations**. 1 vol. in-8. 6ᵉ édition. 6 fr.
3. MAREY. * **La Machine animale**. *Épuisé.*
4. BAIN. * **L'Esprit et le Corps**. 1 vol. in-8. 6ᵉ édition. 6 fr.
5. PETTIGREW. * **La Locomotion chez les animaux**, marche, natation et vol. 1 vol. in-8, avec figures. 2ᵉ édit. 6 fr.
6. HERBERT SPENCER. * **La Science sociale**. 1 v. in-8, 13ᵉ édit. 6 fr.
7. SCHMIDT (O.). * **La Descendance de l'homme et le Darwinisme**. 1 vol. in-8, avec fig. 6ᵉ édition. 6 fr.
8. MAUDSLEY. * **Le Crime et la Folie**. 1 vol. in-8. 7ᵉ édit. 6 fr.
9. VAN BENEDEN. * **Les Commensaux et les Parasites dans le règne animal**. 1 vol. in-8, avec figures. 4ᵉ édit. 6 fr.
10. BALFOUR STEWART. * **La Conservation de l'énergie**, avec figures. 1 vol. in-8. 6ᵉ édition. 6 fr.
11. DRAPER. **Les Conflits de la science et de la religion**. 1 vol. in-8. 10ᵉ édition. 6 fr.
12. L. DUMONT. * **Théorie scientifique de la sensibilité. Le plaisir et la douleur**. 1 vol. in-8. 4ᵉ édition. 6 fr.
13. SCHUTZENBERGER. * **Les Fermentations**. 1 v. in-8, 6ᵉ édit. 6 fr.
14. WHITNEY. * **La Vie du langage**. 1 vol. in-8. 4ᵉ édit. 6 fr.
15. COOKE et BERKELEY. * **Les Champignons**. In-8, av. fig., 4ᵉ éd. 6 fr.
16. BERNSTEIN. * **Les Sens**. 1 vol. in-8, avec 91 fig. 5ᵉ édit. 6 fr.
17. BERTHELOT. * **La Synthèse chimique**. 1 vol. in-8, 8ᵉ édit. 6 fr.
18. NIEWENGLOWSKI (H.). * **La photographie et la photochimie**. 1 vol. in-8, avec gravures et une planche hors texte. 6 fr.
19. LUYS. * **Le Cerveau et ses fonctions**. *Épuisé.*
20. STANLEY JEVONS. * **La Monnaie**. *Épuisé.*
21. FUCHS. * **Les Volcans et les Tremblements de terre**. 1 vol. in-8, avec figures et une carte en couleurs. 5ᵉ édition. 6 fr.
22. GÉNÉRAL BRIALMONT. * **Les Camps retranchés**. *Épuisé.*
23. DE QUATREFAGES. * **L'Espèce humaine**. 1 v. in-8. 13ᵉ édit. 6 fr.
24. BLASERNA et HELMHOLTZ. * **Le Son et la Musique**. 1 vol. in-8, avec figures. 5ᵉ édition. 6 fr.
25. ROSENTHAL. * **Les Nerfs et les Muscles**. *Épuisé.*
26. BRUCKE et HELMHOLTZ. * **Principes scientifiques des beaux-arts**. 1 vol. in-8, avec 39 figures. 4ᵉ édition. 6 fr.

27. WURTZ. *La Théorie atomique. 1 vol. in-8. 9ᵉ édition. 6 fr.
28-29. SECCHI (le père). *Les Étoiles. 2 vol. in-8, avec 63 figures dans le texte et 17 pl. en noir et en couleurs hors texte. 3ᵉ édit. 12 fr.
30. JOLY. *L'Homme avant les métaux. Épuisé.
31. A. BAIN. *La Science de l'éducation. 1 vol. in-8. 9ᵉ édit. 6 fr.
32-33. THURSTON (R.).* Histoire de la machine à vapeur. 2 vol. in-8, avec 140 fig. et 16 planches hors texte. 3ᵉ édition. 12 fr.
34. HARTMANN (R.). *Les Peuples de l'Afrique. Épuisé.
35. HERBERT SPENCER. *Les Bases de la morale évolutionniste. 1 vol. in-8. 6ᵉ édition. 6 fr.
36. HUXLEY. *L'Écrevisse, introduction à l'étude de la zoologie. 1 vol. in-8, avec figures. 2ᵉ édition. 6 fr.
37. DE ROBERTY. *La Sociologie. 1 vol. in-8. 3ᵉ édition. 6 fr.
38. ROOD. * Théorie scientifique des couleurs. 1 vol. in-8, avec figures et une planche en couleurs hors texte. 2ᵉ édition. 6 fr.
39. DE SAPORTA et MARION. *L'Évolution du règne végétal (les Cryptogames). Épuisé.
40-41. CHARLTON BASTIAN. *Le Cerveau, organe de la pensée chez l'homme et chez les animaux. 2 vol. in-8, avec figures. 2ᵉ éd. 12 fr.
42. JAMES SULLY. *Les Illusions des sens et de l'esprit. 1 vol. in-8, avec figures. 3ᵉ édit. 6 fr.
43. YOUNG. *Le Soleil. Épuisé.
44. DE CANDOLLE. *L'Origine des plantes cultivées. 4ᵉ éd. 1 v. in-8. 6 fr.
45-46. SIR JOHN LUBBOCK. * Fourmis, abeilles et guêpes. Épuisé.
47. PERRIER (Edm.). La Philosophie zoologique avant Darwin. 1 vol. in-8. 3ᵉ édition. 6 fr.
48. STALLO. *La Matière et la Physique moderne. 1 vol. in-8. 3ᵉ éd., précédé d'une Introduction par Ch. Friedel. 6 fr.
49. MANTEGAZZA. La Physionomie et l'Expression des sentiments. 1 vol. in-8. 3ᵉ édit., avec huit planches hors texte. 6 fr.
50. DE MEYER. *Les Organes de la parole et leur emploi pour la formation des sons du langage. In-8, avec 51 fig. 6 fr.
51. DE LANESSAN.*Introduction à l'Étude de la botanique (le Sapin). 1 vol. in-8. 2ᵉ édit., avec 143 figures. 6 fr.
52-53. DE SAPORTA et MARION. *L'Évolution du règne végétal (les Phanérogames). 2 vol. Épuisé.
54. TROUESSART. *Les Microbes, les Ferments et les Moisissures. 1 vol. in-8. 2ᵉ édit., avec 107 figures. 6 fr.
55. HARTMANN (R.).*Les Singes anthropoïdes. Épuisé.
56. SCHMIDT (O.).*Les Mammifères dans leurs rapports avec leurs ancêtres géologiques. 1 vol. in-8, avec 51 figures. 6 fr.
57. BINET et FÉRÉ. Le Magnétisme animal. 1 vol. in-8. 4ᵉ édit. 6 fr.
58-59. ROMANES. *L'Intelligence des animaux. 2 v. in-8 3ᵉ édit. 12 fr.
60. LAGRANGE (F.). Physiol. des exerc. du corps. 1 v. in-8. 7ᵉ éd. 6 fr.
61. DREYFUS.* Évolution des mondes et des sociétés. 1 v. in-8. 6 fr.
62. DAUBRÉE. * Les Régions invisibles du globe et des espaces célestes. 1 vol. in-8, avec 85 fig. dans le texte. 2ᵉ édit. 6 fr.
63-64. SIR JOHN LUBBOCK. * L'Homme préhistorique. 2 vol. Épuisé.
65. RICHET (Ch.). La Chaleur animale. 1 vol. in-8, avec figures. 6 fr.
66 FALSAN (A.). *La Période glaciaire. Épuisé.
67. BEAUNIS (H.). Les Sensations internes. 1 vol. in-8. 6 fr.
68. CARTAILHAC (E.). La France préhistorique, d'après les sépultures et les monuments. 1 vol. in-8, avec 162 figures. 2ᵉ édit. 6 fr.
69. BERTHELOT.*La Révol. chimique, Lavoisier. 1 vol. in-8. 2ᵉ éd. 6 fr.
70. SIR JOHN LUBBOCK. * Les Sens et l'Instinct chez les animaux, principalement chez les insectes. 1 vol. in-8, avec 150 figures. 6 fr.
71. STARCKE. *La Famille primitive. 1 vol. in-8. 6 fr.
72. ARLOING. *Les Virus. 1 vol. in-8, avec figures. 6 fr.

73. TOPINARD. *L'Homme dans la Nature. 1 vol. in-8, avec fig. 6 fr.
74. BINET (Alf.). *Les Altérations de la personnalité. In-8, 2 éd. 6 fr.
75. DE QUATREFAGES (A.). *Darwin et ses précurseurs français. 1 vol. in-8. 2ᵉ édition refondue. 6 fr.
76. LEFÈVRE (A.). *Les Races et les langues. 1 vol. in-8. 6 fr.
77-78. DE QUATREFAGES (A.). *Les Émules de Darwin. 2 vol. in-8, avec préfaces de MM. Edm. Perrier et Hamy. 12 fr.
79. BRUNACHE (P.). *Le Centre de l'Afrique. Autour du Tchad. 1 vol. in-8, avec figures. 6 fr.
80. ANGOT (A.). *Les Aurores polaires. 1 vol. in-8, avec figures. 6 fr.
81. JACCARD. *Le pétrole, le bitume et l'asphalte au point de vue géologique. 1 vol. in-8, avec figures. 6 fr.
82. MEUNIER (Stan.).*La Géologie comparée. 2ᵉ éd. in-8, avec fig. 6 fr.
83. LE DANTEC.*Théorie nouvelle de la vie. 3ᵉ éd. 1 v. in-8, avec fig. 6 fr.
84. DE LANESSAN. *Principes de colonisation. 1 vol. in-8. 6 fr.
85. DEMOOR, MASSART et VANDERVELDE. *L'évolution régressive en biologie et en sociologie. 1 vol. in-8, avec gravures. 6 fr.
86. MORTILLET (G. de). *Formation de la Nation française. 2ᵉ édit. 1 vol. in-8, avec 150 gravures et 18 cartes. 6 fr.
87. ROCHÉ (G.). *La Culture des Mers (piscifacture, pisciculture, ostréiculture). 1 vol. in-8, avec 81 gravures. 6 fr.
88. COSTANTIN (J.). *Les Végétaux et les Milieux cosmiques (adaptation, évolution). 1 vol. in-8, avec 171 gravures. 6 fr.
89. LE DANTEC. L'évolution individuelle et l'hérédité. 1 vol. in-8. 6 fr.
90. GUIGNET et GARNIER. *La Céramique ancienne et moderne. 1 vol., avec grav. 6 fr.
91. GELLÉ (E.-M.). *L'audition et ses organes. 1 v. in-8, avec grav. 6 fr.
92. MEUNIER (St.).*La Géologie expérimentale. 2ᵉ éd. in-8, av. gr. 6 fr.
93. COSTANTIN (J.). *La Nature tropicale. 1 vol. in-8, avec grav. 6 fr.
94. GROSSE (E.). *Les débuts de l'art. Introduction de L. Marillier. 1 vol. in-8, avec 32 gravures dans le texte et 3 pl. hors texte. 6 fr.
95. GRASSET (J.). Les Maladies de l'orientation et de l'équilibre. 1 vol. in-8, avec gravures. 6 fr.
96. DEMENŸ (G.). *Les bases scientifiques de l'éducation physique. 1 vol. in-8, avec 198 gravures. 3ᵉ édit. 6 fr.
97. MALMÉJAC(F.).*L'eau dans l'alimentation. 1 v. in-8, avec grav. 6 fr.
98. MEUNIER (Stan.). *La géologie générale. 1 v. in-8, avec grav. 6 fr.
99. DEMENŸ (G.). Mécanisme et éducation des mouvements. 2ᵉ édit. 1 vol. in-8, avec 565 gravures. 9 fr.
100. BOURDEAU (L.). Histoire de l'habillement et de la parure. 1 vol. in-8. 6 fr.
101. MOSSO (A.).*Les exercices physiques et le développement intellectuel. 1 vol. in-8. 6 fr.
102. LE DANTEC (F.). Les lois naturelles. 1 vol. in-8, avec grav. 6 fr.
103. NORMAN LOCKYER.*L'évolution inorganique. 1 vol. in-8, avec 42 gravures. 6 fr.
104. COLAJANNI (N.). *Latins et Anglo-Saxons. 1 vol. in-8. 9 fr.
105. JAVAL (E.).*Physiologie de la lecture et de l'écriture. 1 vol. in-8, avec 96 gravures, 2ᵉ édition. 6 fr.
106. COSTANTIN (J.). *Le Transformisme appliqué à l'agriculture. 1 vol. in-8, avec 105 gravures. 6 fr.
107. LALOY (L.).*Parasitisme et mutualisme en agriculture. Préface du Pʳ A. Giard. 1 vol. in-8, avec 82 gravures. 6 fr.
108. CONSTANTIN (Capitaine). Le rôle sociologique de la guerre et le sentiment national. Suivi de la traduction de *La guerre, moyen de sélection collective*, par le Dʳ Steinmetz. 1 vol. 6 fr.
109. LOEB. La dynamique de l'apparition de la vie. Traduit de l'allemand par MM. Daudin et Schaeffer. 1 vol. avec fig. 9 fr.

RÉCENTES PUBLICATIONS
HISTORIQUES, PHILOSOPHIQUES ET SCIENTIFIQUES
qui ne se trouvent pas dans les collections précédentes.

ALAUX. Esquisse d'une philosophie de l'être. In-8. 1 fr.
— Les Problèmes religieux au XIX° siècle. 1 vol. in-8. 7 fr. 50
— Philosophie morale et politique. In-8. 1893. 7 fr. 50
— Théorie de l'âme humaine. 1 vol. in-8. 1895. 10 fr.
— Dieu et le Monde. Essai de phil. première. 1901. 1 vol. in-12. 2 fr. 50
AMIABLE (Louis). Une loge maçonnique d'avant 1789. 1 v. in-8. 6 fr.
ANDRÉ (L.), docteur ès lettres. Michel Le Tellier et l'organisation de l'armée monarchique. 1 vol. in-8 (couronné par l'Institut). 1906. 14 fr.
— Deux mémoires inédits de Claude Le Pelletier. In-8. 1906. 3 fr. 50
ARNAUNÉ (A.), directeur de la Monnaie. La monnaie, le crédit et le change, 3° édition, revue et augmentée. 1 vol. in-8. 1906. 8 fr.
ARRÉAT. Une Éducation intellectuelle. 1 vol. in-18. 2 fr. 50
— Journal d'un philosophe. 1 vol. in-18. 3 fr. 50 (Voy. p. 2 et 5.)
*Autour du monde, par les BOURSIERS DE VOYAGE DE L'UNIVERSITÉ DE PARIS. (Fondation Albert Kahn). 1 vol. gr. in-8. 1904. 5 fr.
ASLAN (G.). La Morale selon Guyau. 1 vol. in-16. 1906. 2 fr.
ATGER (F.). Hist. des doctrines du Contrat social. 1 v. in-8. 1906. 8 fr.
AZAM. Hypnotisme et double conscience. 1 vol. in-8. 9 fr.
BACHA (E.). Le Génie de Tacite. 1 vol. in-18. 4 fr.
BALFOUR STEWART et TAIT. L'Univers Invisible. 1 vol. in-8. 7 fr.
BELLANGER (A.), docteur ès lettres. Les concepts de cause et l'activité intentionnelle de l'esprit. 1 vol. in-8. 1905. 5 fr.
BENOIST-HANAPPIER (L.), docteur ès lettres. Le drame naturaliste en Allemagne. In-8. Couronné par l'Académie française. 1905. 7 fr. 50
BERNATH (de). Cléopâtre. Sa vie, son règne. 1 vol in-8. 1903. 8 fr.
BERTON (H.), docteur en droit. L'évolution constitutionnelle du second empire. Doctrines, textes, histoire. 1 fort vol. in-8. 1900. 12 fr.
BLUM (E.), agrégé de philosophie. *La Déclaration des Droits de l'homme. Texte et commentaire. Préface de M. G. COMPAYRÉ, Inspecteur général. Récompensé par l'Institut. 3° édit. 1 vol. in-8. 1905. 3 fr. 75
BOURDEAU (Louis). Théorie des sciences. 2 vol. in-8. 20 fr.
— La Conquête du monde animal. In-8. 5 fr.
— La Conquête du monde végétal. In-8. 1893. 5 fr.
— L'Histoire et les historiens. 1 vol. in-8. 7 fr. 50
— *Histoire de l'alimentation. 1894. 1 vol. in-8. 5 fr.
BOUTROUX (Em.), de l'Institut. *De l'idée de loi naturelle dans la science et la philosophie. 1 vol. in-8. 2 fr. 50
BRANDON-SALVADOR (Mme). A travers les moissons. Ancien Test. Talmud. Apocryphes. Poètes et moralistes juifs du moyen âge. In-16. 1903. 4 fr.
BRASSEUR. La question sociale. 1 vol. in-8. 1900. 7 fr. 50
BROOKS ADAMS. Loi de la civilisation et de la décadence. In-8. 7 fr. 50
BROUSSEAU (K.). Éducation des nègres aux États-Unis. In-8. 7 fr. 50
BUCHER (Karl). Études d'histoire et d'économie polit. In-8. 1901. 6 fr.
BUDÉ (E. de). Les Bonaparte en Suisse. 1 vol. in-12. 1905. 3 fr. 50
BUNGE (C. O.). Psychologie individuelle et sociale. In-16. 1904. 3 fr.
CANTON (G.). Napoléon antimilitariste. 1902. In-16. 3 fr. 50
CARDON (G.). *La Fondation de l'Université de Douai. In-8. 10 fr.
CELS (A.). Science de l'homme et anthropologie. 1904. 1 v. in-8. 7 fr. 50
CHARRIAUT (H.). Après la séparation. Enquête sur l'avenir des Églises. 1 vol. in-12. 1905. 3 fr. 50
CLAMAGERAN. La Réaction économique et la démocratie. In-18. 1 fr. 25
— La lutte contre le mal. 1 vol. in-18. 1897. 3 fr. 50

CLAMAGERAN. Études politiques, économiques et administratives. Préface de M. BERTHELOT. 1 vol. gr. in-8. 1904. 10 fr.
— **Philosophie religieuse.** Art et voyages. 1 vol. in-12. 1904. 3 fr. 50
— **Correspondance (1849-1902).** 1 vol. gr. in-8. 1905. 10 fr.
COLLIGNON (A.). Diderot. 2ᵉ édit. 1907. In-12. 3 fr. 50
COMBARIEU (J.). *Les rapports de la musique et de la poésie considérés au point de vue de l'expression. 1 vol. in-8. 1893. 7 fr. 50
Congrès de l'Éducation sociale, Paris 1900. 1 vol. in-8. 1901. 10 fr.
IVᵉ Congrès international de Psychologie, Paris 1900. In-8. 20 fr.
Vᵉ Congrès international de Psychologie, Rome 1905. In-8. 20 fr.
Congrès de l'enseignement des Sciences sociales, Paris 1900. 1 vol. in-8. 1901. 7 fr. 50
COSTE. Économie polit. et physiol. sociale. In-18. 3 fr. 50 (V. p. 2 et 6).
COUBERTIN (P. de). La gymnastique utilitaire. Défense. Sauvetage. Locomotion. 2ᵉ édit. 1 vol. in-12. 2 fr. 50
COUTURAT (Louis). *De l'infini mathématique. In-8. 1896. 12 fr.
DANY (G.), docteur en droit. *Les Idées politiques en Pologne à la fin du XVIIIᵉ siècle. La Constit. du 3 mai 1793. In-8. 1901. 6 fr.
DAREL (Th.). La Folie. Ses causes. Sa thérapeutique. 1901. In-12. 4 fr.
— **Le peuple-roi.** Essai de sociologie universaliste. In-8. 1904. 3 fr. 50
DAURIAC. Croyance et réalité. 1 vol. in-18. 1889. 3 fr. 50
— **Le Réalisme de Reid.** In-8. 1 fr.
DEFOURNY (M.). La sociologie positiviste. Auguste Comte. In-8. 1902. 6 fr.
DERAISMES (Mˡˡᵉ Maria). Œuvres complètes. 4 vol. Chacun. 3 fr. 50
DESCHAMPS. Principes de morale sociale. 1 vol. in-8. 1903. 3 fr. 50
DESPAUX. Genèse de la matière et de l'énergie. In-8. 1900. 4 fr.
— **Causes des énergies attractives.** 1 vol. in-8. 1902. 5 fr.
— **Explication mécanique de la matière, de l'électricité et du magnétisme.** 1 vol. in-8. 1905. 4 fr.
DOLLOT (R.), docteur en droit. Les origines de la neutralité de la Belgique (1609-1830). 1 vol. in-8. 1902. 10 fr.
DUBUC (P.). *Essai sur la méthode en métaphysique. 1 vol. in-8. 5 fr.
DUGAS (L.). *L'amitié antique. 1 vol. in-8. 7 fr. 50
DUNAN. *Sur les formes a priori de la sensibilité. 1 vol. in-8. 5 fr.
DUNANT (E.). Les relations diplomatiques de la France et de la République helvétique (1798-1803). 1 vol. in-8. 1902. 20 fr.
DU POTET. Traité complet de magnétisme. 5ᵉ éd. 1 vol. in-8. 8 fr.
— **Manuel de l'étudiant magnétiseur.** 6ᵉ éd., gr. in-18, avec fig. 3 fr. 50
— **Le magnétisme opposé à la médecine.** 1 vol. in-8. 6 fr.
DUPUY (Paul). Les fondements de la morale. In-8. 1900. 5 fr.
— **Méthodes et concepts.** 1 vol. in-8. 1903. 5 fr.
*Entre Camarades, par les anciens élèves de l'Université de Paris. Histoire, littérature, philologie, philosophie. 1901, in-8. 10 fr.
ESPINAS (A.). *Les Origines de la technologie. 1 vol. in-8. 1897. 5 fr.
FERRÈRE (F.). La situation religieuse de l'Afrique romaine depuis la fin du IVᵉ siècle jusqu'à l'invasion des Vandales. 1 v. in-8. 1898. 7 fr. 50
FERRIÈRE (Em.). Les Apôtres, essai d'histoire religieuse. 1 vol. in-12. 4 fr. 50
— **L'Ame est la fonction du cerveau.** 2 volumes in-18. 7 fr.
— **Le Paganisme des Hébreux.** 1 vol. in-18. 3 fr. 50
— **La Matière et l'Énergie.** 1 vol. in-18. 4 fr. 50
— **L'Ame et la Vie.** 1 vol. in-18. 4 fr. 50
— **Les Mythes de la Bible.** 1 vol. in-18. 1893. 3 fr. 50
— **La Cause première d'après les données expérim.** In-18. 1896. 3 fr. 50
— **Étymologie de 400 prénoms.** In-18. 1898. 1 fr. 50. (V. p. 11.)
Fondation universitaire de Belleville (La). Ch. GIDE. Travail intellect. et travail manuel; J. BARDOUX. Prem. efforts et prem. année. In-16. 1 fr. 50
GELEY (G.). Les preuves du transformisme et les enseignements de la doctrine évolutionniste. 1 vol. in-8. 1901. 6 fr.

GILLET (M.). Fondement intellectuel de la morale. In-8. 3 fr. 75
GIRAUD-TEULON. Les origines de la papauté *d'après Dollinger*. 1 vol. in-12. 1905. 2 fr.
GOURD. Le Phénomène. 1 vol. in-8. 7 fr. 50
GREEF (Guillaume de). Introduction à la Sociologie. 2 vol. in-8. 10 fr.
— L'évol. des croyances et des doctr. polit. In-12. 1895. 4 fr.(V.p.3 et 8.)
GRIVEAU (M.). Les Éléments du beau. In-18. 4 fr. 50
— La Sphère de beauté, 1901. 1 vol. in-8. 10 fr.
GUEX (F.), professeur à l'Université de Lausanne. Histoire de l'Instruction et de l'Éducation. In-8 avec gravures, 1906. 6 fr.
GUYAU. Vers d'un philosophe. In-18. 3ᵉ édit. 3 fr. 50
HALLEUX (J.). L'Évolutionnisme en morale (*H. Spencer*). In-12. 1901. 3 fr. 50
HALOT (C.). L'Extrême-Orient. *Études d'hier. Événements d'aujourd'hui.* 1 vol. in-16. 1905. 4 fr.
HOCQUART (E.). L'Art de juger le caractère des hommes sur leur écriture, préface de J. CRÉPIEUX-JAMIN. Br. in-8. 1898. 1 fr.
HORVATH, KARDOS et ENDRODI. *Histoire de la littérature hongroise*, adapté du hongrois par J. KONT. Gr. in-8, avec gr. 1900. Br. 12 fr. Rel. 15 fr.
ICARD. Paradoxes ou vérités. 1 vol. in-12. 1895. 3 fr. 50
JAMES (W.). L'Expérience religieuse, traduit par F. ABAUZIT, agrégé de philosophie. 1 vol. in-8°. 2ᵉ éd. 1907. Cour. par l'Acad. française. 10 fr.
JANSSENS (E.). Lo néo-criticisme de Ch. Renouvier. In-16. 1904. 3 fr. 50
— La philosophie et l'apologétique de Pascal. 1 vol. in-16. 4 fr.
JOURDY (Général). L'Instruction de l'armée française, de 1815 à 1902. 1 vol. in-16. 1903. 3 fr. 50
JOYAU. De l'Invention dans les arts et dans les sciences. 1 v. in-8. 5 fr.
— Essai sur la liberté morale. 1 vol. in-18. 3 fr. 50
KARPPE (S.), docteur ès lettres. Les origines et la nature du Zohar, précédé d'une *Étude sur l'histoire de la Kabbale*. 1901. In-8. 7 fr. 50
KAUFMANN. La cause finale et son importance. In-12. 2 fr. 50
KINGSFORD (A.) et MAITLAND (E.). La Voie parfaite ou le Christ ésotérique, précédé d'une préface d'Edouard SCHURÉ. 1 vol. in-8. 1892. 6 fr.
KOSTYLEFF. Esquisse d'une évolution dans l'histoire de la philosophie. 1 vol. in-16. 1903. 2 fr. 50
— Les substituts de l'âme dans la psychologie moderne. 1 vol. in-8. 1906. 4 fr.
LACOMBE (Cᵗ de). La maladie contemporaine. *Examen des principaux problèmes sociaux au point de vue positiviste.* 1 vol. in-8. 1906. 3 fr. 50
LAFONTAINE. L'art de magnétiser. 7ᵉ édit. 1 vol. in-8. 5 fr.
— Mémoires d'un magnétiseur. 2 vol. gr. in-18. 7 fr.
LANESSAN (de). Le Programme maritime de 1900-1906. In-12. 2ᵉ éd. 1903. 3 fr. 50
LASSERRE (A.). La participation collective des femmes à la Révolution française. In-8. 1905. 5 fr.
LAVELEYE (Em. de). De l'avenir des peuples catholiques. In-8. 25 c.
LEFÉBURE (Cᵗ). Méthode de gymnastique éducative. 1905. In-8. 5 fr.
LEMAIRE (P.). Le cartésianisme chez les Bénédictins. In-8. 6 fr. 50
LEMAITRE (J.), professeur au Collège de Genève. Audition colorée et phénomènes connexes observés chez des écoliers. In-12. 1900. 4 fr.
LETAINTURIER (J.). Le socialisme devant le bon sens. In-18. 1 fr. 50
LEVI (Eliphas). Dogme et rituel de la haute magie. 3ᵉ édit. 2 vol. in-8, avec 24 figures. 18 fr.
— Histoire de la magie. Nouvelle édit. 1 vol. in-8, avec 90 fig. 12 fr.
— La clef des grands mystères. 1 vol. in-8, avec 22 pl. 12 fr.
— La science des esprits. 1 vol. 7 fr.
LEVY (L.-G.), docteur ès lettres. La famille dans l'antiquité israélite. 1 vol. in-8. 1905. Couronné par l'Académie française. 5 fr.

LÉVY-SCHNEIDER (L.), docteur ès lettres. **Le conventionnel Jean-bon Saint-André (1749-1813).** 1901. 2 vol. in-8. 15 fr.
LICHTENBERGER (A.). **Le socialisme au XVIII° siècle.** In-8. 7 fr. 50
LIESSE (A.), prof. au Conservatoire des Arts et Métiers. **La statistique.** Ses difficultés. Ses procédés. Ses résultats. In-16, 1905. 2 fr. 50
MABILLEAU (L.). *Histoire de la philos. atomistique. In-8. 1895. 12 fr.
MAGNIN (E.). **L'art et l'hypnose.** 1 vol. in-8 avec gravures et planches, cart. 1906. 20 fr.
MAINDRON (Ernest). *L'Académie des sciences (Histoire de l'Académie; fondation de l'Institut national; Bonaparte, membre de l'Institut). In-8 cavalier, 63 grav., portraits, plans. 8 pl. hors texte et 2 autographes. 6 fr.
MANDOUL (J.). **Un homme d'État italien : Joseph de Maistre.** In-8. 8 fr.
MARGUERY (E.). **Le droit de propriété et le régime démocratique.** 1 vol. in-16. 1905. 2 fr. 50
MARIÉTAN (J.). **La classification des sciences, d'Aristote à saint Thomas.** 1 vol. in-8. 1901. 3 fr.
MATAGRIN. **L'esthétique de Lotze.** 1 vol. in-12. 1900. 2 fr.
MERCIER (Mgr). **Les origines de la psych. contemp.** In-12. 1898. 5 fr.
MICHOTTE (A.). **Les signes régionaux** (répartition de la sensibilité tactile). 1 vol. in-8 avec planches, 1905. 5 fr.
MILHAUD (G.) *Le positiv. et le progrès de l'esprit. In-16. 1902. 2 fr. 50
MILLERAND, FAGNOT, STROHL. **La durée légale du travail.** in-12. 1906. 2 fr. 50
MODESTOV (B.). **Introduction à l'Histoire romaine.** *L'ethnologie préhistorique, les influences civilisatrices à l'époque préromaine et les commencements de Rome*, traduit du russe sur MICHEL DELINES. Avant-propos de M. SALOMON REINACH, de l'Institut. 1 vol. in-4 avec 36 planches hors texte et 27 figures dans le texte. 1907. 15 fr.
MONNIER (Marcel). *Le drame chinois. 1 vol. in-16. 1900. 2 fr. 50
NEPLUYEFF (N. de). **La confrérie ouvrière et ses écoles,** in-12. 2 fr.
NODET (V.). **Les agnosies, la cécité psychique.** In-8. 1899. 4 fr.
NOVICOW (J.). **La Question d'Alsace-Lorraine.** In-8. 1 fr. (V. p. 4, 10 et 19.)
— **La Fédération de l'Europe.** 1 vol. in-18. 2° édit. 1901. 3 fr. 50
— **L'affranchissement de la femme.** 1 vol. in-16. 1903. 3 fr.
OVERBERGH (C. VAN). **La réforme de l'enseignement.** 2 vol. in-8. 1906. 10 fr.
PARIS (Comte de). **Les Associations ouvrières en Angleterre** (Trades-unions). 1 vol. in-18. 7° édit. 1 fr. — Édition sur papier fort. 2 fr. 50
PARISET (G.), professeur à l'Université de Nancy. **La Revue germanique de Dollfus et Nefftzer.** In-8. 1906. 2 fr.
PAUL-BONCOUR (J.). **Le fédéralisme économique,** préf. de M. WALDECK-ROUSSEAU. 1 vol. in-8. 2° édition. 1901. 6 fr.
PAULHAN (Fr.). **Le Nouveau mysticisme.** 1 vol. in-18. 2 fr. 50
PELLETAN (Eugène). *La Naissance d'une ville (Royan). In-18. 2 fr.
— *Jarousseau, le pasteur du désert. 1 vol. in-18. 2 fr.
— *Un Roi philosophe, *Frédéric le Grand*. In-18. 3 fr. 50
— **Droits de l'homme.** In-16. 3 fr. 50
— **Profession de foi du XIX° siècle.** In-16. 3 fr. 50
PEREZ (Bernard). **Mes deux chats.** In-12; 2° édition. 1 fr. 50
— **Jacotot et sa Méthode d'émancipation intellect.** In-18. 3 fr.
— **Dictionnaire abrégé de philosophie.** 1893. in-12. 1 fr. 50 (V. p. 9.)
PHILBERT (Louis). **Le Rire.** In-8. (Cour. par l'Académie française.) 7 fr. 50
PHILIPPE (J.). **Lucrèce dans la théologie chrétienne.** In-8. 2 fr. 50
PHILIPPSON (J.). **L'autonomie et la centralisation du système nerveux des animaux.** 1 vol. in-8 avec planches. 1905. 5 fr.
PIAT (C.). **L'Intellect actif.** 1 vol. in-8. 4 fr.
— **L'Idée ou critique du Kantisme.** 2° édition 1901. 1 vol. in-8. 6 fr.

PICARD (Ch.). Sémites et Aryens (1893). In-18. 1 fr. 50
PICTET (Raoul). Étude critique du matérialisme et du spiritualisme par la physique expérimentale. 1 vol. gr. in-8. 10 fr.
PINLOCHE (A.), professeur hon™ de l'Univ. de Lille. *Pestalozzi et l'éducation populaire moderne. In-16. 1902. (Cour. par l'Institut.) 2 fr. 50
POEY. Littré et Auguste Comte. 1 vol. in-18. 3 fr. 50
PRAT (Louis). Le mystère de Platon (Aglaophamos). 1 v. in-8. 1900. 4 fr.
— L'Art et la beauté (Kallikès). 1 vol. in-8. 1903. 5 fr.
Protection légale des travailleurs (La). 1 vol. in-12. 1904. 8 fr. 50
Les dix conférences composant ce volume se vendent séparées chacune. 0 fr. 60
REGNAUD (P.). L'origine des idées éclairée par la science du langage. 1904. In-12. 1 fr. 50
RENOUVIER, de l'Inst. Uchronie. *Utopie dans l'Histoire*. 2ᵉ éd. 1901. In-8. 7 50
ROBERTY (J.-E.) Auguste Bouvier, pasteur et théologien protestant. 1826-1893. 1 fort vol. in-12. 1901. 3 fr. 50
ROISEL. Chronologie des temps préhistoriques. In-12. 1900. 1 fr.
ROTT (Ed.). La représentation diplomatique de la France auprès des cantons suisses confédérés. T. I (1498-1559). Gr. in-8. 1900, 12 fr. — T. II (1559-1610). Gr. in-8. 1902. T. III (1610-1620). Gr. in-8. 1906. 20 fr.
SABATIER (C.). Le Duplicisme humain. 1 vol. in-18. 1906. 2 fr. 50
SAUSSURE (L. de). *Psychol. de la colonisation franç. In-12. 3 fr. 50
SAYOUS (E.), *Histoire générale des Hongrois. 2ᵉ éd. revisée. 1 vol. grand in-8, avec grav. et pl. hors texte. 1900. Br. 15 fr. Relié. 20 fr.
SCHILLER (Études sur), par MM. Schmidt, Fauconnet, Andler, Xavier Léon, Spenlé, Baldensperger, Dresch, Tibal, Ehrhard, M™ Talayrach d'Eckardt, H. Lichtenberger, A. Lévy. In-8. 1906. 6 fr.
SCHINZ. Problème de la tragédie en Allemagne. In-8. 1903. 1 fr. 25
SECRÉTAN (H.). La Société et la morale. 1 vol. in-12. 1897. 3 fr. 50
SEIPPEL (P.), professeur à l'École polytechnique de Zurich. Les deux Frances et leurs origines historiques. 1 vol. in-8. 1906. 7 fr. 50
SIGOGNE (E.). Socialisme et monarchie. In-16. 1906. 2 fr. 50
SKARZYNSKI (L.). *Le progrès social à la fin du XIXᵉ siècle. Préface de M. Léon Bourgeois. 1901. 1 vol. in-12. 4 fr. 50
SOREL (Albert), de l'Acad. franç. Traité de Paris de 1815. In-8. 4 fr. 50
TEMMERMAN, directeur d'École normale. Notions de psychologie appliquées à la pédagogie et à la didactique. In-8, avec fig. 1903. 3 fr.
VALENTINO (Dʳ Ch.). Notes sur l'Indo. In-16. 1906. 4 fr.
VAN BIERVLIET (J.-J.). Psychologie humaine. 1 vol. in-8. 8 fr.
— La Mémoire. Br. in-8. 1893. 2 fr.
— Études de psychologie. 1 vol. in-8. 1901. 4 fr.
— Causeries psychologiques. 2 vol. in-8. Chacun. 3 fr.
— Esquisse d'une éducation de la mémoire. 1904. In-16. 2 fr.
VERMALE (F). La répartition des biens ecclésiastiques nationalisés dans le département du Rhône. In-8. 1906. 2 fr. 50
VITALIS. Correspondance politique de Dominique de Gabre. 1904. 1 vol. in-8. 12 fr. 50
WYLM (Dʳ A.). La morale sexuelle. 1907. In-8. 5 fr.
ZAPLETAL. Le récit de la création dans la Genèse. In-8. 3 fr. 50
ZOLLA (D.). Les questions agricoles d'hier et d'aujourd'hui. 1894, 1895. 2 vol. in-12. Chacun. 3 fr. 50

TABLE ALPHABÉTIQUE DES AUTEURS

Adam	5, 13	Bucher (Karl)	26	Dumas (G.)	2, 7, 22	Hébert	8
Alaux	2, 25	Budé	20	Dumont	21	Hegel	13
Alglave	23	Bunge (C.O.)	3	Dunan	16	H. Schütz	23
Allier	2	Bureau	21	Durm	2, 27	Herron	8
Altoayr	27	Burnet	15	Durand (F.)	27	Herr guy	27
Amiable	26	Cahen (L.)	19	Du Potet	14	Herry (M. lss)	20
André	26	Caix de St-Aymour	21	Duprat	2, 7	Hichal	13
Annales de sociologie	12	Candolle	23	Dupréix	7, 23	Herbert Spencer. Voy. Spencer.	
Andler	17	Canton	26	Dupuy	27	Heycken (Th.)	3
Angot	26	Cardon	28	Durand (de Gros)	3, 7	Huth	8
Ansiaux	25	Carnot	16	Durkheim	3, 12	Hocquart	28
Aristote	12	Carra de Vaux	14	Duval	12	Hoding	8
Arloing	25	Curran	6	Egger	7	Horrie de Beaucaire	21
Arnauné	25	Cartailhac	21	Eichthal (d.)	3, 19	Horvath	28
Arnold (Matthew)	5	Cartault	19, 20	Ellis Stevens	18	Huxley	24
Arréat	2, 8, 26	Cels	26	Encausse	3	Ilegel	28
Aslan	26	Chabot	6	Erasme	15	Isambert	8, 10
Atger	26	Chantavoine	15	Espinas	3, 7, 27	Jaccard	25
Aubry	6	Charriaut	26	Fabre (J.)	12	Jacoby	8
Auerbach	18	Charlton Bastian	21	Fabre (P.)	26	Juel	3
Aulard	16	Clamageran	26, 27	Fagnot	20	James	3, 28
Azam	23	Clay	6	Faivre	3	Janet (Paul)	3, 8, 12
Bachat	26	Colajanni	25	Farges	21	Janet (Pierre)	8, 22
Bacon	12	Collignon	27	Favre (Mme J.)	12	Janssens	28
Bagehot	21	Collins	6	Fédérici	26	Jankelwitch	3
Bain (Alex.)	6, 23	Combarieu	27	Féré	3, 24	Jaurès	8
Ballet (Gilbert)	2	Combes de Lestrade	18	Ferrere	27	Javal	22
Baldwin	6	Comte (A.)	6	Ferrero	7, 9	Joly (H.)	13
Balfour Stewart	23, 26	Constantin	25	Ferri (Enrico)	3, 7	Joly	28
Bardoux	6, 27	Cooke	23	Ferri (L.)	7	Jourdy	24
Barni	19	Cordier	18	Forrière	27	Joyau	25
Barthélemy St-Hilaire	6	Cosentini	6	Fiereus-Gevaert	3	Kant	13
Baruzi	12	Costantin	3	Figard	12	Kudos	28
Barzelotti	6	Coste	2, 6, 17	Finot	7	Karppe	8, 25
Basch	13, 15	Couailhac	15	Fleury (de)	3	Kauffmann	28
Bayet	3	Coubertin	27	Fonségrive	3, 7	Kaulek	21
Bazaillas	6	Couchoud	15	Foucault	18	Kingsford	25
Beaunis	25	Courant	14, 18	Fouillée	3, 7, 12	Kostyleff	28
Beaussire	2, 13, 19	Courcelle	13, 14, 27	Fournière	3, 8, 15	Krantz	12
Bellamy	15	Couturat	3	Franck	3	Lachelier	3
Bellanger	26	Crépieux-Jamin	6	Fuchs	24	Lacombe	9
Belot	6	Cresson	2, 6, 13	Fulliquet	13	Lacombe (de)	28
Benard	12	DaendIiker	18	Gaffarel	17, 18	Lafaye	20
Beneden (Van)	21	Damé	18	Gaisman	17	Lafontaine	21
Benoist-Hanappier	26	Danville	2	Garnier	25	Lafontaine (A.)	13
Bérard (V.)	18	Dany	27	Garofalo	8	Lagrange	15
Bergson	2, 6	Darel (Th.)	27	Gauckler	3	Laisant	3
Berkeley	13, 23	Daubrée	24	Geffroy	21	Lalande	9
Bernard (A.)	17	Dauriac	2, 6, 27	Geley	3, 27	Lüoy	25
Bernath (de)	26	Dauzat (A.)	27	Gellé	25	Lampérière	3
Bernstein	23	Deberle	18	Gérard-Varet	8	Landry	3, 9
Bertauld	2	Debidour	16	Gide	27	Lanessan (de)	9, 15, 17, 21, 25, 28
Berthelot	23, 24	Defourny	27	Gillet	28	Lang	9
Berton	26	Delacroix	13	Giraud-Teulon	28	Lange	9
Bertrand		De la Grasserie	6	Gley	8	Langlois	19
Binet	2, 6, 25	Delbos	6	Goblot	3, 8	Lanson	20
Blanc (Louis)	17, 19	Delord	17, 19	Godfernaux	3	Lapie	3, 9, 17
Blaserna	23	Delvaille	6	Gomel	16	Laschi	9
Blondel	2	Delvolvé	2	Gomperz	13	Lasserre	28
Blum	26	Demeny	25	Gory	8	Lausel	3, 27
Boirac	6	Demoor	25	Gourd	28	Lauvrière	9
Boitean	16	Depasse	19	Grasset	3, 8, 25	Lavelove (de)	9, 19, 28
Bolton King	18	Deraismes	27	Greef (de)	3, 8, 18	Leblond (M.-A.)	17
Bondois	15	Derocquigny	20	Griveau	28	Lebon (A.)	21
Bonet-Maury	17	Deschamps	27	Groos	8	Le Bon (G.)	3, 9
Bos	2	Deschanel	19	Grosse	25	Lechalas	3, 9
Boucher		Espaux	27	Guéroult	19	Lechartier	9
Bouglé	2, 6, 17	spois	16	Guex	28	Leclère (A.)	9
Bourdeau (J.)	2,	Waule	15	Guilland	17	Le Dantec	3, 9, 15
Bourdeau (L.)	6, 25, 27	Dick May	14	Guignet	25	Lefebure	28
Bourdon	6	D'Indy	16	Guiraud	19	Lefèvre (A.)	25
Bourgeois (F.)	21	Doellinger	16	Gurney	8	Lefèvre (G.)	3, 20
Bourlier	18	Dollot	27	Guyau	3, 8, 12, 28	Lefèvre-Pontalis	21
Boutroux (E.)	2, 6, 20	Dorret de Vorges	14	Guyot	12	Lemaire	28
Boutroux (P.)	20	Draghicesco	6	Halévy (Elio)	8, 12	Lemaître	3
Brandon-Salvador	28	Draper	23	Halleux	28	Léon (Xavier)	9
Braunschvieg	6	Dreyfus	16	Halot	28	Léonardon	14, 21
Brasseur	26	Dreyfus-Brisac		Hannequin	8	Leroy (Bernard)	9
Bray	6	Driault	18, 19	Hanotaux	21	Leroy-Beaulieu (A.)	16
Brenet	15	Droz	13	Hartenberg	8	Letaintarier	28
Brochard	6	Dubuc	27	Hartmann (E. de)	3	Lévi (Eliphas)	28
Brooks Adams	28	Duclaux	15	Hartmann (R.)	24	Lévy (A.)	9, 13
Brousseau	26	Dufour (Médéric)	12	Hatzfeld	12, 15	Lévy-Bruhl	9, 12
Brucke	23	Dugard-Stewart	13	Hauser	15	Lévy (L.-G.)	28
Brunache	25	Dugas	2, 27	Hauvette	19		
Brunschvieg	2, 6	Du Maroussem	15				

F. ALCAN.

Lévy-Schneider	29	Nodet	29	Reinach (J.)	19, 21	Starcke	24
Liard	4, 9, 12	Noël		Renard	4, 10	Stein	11
Lichtenberger (A.)	19, 29	Noel	17	Renouvier	10, 30	Strauss	15
Lichtenberger (H.)	4, 9	Nordau (Max)	4, 10	Réville	4	Strohl	22
Liesse	29	Norman Lockyer	25	Reynald	18	Srrowski	14
Loeb	25	Novicow	4, 10, 19, 29	Ribéry	10	Stuart Mill	5, 11
Lombard	20	Oldenberg	10	Ribot (Th.)	4, 5, 10, 11, 29	Sully (James)	11, 24
Lombroso	4, 9	Ollé-Laprune	13	Ricardou	11	Sully Prudhomme	5, 11
Lubac	9	Ossip-Lourié	4, 10	Richard	5, 11	Swarte (de)	12
Lubbock	4, 24	Ouvré	10, 12	Richet	5, 24	Swift	5
Luchaire	20	Overbergh (Van)	29	Riemann	11	Sybel (H. de)	16
Luquet	9	Palante	4, 10	Rignano	11	Tait	26
Lyon (Georges)	4, 9	Papus	3	Rivaud	4, 11, 12	Tanner	12
Mabilleau	29	Paris (C¹ᵉ de)	29	Roberty (de)	5, 11, 24	Tanon	5
Magnin	9	Pariset	29	Roberty	30	Tardy	5, 11, 15
Maitland	18	Paul-Boncour	29	Roché	15	Tardieu (E.)	11
Maindron	29	Paul-Boncour (J.)	4	Rodier	12	Tardieu (A.)	17
Malapert	9	Paul Louis	19	Rodocanachi	18	Tausserat-Radel	21
Malmėjac	25	Paulet	11	Roisel	5, 30	Tchernoff	17
Mandoul	29	Paulhan	4, 10, 29	Romanes	11, 24	Temmermann	30
Mantegazza	24	Payot	10	Rood	24	Thamin	5
Marguery	4, 29	Pollet	16	Rolt	30	Thomas (A.)	29
Mariétan	29	Pelletan	29	Rousseau (J.-J.)	13	Thomas (P.-F.)	5, 11, 13
Marion		Penjon	20	Roussel-Desplerres	29	Thurston	24
Martin-Chabot	20	Percs	10	Ruyssen	11, 14	Tissié	5
Martin (F.)	9	Perès (Bernard)	10, 29	Sabatier (G.)	30	Topinard	25
Martin (J.)	14	Perrier	24	Salgey	11, 11	Trouessart	24
Massard	25	Petitgrew	23	Saint-Paul	11	Turmann	15
Matagrin	29	Philbert	29	Saleilles	15	Turot	15
Mathiez	18	Philippe (J.)	4, 9	Sanz y Escartin	11	Tyndall	23
Matter	18, 19	Philippson	29	Saussure	30	Vacherot	11
Maudsley	23	Piat	10, 13, 14, 29	Sayous	18, 29	Valentino	30
Mauxion	4, 13	Picard (Ch.)	29	Scheffer	17, 18	Vallaux	16
Maxwell	9	Picard (E.)	30	Schelling	13	Van Biervliet	30
Mercier (Mgr)	29	Picavet	10, 12, 13	Schinz	30	Vandervelde	15, 15
Métin	15, 17, 18	Pictet	30	Schmidt	23, 24	Vermale	30
Meunier (Stan.)	25	Piderit	10	Schmidt (Ch.)	17	Véra	13
Meyer (de)	24	Pillon	4, 10	Schopenhauer	5, 11	Viallate	14, 22
Michotte	29	Pinloche	20, 30	Schutzenberger	23	Vidal de la Blache	30
Milhaud (E.)	4, 12, 29	Pioger	4, 10	Secrétan (H.)	30	Vignon	17
Milhaud (G.)	18	Piolet	17	Seignobos	15	Vitalis	30
Mill. Voy. Stuart Mill.		Piriou	28	Secchi	24	Waddington	21
Millerand	29	Pirro	14	Seippel	30	Wahl	17
Modestor	29	Plantet	21	Sighele	11	Weber	11
Molinari (G. de)	29	Platon	12	Sigogne	30	Weill (D.)	19
Mollien	16	Podmore	8	Silvestre	16	Weill (G.)	17
Monnier	29	Poey	10	Skarzynski	30	Welschinger	14
Monod (G.)	21	Prat	10, 30	Socrate	12	Whitney	23
Monteil	19	Preyer	10	Sollier	5, 11	Wulff (de)	12
Morel-Fatio	21	Proal	10	Sorel (A.)	21, 30	Wundt	5
Mortillet (de)	25	Puech	20	Sorin	18	Wurtz	24
Mosso	4, 25	Quatrefages (de)	23, 25	Souriau	5, 11	Wylin	5
Muller (Max)	9	Queyrat	4	Spencer	3, 8, 23, 25	Yung	23, 24
Murisier		Rageot	10	Spinoza	13	Zaplotal	30
Myers	8, 9	Rambaud (A.)	21	Spir	18	Zeller	5
Naville (A.)	4	Rauh	10	Spuller	17, 19	Zevort	17
Naville (Ernest)	9	Recéjac	10	Staffer	11	Ziegler	5
Nayrac	10	Recouly	18	Stallo	24	Zivy	20
Nepluyeff	29	Regnaud	4, 30	Stanley Jevons	21, 24	Zolla	30
Niewenglowski	23						

TABLE DES AUTEURS ÉTUDIÉS

Albéroni	21	Diderot	27	Lamennais	3	Renan	2
Aristote	12, 14, 29	Disraëli	14	Lavoisier	14	Renouvier	28
Anselme (Saint)	14	Épicure	11	Leibniz	8, 12	Saint-Simon	3
Augustin (Saint)	14	Érasme	13	Leroux (Pierre)	3	Schiller	13, 30
Avicenne	14	Fernel (Jean)	12, 13	Littré	28, 30	Schopenhauer	4
Bach	14	Feuerbach	9, 13	Lucrèce	19	Secrétan	4
Bacon	13	Fichte	7, 9, 13	Maine de Biran	4	Straton de Lampsaque	12
Barthélemy	21	Gassendi	13	Maistre (J. de)	4	Simonide	19
Baur (Christian)	5	Gazali	14	Malebranche	13, 14	Socrate	12, 14
Bayle	6	Guyau	7, 26	Montaigne	14	Spencer (Herbert)	5, 8
Beethoven	14	Hegel	13	Napoléon	16	Spinoza	6, 11, 12, 14
Bernadotte	18	Heine	9	Nietzsche	4, 5, 7	Stuart Mill	9
Bismarck	14, 18	Herbart	13, 20	Okoubo	14	Sully Prudhomme	8
Bouvier (Aug.)	30	Hobbes	6	Ovide	15	Tacite	26
César Franck	14	Horace	19	Palestrina	14	Taine	6, 9
Chamberlain	14	Hume	6	Pascal	11, 12, 14, 18	Tatien	20
Comte (Aug.)	5, 7, 9, 30	Ibsen	4	Pestalozzi	30	Thomas (Saint)	29
Condillac	6	Jacobi	9	Platon	14	Tibulle	20
Condorcet	16	Kant	2, 7, 10, 12, 14, 19	Poë	9	Tolstoï	4
Cousin	2	Lamarck	3	Prim	14	Voltaire	13
Darwin	3, 25	Lamb	20	Reid	27	Wagner (Richard)	14
Descartes	9, 12						

8445. — Imp. Motteroz et Martinet, rue Saint-Benoît, 7, Paris.

BIBLIOTHÈQUE DE PHILOSOPHIE CONTEMPORAINE
Volumes in-8, brochés, à 3 fr. 75, 5 fr., 7 fr. 50 et 10 fr.

EXTRAIT DU CATALOGUE

STUART MILL. — Mes mémoires, 3ᵉ éd. 5 fr.
— Système de logique. 2 vol. 20 fr.
— Essais sur la religion. 2ᵉ éd. 5 fr.
HERBERT SPENCER. Prem. principes. 11ᵉ éd. 10 fr.
— Principes de psychologie. 2 vol. 20 fr.
— Principes de biologie. 5ᵉ édit. 2 vol. 20 fr.
— Principes de sociologie. 5 vol. 43 fr. 75
— Essais sur le progrès. 7 fr. 50
— Essais de politique. 4ᵉ éd. 7 fr. 50
— Essais scientifiques. 3ᵉ éd. 7 fr. 50
— De l'éducation. 10ᵉ éd. 5 fr.
— Justice. 7 fr. 50
— Le rôle moral de la bienfaisance. 7 fr. 50
— Morale des différents peuples. 7 fr. 50
— Problèmes de morale. 7 fr. 50
— Une autobiographie. 10 fr.
TH. RIBOT. — Hérédité psychologique. 7 fr. 50
— La psychologie anglaise contemp. 7 fr. 50
— La psychologie allemande contemp. 7 fr. 50
— Psychologie des sentiments. 6ᵉ éd. 7 fr. 50
— L'évolution des idées génér. 2ᵉ éd. 5 fr.
— L'imagination créatrice. 2ᵉ éd. 5 fr.
— La logique des sentiments. 3ᵉ éd. 3 fr. 75
— Essai sur les passions. 3 fr. 75
A. FOUILLÉE. — Liberté et déterminisme. 7 fr. 50
— Systèmes de morale contemporains. 7 fr. 50
— Morale, art et religion, d'ap. Guyau. 3 fr. 75
— L'avenir de la métaphysique. 2ᵉ éd. 5 fr.
— L'évolut. des idées-forces. 2ᵉ éd. 7 fr. 50
— Psychologie des idées-forces. 2 vol. 15 fr.
— Tempérament et caractère. 2ᵉ éd. 7 fr. 50
— Le mouvement positiviste. 2ᵉ éd. 7 fr. 50
— Le mouvement idéaliste. 2ᵉ éd. 7 fr. 50
— Psychologie du peuple français. 7 fr. 50
— La France au point de vue moral. 7 fr. 50
— Esquisse psych. des peuples europ. 10 fr.
— Nietzsche et l'immoralisme. 5 fr.
— Le moralisme de Kant. 7 fr. 50
— Élém. sociol. de la morale. 7 fr. 50
BAIN. — Logique déd. et ind. 2 vol. 20 fr.
— Les sens et l'intelligence. 3ᵉ édit. 10 fr.
— Les émotions et la volonté. 10 fr.
— L'esprit et le corps. 4ᵉ édit. 6 fr.
— La science de l'éducation. 6ᵉ édit. 6 fr.
LIARD. — Descartes. 2ᵉ édit. 5 fr.
— Science positive et métaph. 5ᵉ éd. 7 fr.
GUYAU. — Morale anglaise contemp. 5ᵉ éd. 7 fr. 50
— Probl. de l'esthétique cont. 3ᵉ éd. 7 fr. 50
— Morale sans obligation ni sanction. 5 fr.
— L'art au point de vue sociol. 2ᵉ éd. 5 fr.
— Hérédité et éducation. 3ᵉ édit. 5 fr.
— L'irréligion de l'avenir. 5ᵉ édit. 7 fr. 50
H. MARION. — Solidarité morale. 6ᵉ éd. 5 fr.
SCHOPENHAUER. — Sagesse dans la vie. 5 fr.
— Le monde comme volonté. 3 vol. 22 fr. 50
JAMES SULLY. — Le pessimisme. 2ᵉ édit. 7 fr. 50
— Études sur l'enfance 10 fr.
— Essai sur le rire. 7 fr. 50
GAROFALO. — La criminologie. 5ᵉ édit. 7 fr. 50
P. SOURIAU. — L'esthét. du mouvement. 5 fr.
— La beauté rationnelle. 10 fr.
F. PAULHAN. — L'activité mentale. 10 fr.
— Esprits logiques et esprits faux. 7 fr. 50
— Les caractères. 2ᵉ éd. 5 fr.
— Les mensonges du caractère. 5 fr.
— Le mensonge de l'art. 5 fr.
PIERRE JANET. — L'autom. psych. 5ᵉ édit. 7 fr. 50
H. BERGSON. — Matière et mémoire. 4ᵉ éd. 5 fr.
— Données imméd. de la conscience. 3 fr. 75
— L'évolution créatrice.
PILLON. — L'année philos. 1890 à 1906, chaq. 5 fr.
COLLINS. — Résumé de la phil. de Spencer. 10 fr.
NOVICOW. — La justice et l'expansion de la vie. 7 fr. 50
J. PAYOT. — Éduc. de la volonté. 27ᵉ éd. 10 fr.
— La croyance. 2ᵉ éd. 5 fr.
DURKHEIM. — Division du travail social. 7 fr. 50
— Le suicide, étude sociologique. 7 fr. 50
— L'année sociol. Années 1896-97, 1897-98, 1898-99, 1899-1900, 1900-1901, chacune. 10 fr.
Années 1901-2, 1902-3, 1903-4, 1904-5. 12 fr. 50
GUSTAVE LE BON. — Psychologie du socialisme. 5ᵉ éd. 7 fr. 50

LÉVY-BRUHL. — Philosophie de Jacobi. 5 fr.
— Philos. d'Aug. Comte. 2ᵉ édit. 7 fr. 50
— La morale et la science des mœurs. 3ᵉ éd. 5 fr.
G. TARDE. — La logique sociale. 3ᵉ éd. 7 fr. 50
— Les lois de l'imitation. 5ᵉ éd. 7 fr. 50
— L'opposition universelle. 7 fr. 50
— L'opinion et la foule. 2ᵉ édit. 5 fr.
— Psychologie économique. 2 vol. 15 fr. 50
FOUCAULT. — Le rêve. 5 fr.
G. DE GREEF. — Transform. social. 2ᵉ éd. 7 fr. 50
— La sociologie économique. 7 fr. 50
SÉAILLES. — Essai sur le génie dans l'art. 3ᵉ éd. 5 fr.
— La philosophie de Renouvier. 7 fr. 50
V. BROCHARD. — De l'erreur. 2ᵉ éd. 5 fr.
E. BOUTROUX. — Études d'histoire de la philosophie. 2ᵉ éd. 7 fr. 50
H. LICHTENBERGER. — Richard Wagner. 10 fr.
— Henri Heine penseur. 3 fr. 75
THOMAS. — L'éduc. des sentiments. 4ᵉ éd. 5 fr.
RAUH. — La méthode dans la psych. 5 fr.
— L'expérience morale. 3 fr. 75
BOUGLÉ. — Les idées égalitaires. 3 fr. 75
DUMAS. — La tristesse et la joie. 7 fr. 50
— Psychol. de deux Messies positivistes. 5 fr.
G. RENARD. — La méthode scientifique de l'histoire littéraire. 10 fr.
RENOUVIER. — Dilemmes de la métaphys. 5 fr.
— Hist. et solut. des probl. métaphys. 7 fr. 50
SOLLIER. — Le problème de la mémoire. 3 fr. 75
— Psychologie de l'idiot. 2ᵉ éd. 5 fr.
— Le mécanisme des émotions. 5 fr.
HARTENBERG. — Les timides et la timidité. 5 fr.
LE DANTEC. — L'unité dans l'être vivant. 7 fr. 50
— Les limites du connaissable. 2ᵉ éd. 3 fr. 75
OSSIP-LOURIÉ. — Philos. russe cont. 2ᵉ éd. 5 fr.
— Psychol. des romanciers russes 7 fr. 50
LAPIE. — Logique de la volonté. 7 fr. 50
XAVIER LÉON. — Philosophie de Fichte. 10 fr.
OLDENBERG. — La religion du Véda. 10 fr.
— Le Bouddha. 2ᵉ éd. 7 fr. 50
WEBER. — Vers le positivisme absolu par l'idéalisme. 7 fr. 50
TARDIEU. — L'ennui. 5 fr.
GLEY. — Psychologie physiol. et pathol. 5 fr.
SAINT-PAUL. — Le langage intérieur. 5 fr.
LUBAC. — Psychologie rationnelle. 3 fr. 75
HALÉVY. — Radical. philos. 3 vol. 22 fr. 50
V. EGGER. — La parole intérieure. 2ᵉ édit. 5 fr.
PALANTE. — Combat pour l'individu. 3 fr. 75
FOURNIÈRE. — Théories socialistes. 7 fr. 50
DAURIAC. — L'esprit musical. 5 fr.
LAUVRIÈRE. — Edgar Poe. 10 fr.
JACOBY. — La sélection chez l'homme. 10 fr.
RUYSSEN. — Évolution du jugement. 5 fr.
MYERS. — La personnalité humaine. 7 fr. 50
COSENTINI. — La sociologie génétique. 3 fr. 75
BAZAILLAS. — La vie personnelle. 5 fr.
HÉBERT. — L'évolution de la foi catholique. 5 fr.
— Le divin. 5 fr.
SULLY PRUDHOMME. — La vraie religion selon Pascal. 7 fr. 50
ISAMBERT. — Idées socialistes. 7 fr. 50
FINOT. — Le préjugé des races. 2ᵉ éd. 7 fr. 50
E.-BERNARD LEROY. — Le langage. 5 fr.
LANDRY. — Morale rationnelle. 5 fr.
HOFFDING. — Philosophie moderne. 2 vol. 20 fr.
— Psychologie. 3ᵉ éd. 7 fr. 50
— Philosophes contemporains. 3 fr. 75
REINACH. — Transmis. des caractères. 5 fr.
HAGEOT. — Le succès. 3 fr. 75
LUQUET. — Idées génér. de psychologie. 5 fr.
BARDOUX. — Psych. de l'Angleterre cont. 7 fr. 50
— Les crises belliqueuses. 5 fr.
LACOMBE. — Individus et soc. chez Taine. 7.50
RIEMANN. — L'esthétique musicale. 5 fr.
BINET. — Les révélations de l'écriture. 5 fr.
NAYRAC. — L'attention. 3 fr. 75
DELVAILLE. — Vie sociale et éducation. 3 fr. 75
GRASSET. — Demifous et demiresponsables. 5 fr.
BELOT. — Études de morale positive. 7 fr. 50
EVELLIN. — La raison pure. 5 fr.
HÉMON. — Philos. de M. Sully Prudhomme. 7 fr. 50
DRAGHICESCO. — Probl. de la conscience. 3 fr. 75
LYON. — Idéalisme anglais au XVIIIᵉ siècle. 5 fr.
— Enseignement et religion. 3 fr. 75
WAYNBAUM. — La physionomie. 5 fr.

www.ingramcontent.com/pod-product-compliance
Lightning Source LLC
Chambersburg PA
CBHW070637170426
43200CB00010B/2047